LES STATIONS LACUSTRES D'EUROPE

OUVRAGES DE M. ROBERT MUNRO

Ayrshire Crannoges (*Collections of Ayr and Galloway Arch. Association*, vol. 2, 3, 4).

Ancient Scottish Lake-Dwellings or Crannogs, 1 vol. in-8, 313 pages avec nombreuses illustrations, Édimbourg, 1882.

Notes on Lake-Dwellings in Lough Mourne, Country Antrim. (*Proceedings S. A. Scot.*, t. XX).

On a human skeleton with prehistoric objects found at Great Casterton, Rutland (*Proc. Royal Soc. Edimbourg*, 1905-1906).

On a stone cist containing a skeleton and a urn, found at Largs (Ayrshire). (*Proc. R. Soc. Edimbourg*, 1905-1906).

OUVRAGES DU Dr PAUL RODET

Le Culte des sources thermales à l'époque gallo-romaine, in-8, 66 pages avec nombreuses gravures, Paris, 1908.

Les Accouchements chez les Peuples primitifs, par G. Engelmann, édition française, in-8, 388 pages, avec 88 figures, Paris, 1885.

MACON, PROTAT FRÈRES, IMPRIMEURS.

LES

STATIONS LACUSTRES

D'EUROPE

AUX AGES DE LA PIERRE ET DU BRONZE

(LAKE DWELLINGS — PFHALBAUTEN — PALAFITTI)

PAR

ROBERT MUNRO, M. A., M. D., L. L. D.

Membre de la Société Préhistorique de France, de la Société d'Anthropologie de Paris, de la Société Royale des Antiquaires du Nord, etc., etc.

ÉDITION FRANÇAISE PAR

LE DOCTEUR PAUL RODET

Membre de la Société Préhistorique de France

AVEC 82 FIGURES DANS LE TEXTE ET 31 PLANCHES
ET UN FRONTISPICE

PARIS

LIBRAIRIE C. REINWALD

SCHLEICHER FRÈRES, ÉDITEURS

61, RUE DES SAINTS-PÈRES, 61

1908

CARTE GÉNÉRALE DES PALAFITTES

DE L'EUROPE CENTRALE

FRONTISPICE

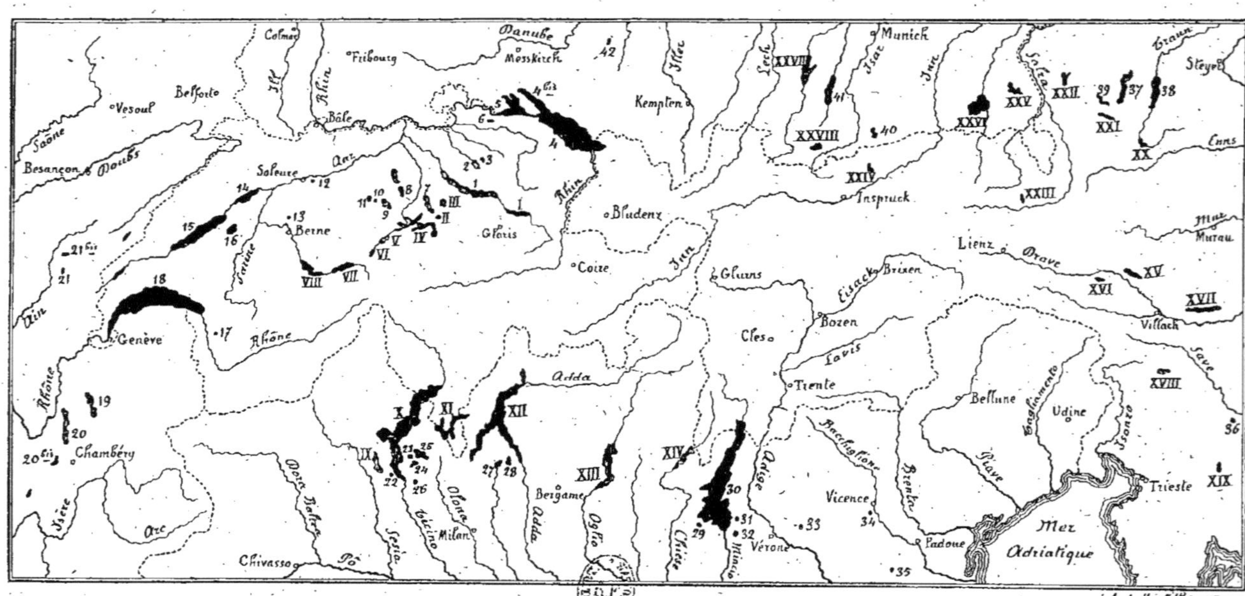

Distribution des Palafittes autour des Alpes. (Carte dressée par Adrien de Mortillet.)

DISTRIBUTION DES PALAFITTES AUTOUR DES ALPES

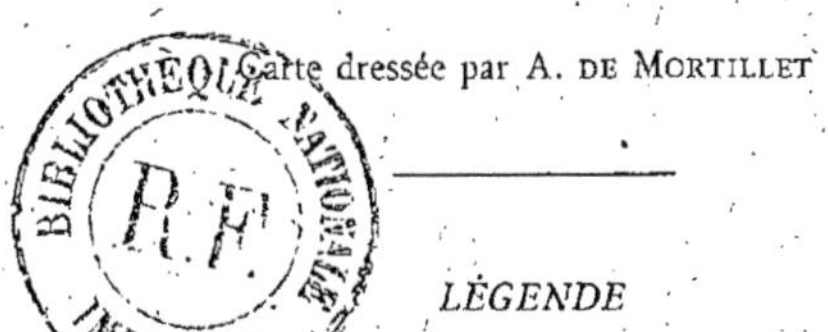

Carte dressée par A. de Mortillet

LÉGENDE

1° LACS DANS LESQUELS ONT ÉTÉ RENCONTRÉES DES PALAFITTES

N°	Lac	Stations
1.	Lac de Zurich	7
2.	— de Greifen	1
3.	— de Pfæffikon	5
4.	— de Constance : Bodensee	14
4 *bis*.	— — : Ueberlinger-see	13
5.	— — : Untersee	24
6.	— de Nussbaumen	1
7.	— de Zug	6
8.	— de Baldegg	1
9.	— de Sempach	9
10.	— de Wauwyl	1
11.	— de Mauen	1
12.	— d'Inkwyl	1
13.	— de Moosseedorf	1
14.	— de Bienne	29
15.	— de Neuchâtel	70
16.	— de Morat	18
17.	— de Luissel	1
18.	— de Genève	61
19.	— d'Annecy	6
20.	— du Bourget	8
20 *bis*.	— d'Aiguebelette	1
21.	— de Clairvaux	5
21 *bis*.	— de Chalain	1
22.	Tourbière de Mercurago, près Arona	1
	A reporter	286
	Report	286
23.	Lac de Monate	3
24.	— de Varano	1
25.	— de Varèse	10
26.	Tourbière de Lagozza	1
27.	Lac de Pusiano	1
28.	— d'Annone	4
29.	Tourbière de Polada, près Decenzano	1
30.	Lac de Garde	9
31.	Tourbière de Saline, à Lazise	1
32.	— de Cascina, à Castelnuovo	1
33.	— de Loffia di Sotto, à Colognola	1
34.	Lac de Fimon	1
35.	— d'Arqua Petrarca	1
36.	Marais de Laibach	1
37.	Lac d'Attersee	6
38.	— de Traun	1
39.	— de Mondsee	2
40.	— de Tegern	1
41.	— de Starnberg	2
42.	— de Feder	1
	Nombre total des stations signalées	335

2° LACS DANS LESQUELS ON N'A PAS RECONNU L'EXISTENCE DE PALAFITTES

I. Lac de Wallenstadt.
II. — de Lowerz.
III. — d'Egeri.
IV. — de Lucerne ou des Quatre-Cantons.
V. — de Sarnen.
VI. — de Lungern.
VII. — de Brienz.
VIII. — de Thun.
IX. — d'Orta.
X. — Majeur.
XI. — de Lugano.
XII. — de Côme.
XIII. — d'Iseo.
XIV. — d'Idro.
XV. — de Millstatt.
XVI. — de Weissen.
XVII. — de Wörth.
XVIII. — de Wochein.
XIX. — de Zirknitz.
XX. — d'Hallstatt.
XXI. — de Saint-Wolfgang.
XXII. — de Trum.
XXIII. — de Zell.
XXIV. — d'Achen.
XXV. — de Waging.
XXVI. — de Chiem.
XXVII. — d'Ammer.
XXVIII. — de Walchen.

LES

STATIONS LACUSTRES D'EUROPE

CHAPITRE I

SUISSE OCCIDENTALE

LAC DE ZURICH (ZURICHERSEE)

(Canton de Zurich)

a. — *Stations de l'Age de la Pierre* : MEILEN, BAUSCHANZE, GROSSER et KLEINER-HAFNER, UETIKON, MANNEDORF.
b. — *Stations de l'Age du Bronze* : MEILEN, GROSSER et KLEINER-HAFNER, WOLLISHOFEN.
c. — *Stations d'Age inconnu* : ERLENBACH, WINKEL, WYDEN.

HISTORIQUE DE LA DÉCOUVERTE DES HABITATIONS LACUSTRES

Parmi les hommes qui ont cherché à percer les mystères de l'Autrefois, en élucidant les problèmes de la Préhistoire, le Dr Ferdinand KELLER est un de ceux auxquels le monde entier est redevable d'une des plus belles découvertes archéologiques qui aient été faites au siècle dernier. C'est, en effet, grâce à la variété et à la richesse des matériaux qu'il a recueillis, qu'il a pu nous révéler cette phase, toute spéciale et restée longtemps inconnue, de la civilisation préhistorique en Europe, à savoir : l'existence et le mode de construction des habitations lacustres.

Il est donc très intéressant de voir par suite de quel concours de circonstances le Dr KELLER a été amené à une découverte aussi sensationnelle en archéologie préhistorique.

Dans les pays dont les lacs et rivières sont alimentés par la fonte des neiges, on sait que c'est en hiver que les eaux atteignent leur niveau le plus bas, parce que dans cette saison la formation des glaces supprime une partie de leur apport habituel. Pendant l'hiver de 1853-54, ce phénomène fut particulièrement remarquable en Suisse, où le niveau de l'eau des lacs s'abaissa à un point qu'il n'avait jamais atteint, de mémoire d'homme. Un certain nombre d'habitants du village d'Ober-Meilen, situé sur la rive orientale du lac de Zurich, profitèrent de cette circonstance pour agrandir leurs vignobles en y adjoignant les parties du rivage que les eaux avaient mises à découvert. Ils les entourèrent d'un mur et comblèrent l'espace vide avec de la vase de façon à ce que la surface du sol ainsi conquis sur l'eau, dépassât le niveau habituel du lac. Au cours de ces travaux, les ouvriers mirent à jour des têtes de pieux en bois dans le voisinage desquels se trouvaient des fragments de cornes de cerf, des haches en pierre et d'autres instruments qui éveillèrent leur curiosité (pl. 1). Cependant il ne s'agissait pas là d'un fait unique dans la région, car, à différentes reprises, on avait trouvé, sur le bord du lac, des objets analogues. Bien plus, en 1829, dans le même endroit, lorsqu'on avait fait des travaux de creusement pour augmenter la profondeur du petit port du village, on avait ramené, au milieu des matières provenant du dragage, des morceaux de pieux pourris ainsi que des instruments en pierre et en corne. Cependant on ne les avait pas trouvés suffisamment intéressants pour les sortir de la vase, si bien qu'après avoir été retirés en même temps que celle-ci, on les rejeta ensuite dans l'eau. De même à Männedorf, village situé à quelques lieues de là sur le lac, on fit des découvertes analogues, pendant l'hiver de 1843-44, alors que l'on agrandissait le port. Quelques-uns des objets trouvés furent conservés et envoyés au Musée de Zurich, où l'on peut encore les voir.

Le fait de ramener du fond des lacs suisses par le dragage ou autrement des objets anciens n'était donc nullement exceptionnel. Si suggestif qu'il puisse nous paraître aujourd'hui, on est bien obligé de constater qu'il n'avait pas éveillé le moindre intérêt dans l'esprit des gens qui avaient recueilli les objets en question et qu'il n'avait en rien fait naître dans leur cerveau l'admirable travail de déduction, qui a pour jamais associé le nom du Dr Ferdinand Keller à l'histoire des habitations lacustres.

Si jusqu'alors on n'avait attaché aucune importance à l'existence de pilotis dans le lac, dorénavant les choses allaient changer de face. En effet, l'instituteur d'Ober-Meilen, M. Æppli, en voyant un nombre de pieux aussi considérable que celui que la baisse des eaux avait mis à découvert, comprit qu'il se trouvait en présence d'un fait nouveau qu'il ne pouvait expliquer. Il fit donc appel aux lumières du Dr F. Keller, qui se rendit sur les lieux, et après avoir mûrement examiné les objets qui venaient d'être mis à jour, celui-ci en arriva à conclure que *les pieux avaient primitivement servi de supports pour une plate-forme en bois, sur laquelle on avait construit des cabanes, lesquelles, après avoir été habitées pendant longtemps, avaient été détruites par le feu.*

Les découvertes d'Ober-Meilen et l'opinion que le Dr Keller avait émise à leur égard ne tardèrent pas à se répandre parmi les habitants du voisinage, ce qui eut pour résultat de faire surgir toute une armée d'explora-

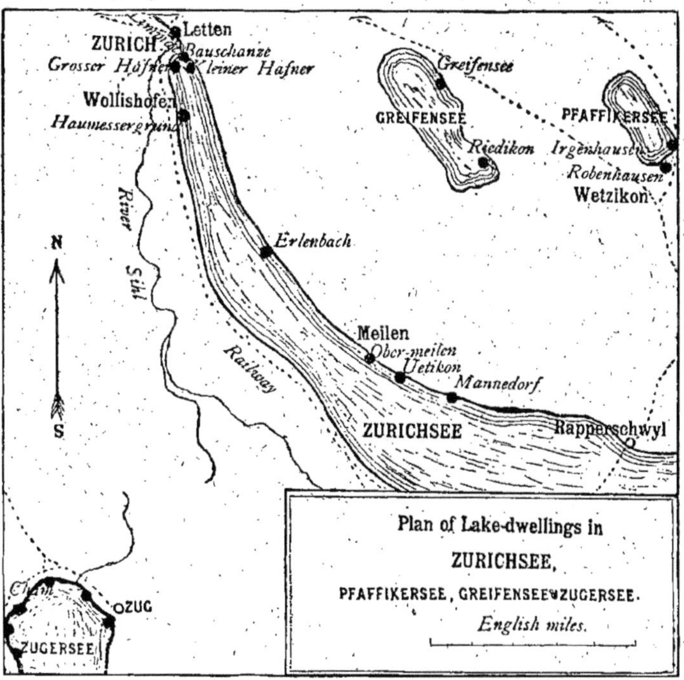

Fig. 1. — Plan des stations lacustres des lacs de Zurich, Pfäffikon, Greifensee, Zug.

teurs lacustres, qui se mirent à fouiller avec ardeur dans différents lacs, dans l'espoir de faire de semblables récoltes. Pour se guider dans ces recherches, ils firent appel aux traditions locales, ils enregistrèrent toutes les histoires de villes englouties, et elles étaient nombreuses, ils recueillirent les souvenirs de gens qui avaient eu l'occasion de trouver des armes et des instruments, dont le type sortait de l'ordinaire. Ce furent les pêcheurs qui fournirent les renseignements les plus précieux parce qu'ils savaient par expérience que leurs filets et leurs engins avaient eu à subir de désastreux contacts avec les substructions du lac et ils purent ainsi indiquer de nombreuses localités où l'on avait quelque chance de trouver de vastes espaces couverts de pieux submergés. Au printemps de la même année, on découvrit la station célèbre, connue sous le nom de STEINBERG, à Nidau, sur le lac de Bienne, ainsi que beaucoup d'autres stations sur les lacs de Bienne, de Neuchâtel et de Genève, de sorte que bien avant qu'ait pu paraître, dans les Bulletins de la Société des Antiquaires de Zurich, le compte rendu des découvertes faites à Ober-Meilen, avec les dessins des objets trouvés, le Dr Keller était en mesure de présenter de nouveaux matériaux de même ordre provenant d'autres localités. Sa communication parut vers la fin de l'année 1854, sous le titre : « *Die Keltischen Pfahlbauten in den Schweizerseen* », et attira immédiatement l'attention des archéologues de tous les pays. A partir de ce moment, la recherche des habitations lacustres s'est poursuivie non seulement en Suisse, mais dans beaucoup d'autres pays d'Europe. Aussi chaque année a-t-elle vu s'accroître le nombre des stations lacustres en même temps que la valeur archéologique des objets exhumés.

Après les découvertes sensationnelles qui venaient d'être faites dans le lac de Zurich, il se passa plusieurs années avant qu'on n'entreprît de nouvelles recherches, contrairement à ce qui avait lieu pour d'autres lacs suisses. Cependant, en 1855, Schwab visitait Zurich et faisait quelques fouilles à Männedorf et à Ober-Meilen. Dans cette dernière station, il parvint à se procurer un nombre assez considérable d'objets, dont quelques-uns en néphrite, et une hache plate en bronze (pl. 1, n° 5).

En 1858, on procéda à des opérations de dragage dans le but d'agrandir l'embouchure de la Limmat, et l'on ramena ainsi des tessons de poterie, des morceaux de pieux et des poutres assez particulières, percées de deux ouvertures carrées. Le Dr Keller reconnut alors l'emplacement d'un pilotis qui s'étendait en partie sous les bords de la petite île de BAUSCHANZE, puis se dirigeait en dehors vers le lac.

On reconnut également l'emplacement de stations dans deux petites localités, KLEINER-HAFNER et GROSSER-HAFNER, situées à l'embouchure du fleuve.

A partir de ce moment l'élan était donné et les découvertes allaient se succéder rapidement.

Nous allons passer successivement en revue toutes celles qui ont été faites dans les différents lacs, en signalant les particularités les plus importantes qui s'attachent à chacune d'elles.

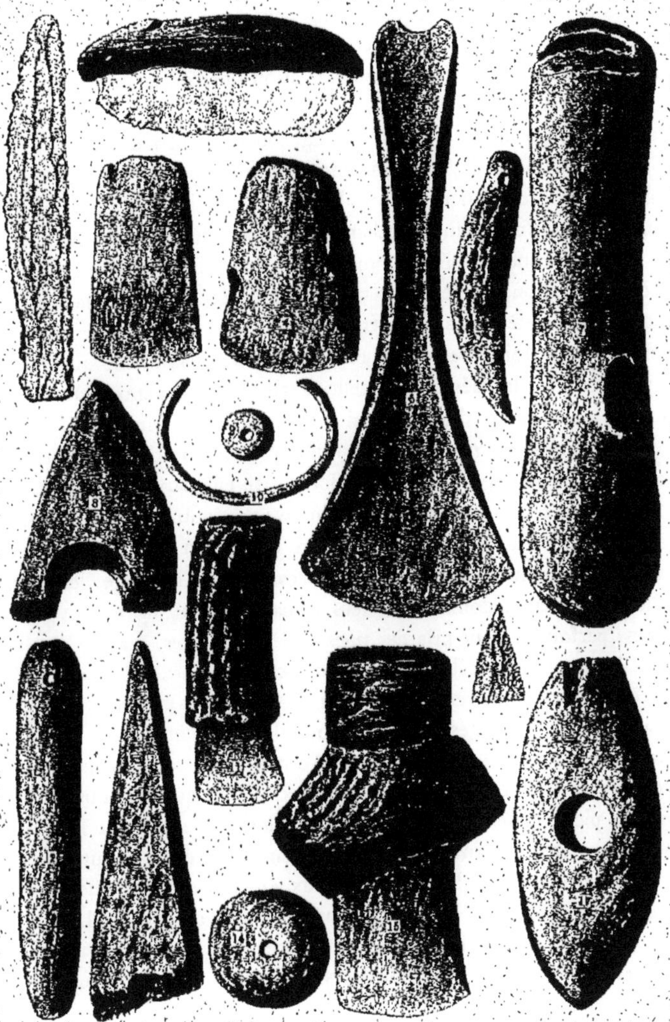

Pl. 1. — Ober-Meilen. 1/2 grandeur.

Meilen (Ober-Meilen). — C'est dans cette localité que furent exécutés les travaux dont nous avons parlé plus haut, dans le cours desquels on fit appel aux lumières du Dr Keller pour examiner les pilotis et les objets qu'on mettait à jour. Voici donc la relation des constatations qui furent faites à ce moment :

a. *Composition du lit du lac.* — La couche supérieure était formée d'un limon jaunâtre de 30 à 60 centimètres d'épaisseur mélangé de cailloux arrondis, formant un dépôt absolument semblable à ceux que l'on trouvait au voisinage dans les échancrures superficielles du lac. Au-dessous il y avait une couche de limon noirâtre contenant des matières organiques en décomposition, d'une épaisseur variant de 60 à 75 centimètres, d'où émergeaient les têtes des pieux et où l'on fit toutes les récoltes. La composition de la troisième couche était sensiblement la même que celle de la première et de même que celle-ci absolument dénuée de vestiges anciens, à l'exception des pieux qui la pénétraient profondément.

b. *Disposition du pilotis.* — On n'a pas déterminé les dimensions exactes de la surface occupée par le pilotis, mais elle parut être considérable et semblait se prolonger tout le long du rivage sur un espace de plusieurs mètres en dedans de la ligne ordinaire de niveau de l'eau. Les pieux avaient été fabriqués avec diverses espèces de bois; le chêne, le hêtre, le bouleau et le sapin dominaient; leur épaisseur variait de 10 à 15 centimètres; parfois on avait pris des tiges entières d'arbres, mais le plus souvent elles avaient été débitées par moitié ou par quart. Ces pieux étaient espacés de 50 centimètres environ et disposés en séries parallèles au rivage; plusieurs furent arrachés, ce qui permit de constater que la pointe de leur extrémité avait été faite à l'aide d'outils émoussés. On les soumit à l'examen de charpentiers experts, qui declarèrent que les entailles faites dans ces pieux étaient bien exactement analogues à celles que l'on aurait pu produire en se servant des instruments en pierre recueillis autour d'eux.

c. *Objets trouvés.* — Haches et ciseaux en pierre, dont quelques-uns étaient encore fixés par leurs liens dans des gaines en corne (pl. 1, nos 3, 4, 11, 15), — des haches-marteaux perforées (pl. 1, nos 8, 13, 17), — des pierres à moudre et des polissoirs (no 12), — divers instruments en silex tels que grattoirs et éclats (no 1), scies (no 2) et quelques grossières pointes de flèches, dont une seule était bien finie (no 16), — divers objets en corne et en os (nos 6 et 7), — quelques casse-têtes en bois, des tessons de poterie, des fusaïoles (no 14), des coquilles de noisettes, une perle d'ambre (no 9) et un bracelet en bronze (no 10).

Pl. 2. — Bauschanze (n°s 13, 14, 21 à 23). — Kleiner Hafner (n°s 1 à 12 et 15 à 17). — Grosser Hafner : 1/3 grandeur, excepté 13 et 14.

Kleiner-Hafner. — La station se trouve en face l'extrémité nord de Tonhalle et est éloignée d'environ 150 mètres du rivage primitif. Elle occupe une surface circulaire d'environ 6.000 mètres carrés qui n'est submergée que d'un mètre, à l'époque des basses eaux. La station de Grosser-Hafner se trouvait plus avancée dans le lac et sa superficie était considérablement plus grande que celle de la précédente. Par les jours très clairs, on pouvait très bien apercevoir des pierres et des têtes de pieux.

Le Dr Keller reconnut encore l'emplacement d'une autre station, à environ 3 kilomètres de Zurich, sur la rive occidentale du lac, à Wollishofen, juste en face de l'embarcadère du bateau. A cet endroit, le fond du lac est formé d'une couche de vase très ténue qui, par suite du remous occasionné constamment par le bateau, a presque complètement recouvert les débris des habitations lacustres.

Comme Kleiner-Hafner est situé directement sur le trajet que suivent les bateaux et qu'il gêne leur passage, les autorités décidèrent, en 1867, de supprimer cet obstacle. On se servit pour cela d'une dragueuse, qui enleva de la surface une motte d'un mètre d'épaisseur, au milieu de laquelle on trouva encore des poutres perforées, comme à Bauschanze, en même temps que de nombreux objets de silex, de pierre et d'os (pl. 2, nos 9 à 17), semblables à ceux d'Ober-Meilen. On trouva en outre des haches en bronze à ailerons, des creusets en forme de cuillères, de grands anneaux en terre et des tessons de poterie remarquablement belle (pl. 2, nos 1 à 8). Mais ce que l'on regarda comme plus étrange ce fut de trouver au milieu de tout cela des épées de fer et des tuiles romaines.

Mais jusque-là on n'avait rien fait ou tout au moins fort peu de choses à Grosser-Hafner ni au Haumessergrund à Wollishofen et les conjectures que le Dr Keller avait formulées relativement à l'existence de ces stations auraient pu ne jamais recevoir de confirmation si les habitants de Zurich, en cherchant toujours à créer des embellissements nouveaux dans les environs de leur ville, n'avaient pas été obligés de procéder à des opérations de dragage en divers endroits.

Grosser-Hafner. — On ramena une quantité d'objets anciens, en apparence de tous les âges, formant une véritable macédoine : haches en pierre (dont l'une avait 25 centimètres de long), gaines en corne, instruments en os, etc... Parmi les objets en bronze, on trouva des haches à ailerons, des ciseaux, des faucilles, des couteaux (sur certains étaient tracés des ornements en forme de demi-cercle, de points et de lignes) (pl. 2, nos 30 à 35); des épingles à grosse tête ovale ou ronde, parfois ajourée, avec des ornements divers (nos 24, 25, 26); des bracelets fermés et ouverts, portant des lignes et des pointillés (nos 18 et 28); quelques spirales; de petits anneaux et pendeloques (nos 19 et 27); deux forts anneaux attachés par un lien (no 29); un groupe de quatre anneaux, dont un plus grand passait au travers des autres (no 20); un objet en forme d'épingle de 40 centimètres de long se terminant par une poignée comme celle d'une épée (no 32); des pointes de lances dont plusieurs étaient ornées; quelques petits grains d'ambre. Parmi les tessons de poterie, on trouva deux vases complets à fond rond (no 31) et une partie d'un croissant en demi-lune grossièrement orné portant des dépressions ressemblant à des empreintes de doigts.

Ici, comme à Kleiner-Hafner, on trouva également des objets de date plus récente, parmi lesquels des tuiles romaines, de la poterie samienne, une pointe de lance en fer et 16 monnaies du temps d'Auguste, de Tibère et de Vespasien.

Bauschanze. — Ici tandis que les objets en pierre étaient nombreux, c'est à peine si l'on en trouvait quelques-uns en bronze. La plupart des objets de cette station ont été dispersés, mais parmi les quelques-uns qui ont pu arriver entre les mains des antiquaires, on trouve de remarquables instruments en corne, tels que des pics, que l'on croit avoir servi comme houes (nos 21 et 22). L'un d'eux a 35 centimètres de long, l'une de ses extrémités est pointue et l'autre en forme de ciseau. Le second a 27 centimètres de long; l'une de ses extrémités est également pointue, mais l'autre est fourchue. Tous deux sont percés d'un trou ovale destiné à recevoir un manche en bois.

Wollishofen. — La découverte capitale faite dans le lac de Zurich a été celle de Wollishofen. Ici, encore, la dragueuse a ramené une grande quantité de bois, parmi lequel se trouvaient plusieurs de ces poutres particulières en chêne percées d'ouvertures carrées dont nous avons déjà parlé (pl. 2, nos 13 et 14). Il y avait différentes espèces de bois et en si grande abondance que les pauvres du pays le ramassaient pour faire du feu. Bien que les objets de l'âge de la pierre aient été nombreux, ce qui fait le caractère saillant de cette station c'est qu'elle est contemporaine de la plus belle période de l'âge du bronze. Malgré les larcins et malgré la difficulté qu'on rencontre pour découvrir les petits objets, la collection des trouvailles, faites à cette station, qui est maintenant au Musée de Zurich, peut être considérée comme une des plus importantes de toute la série des explorations lacustres. Parmi les objets les plus remarquables, nous citerons les suivants :

Armes. — Quatre épées en bronze, dont une seulement est complète; sa longueur est de 73 centimètres, y compris la poignée qui est aussi en bronze et qui a à peine 10 centimètres de long, la lame y est fixée à l'aide de deux rivets (pl. 3, n° 1). Une autre (n° 2), dont la lame et la poignée sont en mauvais état, est d'un modèle différent, surtout dans la forme de la poignée, sur laquelle on avait dû fixer avec des rivets des plaques d'os ou de bois sur la partie en bronze qui restait. Ses ornements consistent en une combinaison de cercles, de demi-cercles, de lignes brisées et de pointillés. Trois poignards, dont deux sont percés de trous de rivets. Onze pointes de flèches en bronze et plusieurs en os et en silex. Parmi les premières, deux seulement avaient une douille (n°s 4 et 14), les autres étaient du même modèle que celles en silex (n°s 3 et 5). Les pointes de lances étaient en nombre beaucoup plus grand que les épées ou les poignards; elles étaient pour la plupart à douille, avec des trous de rivet pour fixer la hampe; leur longueur variait de 8 à 12 centimètres; on y trouvait parfois des ornements comme au n° 7, deux seulement étaient pourvues de soie. Quant aux morceaux de bois qu'on a trouvés, on croit que ce sont des fragments d'arcs.

Ornements et outils. — Les haches en pierre sont remarquablement bien faites, leur matière semble provenir de galets roulés en serpentine et en silex corné. Il n'en existait aucune en néphrite ni en jadéite; il y en avait quelques-unes en corne (pl. 31, n° 15). Les haches en bronze (pl. 4, n°s 16, 20, 25) étaient très nombreuses, la plupart avaient quatre ailerons et parfois un anneau latéral. La direction du tranchant était généralement perpendiculaire aux ailerons, dans quelques cas elle leur était parallèle (n° 16). A l'extrémité de la hache se voyait un petit trou avec une petite encoche. Très peu étaient plates; l'une d'elles est représentée au n° 25. Deux petites haches étaient en cuivre (pl. 3, n° 17). Les couteaux sont surchargés d'ornements : cercles, demi-cercles entremêlés de lignes et de pointillés; leurs lames sont toutes plus ou moins courbes (pl. 4, n°s 11 à 15); les manches sont assez solides et quelquefois sont fondus du même jet que la lame, la plupart du temps ils étaient en corne et munis d'une soie ou de rivets. Il est surprenant que, parmi le grand nombre de couteaux recueillis à Wollishofen, il ne s'en soit trouvé aucun à douille, tandis que ces derniers se rencontrent en grande quantité dans le lac du Bourget et dans certaines stations de la Suisse occidentale, comme nous le verrons plus loin. Quelques faucilles du modèle ordinaire, des hameçons et des rasoirs à douille, six marteaux de bronze, tous à douille soit ronde soit rectangulaire (pl. 4, n°s 8 et 18). Celui à douille ronde est orné d'une série de sillons circulaires, la douille a une épaisseur de 37 millimètres; son poids total est de 490 grammes.

Pl. 3. — WOLLISHOFEN. 1/2 grandeur.

Il y avait un nombre considérable de ciseaux et de gouges (pl. 4, nos 1 à 7), de petits tubes, de clous à tête large. Un perçoir en bronze est bifurqué à son extrémité. Un vase en bronze élégant et solide (pl. 3, n° 22), et des fragments de grandes situles, constitués par de minces plaques de bronze rivées. Un des objets les plus remarquables est celui qui est représenté (pl. 4, n° 21) et qu'on suppose être une enclume. Plusieurs longues épingles à poignée d'épée, semblables à celle trouvée à Grosser Hafner (pl. 4, nos 9 et 10). Les épingles à cheveux en bronze étaient si nombreuses qu'on pouvait les compter par centaines au Musée (pl. 3, nos 6, 8, 9, 10, 11, 19, 23, 26). Un peigne et une fibule en bronze (pl. 3, nos 16 et 20). Les bracelets sont représentés par de beaux spécimens, soit ouverts, soit fermés, soit aplatis, soit massifs (pl. 3, n° 13) et généralement ornés; l'un d'eux (n° 15) est ouvert et est constitué par deux forts fils métalliques, dont l'un est plein et dont l'autre est creusé en spirale; les deux fils sont unis à chaque extrémité par une petite tige en étain qui s'insinue dans une boucle qu'on a formée en coudant chaque extrémité en arrière. Un grand bracelet creux (d'un diamètre interne de 75 millimètres et de plus de 10 centimètres extérieurement) est couvert d'ornements (fig. 73, n° 2). Des bagues (pl. 3, n° 28), des pendeloques (nos 29, 30, 31), des boutons (nos 21, 27), et ce que l'on a appelé un porte-monnaie, dans lequel on enfilait les monnaies en forme d'anneau (n° 33); des parties de ceintures (pl. 4, n° 19). Il y avait aussi un petit anneau d'or, un grain d'ambre et deux de verre. Parmi les objets non signalés, se trouvaient plusieurs petites roues, dont trois en terre glaise (pl. 5, n° 6), cinq en bronze (pl. 3, nos 12 et 18), et deux en étain (n° 32); un poids en plomb, muni d'un anneau en bronze (pl. 4, n° 23). Un objet semblable, mais avec deux anneaux, a été trouvé à Onnens (pl. 4, n° 24). En outre des deux haches en cuivre (pl. 3, n° 17), on trouva deux petits poinçons en cuivre et plusieurs morceaux de métal.

Poterie. — A Wollishofen, la poterie est représentée par des vases dont la matière est tout à fait différente : les uns sont d'une pâte fine, les autres au contraire d'une pâte grossière, dans laquelle on trouve encore des grains de sable brut. La dimension des vases varie beaucoup : le plus petit n'a qu'environ 25 millimètres de diamètre, et les plus grands, autant qu'on peut toutefois en juger d'après le degré de convexité des fragments, ont de 40 à 67 centimètres de diamètre. On n'y voyait pas trace de vernis et il est impossible de dire s'ils ont été ou non fabriqués au tour, bien que quelques-uns aient une forme très symétrique. On ne trouvait pas trace

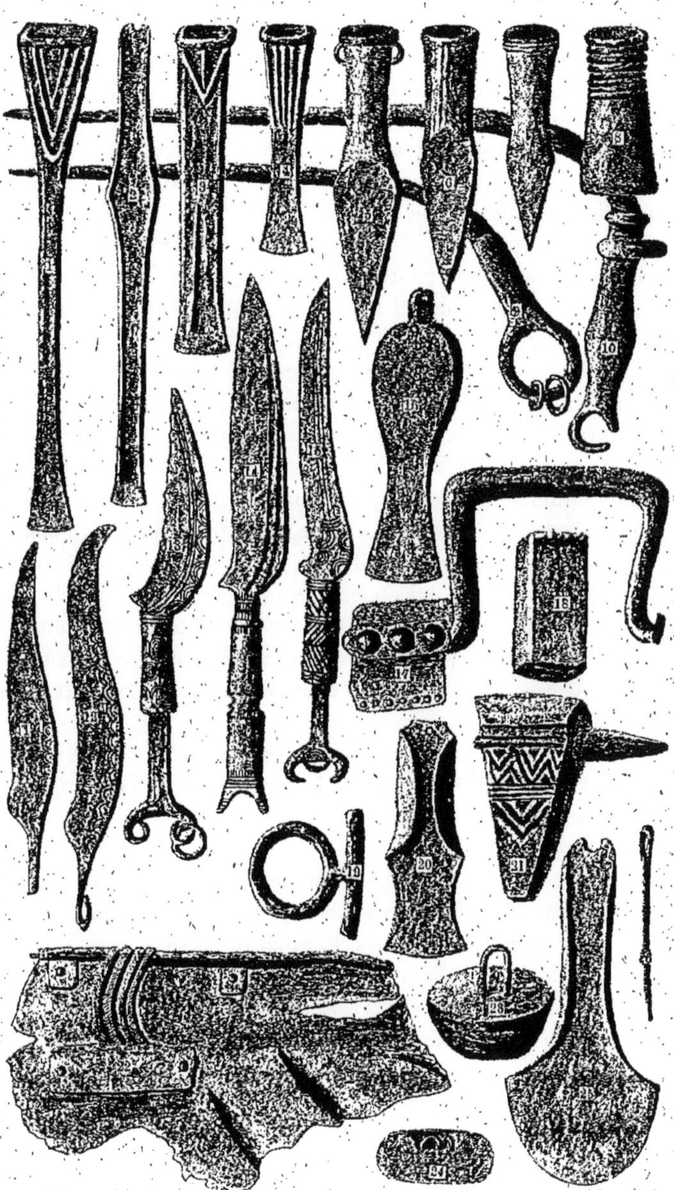

Pl. 4. — Wollishofen. 1/3 grandeur.

de quartz ni de sable dans la pâte fine, qui avait servi à fabriquer les vases les plus ornés (pl. 5, nos 1, 2, 3, 5, 7, 9, 11, 12). Plusieurs avaient une base conique et ne pouvaient être employés qu'en les enfonçant dans une matière de consistance molle, telle que le sable, ou au moyen de torches supports tels que ceux de la pl. 2 trouvés à Kleiner et à Grosser-Hafner. Un des petits vases était triloculaire, formant trois compartiments fixés à une base commune. On a trouvé plusieurs petits objets en forme de vases plats que l'on croit avoir été employés comme couvercles (pl. 5, n° 7). Des fusaïoles en terre cuite, portant des ornements divers (pl. 5, nos 13 à 20) et plusieurs autres objets tels que nos modernes bobines (pl. 5, nos 5, 10) se trouvaient en grande abondance. Des fragments provenant de six vases en forme de croissants ont chacun une ornementation différente. Quelques-uns d'entre eux sont actuellement au Musée, de manière à faire voir quelles étaient leur forme et leur ornementation primitives, et c'est d'après ces modèles qu'a été pris le cliché que nous en donnons (pl. 5, n° 8). Certains ustensiles en forme d'animal ont très probablement servi de lampe (pl. 5, n° 4).

Parmi d'autres objets, nous mentionnerons des morceaux de pierre rouge, que l'on suppose avoir été employée pour la peinture. Du matériel de fonderie tel que des moules avec des scories de bronze. Une portion de bateau creusé dans un tronc. Plusieurs morceaux de corne sciée et coupée, etc...

Restes humains. — En fait d'ossements humains on n'a trouvé qu'un crâne qui, d'après le Dr Keller, serait du type mésocéphalique.

Matières organiques. — On a pu reconnaître du froment, du millet, des noisettes, des pommes sauvages.

Männedorf. — J'ai déjà parlé incidemment de la découverte d'une station lacustre à Männedorf avant 1854, à l'époque où l'on n'avait pas encore compris ni démontré leur existence. Cependant, en 1866, pour faciliter le passage des bateaux, l'on fit des travaux de creusement tout près de l'endroit où les premières découvertes avaient été faites, ce qui permit d'explorer le fond du lac sur une superficie de 40 mètres sur 90, et de mettre ainsi en évidence l'emplacement de la station. Les pieux étaient tellement serrés les uns contre les autres qu'on aurait pu difficilement en fixer un autre entre deux de ceux qui étaient déjà enfoncés. Les objets recueillis étaient semblables à ceux d'Ober-Meilen; on remarque surtout un creuset en forme de cuillère, comme ceux de Robenhausen.

Dans une autre communication, le Dr Keller signala la découverte d'une

Pl. 5. — Wollishofen. 1/3 grandeur.

seconde station, près de l'embouchure de la Surenbach, entre Männedorf et Uetikon.

Uetikon. — On y a trouvé les vestiges d'une station tout près du débarcadère des bateaux, et à diverses reprises on a ramené des objets datant de l'âge de la Pierre. Cependant en 1866, à la suite de travaux de dragage, on put avoir des données plus précises sur le caractère de cette station. C'est ainsi qu'on trouva outre des pieux, des os de divers animaux, tels que cerf, bœuf, cochon; des tessons de poterie, des haches en pierre et des instruments en silex. On y trouva également des épingles à cheveux et quelques anneaux en bronze.

Le Musée de Zurich renferme un nombre considérable d'objets trouvés à cette station, parmi lesquels on compte 23 haches en pierre (dont une est encore fixée dans sa gaine en corne); cinq scies ou grattoirs en silex; quatre poinçons en corne; une fusaïole hémisphérique.

Erlenbach. — Près d'Erlenbach, on rencontre deux stations : l'une à Winkel, à cinq minutes de marche au-dessus du village, et l'autre à Wyden, à peu près à la même distance, mais au-dessous. En 1886, dans le cours d'opérations de dragage, on put constater les vestiges d'une station lacustre, tels que des pieux et divers objets, mais la plupart furent dispersés.

LAC DE BIENNE (Bielersee)

(Canton de Berne)

a. — *Stations de l'Age de la Pierre* : Nidau, Lattringen, Möringen, Gerofin, Locras, Chavannes, Vingrave, Port, Hagnek.
b. — *Stations de Transition* : Locras, Sutz, Fenil.
c. — *Stations de l'Age du Bronze* : Nidau, Sutz, Möringen, Gerofin, ile Saint-Pierre, Saint-Jean.
d. — *Stations non déterminées* : Douanne, Vigneules, ile des Lapins.

EXPLORATIONS DES LACS DU JURA ET RÉSULTATS ARCHÉOLOGIQUES DE LA CORRECTION DU RÉGIME DES EAUX DU JURA

A une courte distance de la rive orientale du lac de Bienne, près de l'endroit où la Thièle (Zihl) vient déboucher en formant plusieurs bras, il existe ou plutôt il existait autrefois une butte de pierres, couvrant une surface de près de 12 mille mètres carrés, qui s'élevait d'une profondeur de 6 mètres jusqu'à 2 mètres 50 de la surface de l'eau. Cette butte tumuliforme faisait un contraste frappant avec les dépôts lacustres du voisinage, constitués principalement par de la vase, et était bien connue des pêcheurs, sous le nom de *Steinberg*[1]. Au milieu de ces pierres faisaient saillie de nombreuses têtes de pieux, que, de temps à autre, les pêcheurs arrachaient pour éviter des dégradations à leurs filets. En outre, à diverses reprises, on avait ramassé soit sur le *Steinberg* même, soit dans son voisinage des tuiles romaines et différents objets de forme bizarre recouverts de concré-

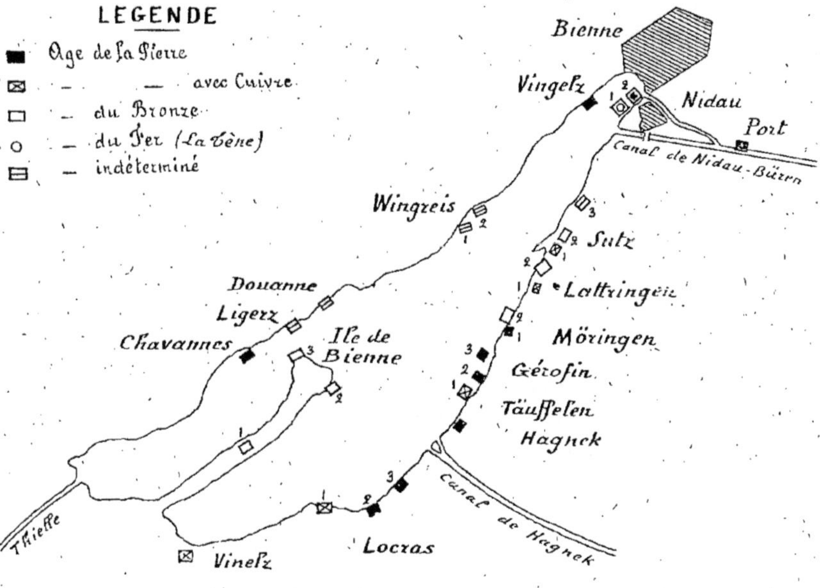

Fig. 2. — Plan des stations lacustres du lac de Bienne.

tions calcaires, ce qui entretenait parmi la population cette opinion qu'on se trouvait en présence des fondations d'une forteresse romaine ou d'un phare.

En 1854, Schwab et Muller, de Nidau, explorèrent ce *Steinberg* et reconnurent sans aucun doute possible l'emplacement d'une cité lacustre, qui avait été construite sur le pilotis, dont on put seulement alors découvrir les tronçons enfouis au milieu des pierres. Celles-ci étaient de dimensions à peu près uniformes, mais pas trop volumineuses, ce qui permit de les transporter facilement à la main; au point de vue de leur constitution

1. Ces buttes de pierres étant assez communes dans les lacs de Suisse et spéciales aux stations lacustres, nous leur conserverons le nom de *Steinberg*, sous lequel elles sont désignées par les auteurs allemands et anglais. (Note du traducteur.)

géologique, elles étaient absolument semblables à celles qui se trouvaient sur les versants voisins, parmi les débris glaciaires. Çà et là étaient disséminés non seulement des pieux, soit isolés, soit groupés, mais aussi des poutres transversales qui n'étaient évidemment pas tombées là au hasard, mais avaient été placées et serrées contre les pieux pour les maintenir plus solidement en place. Les objets, dont l'aspect semblait bizarre au premier abord, furent reconnus ensuite comme étant des instruments en bronze, revêtus d'une telle croûte de calcaire, qu'il était impossible de soupçonner leur nature métallique.

On ne tarda pas à s'apercevoir que cette station était d'une richesse exceptionnelle en objets dont les formes étaient aussi nouvelles que variées. On retira non seulement le mobilier habituel de l'âge de la Pierre, mais aussi des instruments en fer et des tessons de poterie d'une élégance de forme extraordinaire.

Cette découverte fit grand bruit dans la région et provoqua parmi les habitants une telle ardeur à rechercher les emplacements de stations lacustres qu'avant la fin de l'année plus d'une demi-douzaine avaient été reconnus rien que dans le lac de Bienne, sans parler d'un nombre beaucoup plus grand dans les lacs voisins. Ces recherches présentaient de grandes difficultés, il fallait draguer, fouiller sous plusieurs pieds d'eau, ce qui entraînait des frais énormes; mais, en revanche, les archéologues suisses ont pu, dans ces premières années, recueillir un nombre d'objets vraiment stupéfiant.

Bien souvent les vestiges, que l'antiquité nous a laissés, n'arrivent jusqu'à nous que par le fait du hasard, comme cela a lieu à la suite de travaux agricoles, d'extraction de tourbe, de drainage, etc... Toutefois les opérations de ce genre ne se font généralement que dans de petits lacs ou dans des marais.

L'idée d'abaisser partiellement le niveau d'une large nappe d'eau, dans la vallée du Jura, en y comprenant les lacs de Bienne, de Neuchâtel et de Morat, était d'une trop grande envergure pour que sa réalisation ait jamais pu être entreprise à un point de vue purement archéologique. Mais ce que, nous, archéologues, nous n'avions pas le droit d'espérer, l'agriculture avait le droit de le réclamer au nom de ses intérêts; c'est sur cette base que le problème fut posé et c'est grâce à cela qu'il a reçu une solution.

Entre les lacs de Bienne, de Neuchâtel et de Morat s'étend une vaste contrée, qu'on appelle « Gross Moos », au travers de laquelle les deux derniers lacs déversent leur trop-plein, qui gagne ensuite le lac de Bienne

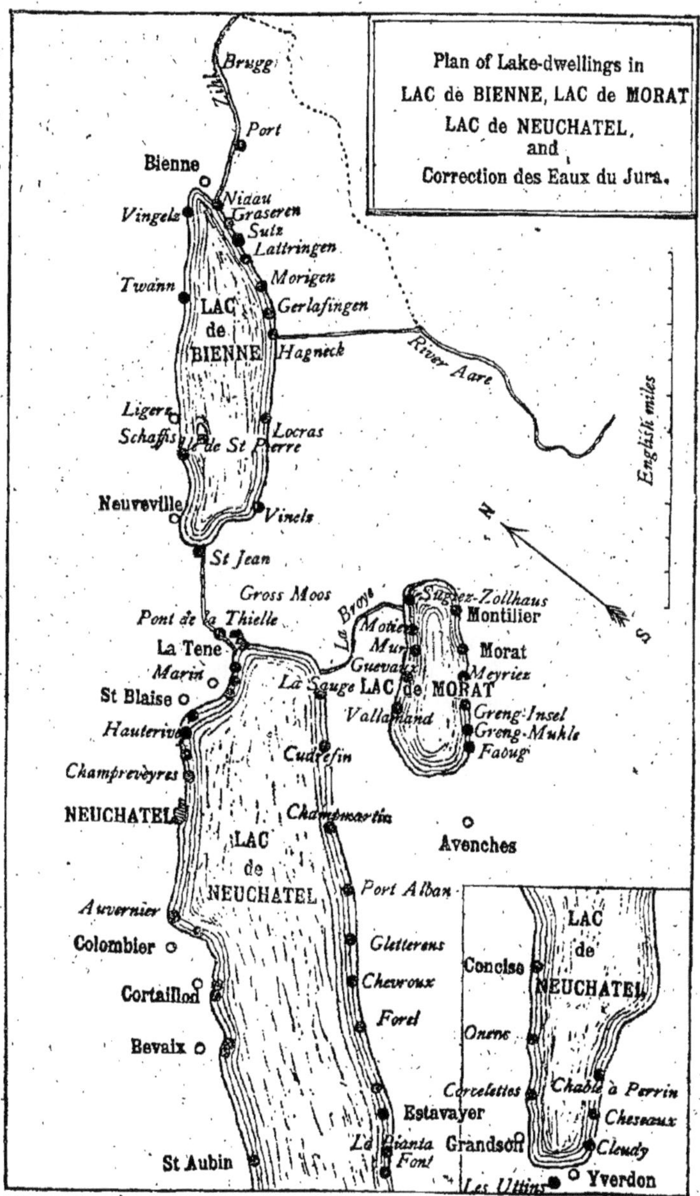

Pl. 6. — Plan des stations lacustres des lacs de Bienne, Morat, Neuchatel et de la Correction des eaux du Jura.

d'où il sort par son extrémité nord et est amené par la Thièle dans un canal de plusieurs kilomètres dans la vallée, où il rejoignait l'Aar, avant qu'on n'ait fait la correction des eaux du Jura. Comme la surface de ces lacs est presque au même niveau, il est plus que probable qu'aux temps préhistoriques leurs eaux ne formaient qu'une seule nappe, qui, dans le cours des siècles, s'est séparée en trois lacs par l'interposition de sédiments et de dépôts tourbeux, qui constituent aujourd'hui la Gross Moos. Leurs canaux d'union, la Broye et la Haute-Thièle (Thielle ou Zihl), grâce à la lenteur de leur cours et au dépôt continu de vase, virent le niveau de leurs eaux s'élever graduellement, de sorte que les terres voisines étaient de plus en plus exposées à être submergées. De même l'Aar, qui, bien que passant dans le voisinage du lac de Bienne, suivait un long parcours avant de s'unir à la Thièle et commettait souvent de grands dégâts en inondant les gras pâturages, qui sont en contre-bas.

Pour remédier à ces inconvénients, le gouvernement suisse conçut le gigantesque projet de rectifier le cours des eaux et d'en rendre le lit plus profond, depuis la jonction de la Basse-Thièle avec l'Aar jusqu'à l'embouchure de la Broye dans le lac de Morat. Le plan comprenait également le creusement d'un nouveau canal pour l'Aar, qui serait entièrement dérivé de son ancien lit, de façon à le faire déboucher dans le lac de Bienne en suivant un tracé rectiligne et beaucoup plus court.

Ces travaux eurent comme conséquence hydrographique d'abaisser le niveau des eaux de 2 mètres à 2 mètres 50. Une fois ces travaux achevés. l'aspect de tous ces lacs, surtout celui de Neuchâtel, subit des modifications complètes, on voyait des ports, des jetées, de grandes plages complètement à sec par suite du retrait des eaux. Ce fut pour les archéologues le beau temps de la moisson. Beaucoup d'habitations lacustres se trouvaient sur la terre ferme et furent fouillées par une quantité de chercheurs avides. Les pêcheurs eux-mêmes abandonnaient leur métier, trouvant beaucoup plus de profits dans la pêche des objets préhistoriques que dans celle du poisson. Mais le gouvernement intervint et décréta que les autorisations de fouilles ne seraient données que par les autorités du canton sur le territoire duquel se trouvaient les stations où les recherches devaient être effectuées. C'est ainsi que le travail qu'on a appelé la « correction des eaux du Jura » a grandement facilité l'exploration des stations lacustres de la Suisse et a beaucoup contribué à élucider les questions relatives aux mœurs et à la civilisation de leurs habitants.

Dans la description des stations du lac de Bienne, que nous allons faire, nous les passerons en revue dans l'ordre de leur situation sur les bords du lac, en commençant par Nidau et en faisant tout le tour pour revenir au point de départ.

Nidau-Steinberg. — Cette station avait été si complètement fouillée par Schwab et ses aides qu'il y eut peu à glaner, après la baisse des eaux. Les objets recueillis étaient variés et très nombreux, et comme ils faisaient partie des premières fouilles de ce genre, ils ont été très complètement décrits par le Dr Keller. On y remarquait entre autres des poids en pierre très lourds, dont quelques-uns étaient entourés d'un cercle en fer; des pierres discoïdes avec un sillon marginal, des broyeurs à blé, des polissoirs et des marteaux en pierre, etc...

Bronze. — Des faucilles et des haches, à douille et à ailerons, généralement avec un anneau latéral, mais sans encoche au sommet. Beaucoup de couteaux, quelques-uns présentaient comme ornements des demi-cercles et des lignes sinueuses; ils étaient emmanchés à l'aide d'une douille ou d'une soie mais, pour quelques-uns, la lame et le manche étaient fondus du même jet. Plusieurs pointes de flèches, dont l'une est très richement ornée d'une série de cercles et de lignes sinueuses; quelques pointes de flèches avec des barbelures, plusieurs ciseaux à douille de différentes dimensions. Beaucoup d'aiguilles, d'épingles à cheveux, de hameçons, des pendeloques de forme curieuse, des anneaux, des objets à deux branches en forme de pinces. Un marteau à six pans, à douille, un autre avec un petit anneau latéral comme celui d'une hache. Plusieurs bracelets très beaux, ouverts aux extrémités et creux, dont la face externe portait comme ornements des cercles concentriques, des lignes, etc...; d'autres étaient massifs ou faits avec des fils métalliques, creusés en spirales. Beaucoup de rasoirs, de boutons avec ou sans tête, de clous à large tête, des spirales, la partie centrale d'un mors.

Fer. — Quelques javelots coniques à douille.

Or. — Un petit fil d'or en spirale et un fragment carré d'une plaque mince, très bien plissée.

Poterie. — L'art de la poterie semble avoir atteint une grande perfection. Il y avait des vases de toutes dimensions, depuis 60 à 90 centimètres de diamètre jusqu'à des objets minuscules. Leur base généralement arrondie devait reposer sur des supports ronds dont on a retrouvé un certain nombre. Quelques pièces de vaisselle plate portaient comme ornements des carrés, des ovales, des cercles. Diverses formes de fusaïoles, dont quelques-unes sont en pâte fine noircie au charbon, ayant l'aspect des plus belles poteries. Plus de vingt croissants en argile représentés par des fragments, parmi eux il y en avait en pierre. Plusieurs cylindres en terre ; des poids et quelques figurines grossières représentant un quadrupède.

Os. Bois, etc. — Quelques instruments en os, des poinçons, etc., la partie latérale d'un mors de bride en corne de cerf, percée de trois trous, une portion d'un joug, des casse-têtes, etc., des morceaux d'argile portant des empreintes de clayonnages.

Sutz. — Il y avait là une vaste station ; les pilotis s'étendaient sur une surface d'environ 25 mille mètres carrés. Elle était réunie à la terre ferme par un pont ou passerelle d'environ 90 mètres de long sur 13 de large. Dans cette zone se trouvaient disséminés plusieurs Steinbergs. La couche archéologique avait une épaisseur de 10 à 40 centimètres et était voisine de la surface. Les pieux étaient pour la plupart en chêne et plantés d'une façon irrégulière. Les objets trouvés permettent de ranger cette station à la fois dans l'âge de la Pierre et dans celui du Bronze. Les plus intéressants sont les suivants :

Pierre. — Des haches de la forme habituelle (quelques-unes en néphrite) et d'autres perforées ; des fusaïoles, des perles, dont une en quartz ; des pointes de flèches en silex, des couteaux, des éclats.

Corne. — On trouva des emmanchures taillées en forme de V à la partie (opposée à la hache) destinée à recevoir le manche en bois ; des morceaux de corne de cerf perforée, ayant la forme de marteaux ou de massue. Il y en a trois au Musée de Berne, qui sont remarquables par leur forme irrégulière.

Ambre. — Deux ou trois grains très bien tournés.

Bronze. — Une épée (fig. 71, n° 9), une fiubule, ne hache à ailerons, dont une partie du manche en bois, qui a été brûlé, est restée fixée aux ailerons ; quelques épingles à cheveux et un crochet qui ressemble à une clef romaine.

Cuivre : un poinçon en cuivre pur, emmanché dans une poignée en os.

Bois. — Un arc en bois d'if, absolument parfait, long de 1 mètre 60, un morceau d'objet en vannerie et quelques écuelles en bois avec un manche.

Poterie. — La céramique est très pauvre ; seulement quelques tessons grossiers, dont les seuls ornements consistent en des empreintes de doigt ou de ficelles. Le Musée de Berne possède trois cylindres en terre comme ceux de Wollishofen (pl. 5, n°s 5, 10), ainsi que quelques poids en terre perforés.

D'après les fouilles très sérieuses, qui ont été faites par le Dr Fellenberg, en 1884, il résulterait que cette station appartient à la période de transition, comme Fenil.

Latringen, Lattringen, Lattrigen ou Latteringen. — Le Dr Gross décrit ici deux stations qui, d'après les caractères les plus saillants des objets trouvés, semblent appartenir à l'âge de la Pierre, bien qu'avant les fouilles faites par lui, Schwab ait recueilli quelques objets en bronze.

La première, ou station inférieure, couvre une superficie de vingt mille mètres carrés et ses vestiges sont situés en face du petit port du village de Lattringen. Elle était reliée au village par quatre ponts, dont le plus grand a 60 mètres de long sur 4 mètres de large.

Les objets recueillis par le Dr Gross sont de l'âge de la Pierre. On y remarque des gaines en corne de cerf, un beau harpon avec onze barbelures et un trou à son extrémité mousse. D'après Fellenberg, cette station appartiendrait à la période moyenne de l'âge de la Pierre, car elle n'a fourni aucun instrument de cuivre ni haches-marteaux perforées, mais en revanche les instruments en néphrite les plus parfaits. La collection des objets de cette station, qui se trouve au Musée cantonal de Berne, renferme entre autres choses : des poignards, des ciseaux, des harpons, des poinçons en os et en corne ; plusieurs marteaux en corne perforés, des emmanchures en corne pour haches en pierre ; un certain nombre de pointes de flèches en silex, toutes à base rectiligne ; une hache en serpentine de 38 centimètres de long. Quelques perles en pierre et des morceaux de cristal de roche. Une petite lame de poignard avec quatre trous de rivets en bronze ou en cuivre.

Avant la publication du travail du Dr Gross, on avait mentionné les objets suivants, comme provenant de cette station :

Des meules en pierre, des tessons de poterie grossière, un poignard en bronze, une hache en bronze en forme de pelle, un anneau spiral également en bronze.

La station supérieure est à 150 ou 180 mètres de la précédente, juste en face le bloc erratique connu sous le nom de *Sumpstein*. Elle contenait un petit steinberg et fournit cinq pointes de lances en silex, une hache en serpentine, aiguisée aux deux extrémités et percée d'un trou ovale, et un ou deux objets en corne (fig. 71, nos 7 et 11).

Moeringen ou Meiringen ou Mörigen, ou Möhrigen. — A en juger par le nombre et la variété des objets trouvés à Mœringen, on peut considérer cette station comme la plus importante du lac de Bienne. Elle occupait une baie abritée, appelée « Mœrigen Ecken » et couvrait une surface rectangulaire de 170 mètres de long sur 110 de large. La couche archéologique était recouverte d'un lit de vase et de sable de 2 mètres à 2m 50.

A l'époque où elle venait d'être découverte et pendant les premières années où l'on y fit des fouilles, on voyait les pieux émerger plus ou moins de la vase, et au milieu d'eux on distinguait très bien les extrémités de plusieurs bateaux. Ensuite des fouilles y ont été pratiquées chaque fois que la saison le permettait; mais, dans l'hiver de 1873-74, le Gouvernement prit l'affaire en mains et chargea MM. Fellenberg et Jenner de diriger les recherches d'une façon scientifique. C'est alors que l'on reconnut que cette baie renfermait deux stations : l'une de l'âge de la Pierre, l'autre de l'âge du Bronze, que l'on pouvait différencier d'une façon très nette, surtout en ce qui regardait le pilotis. La première occupait une situation beaucoup plus rapprochée du rivage et les tronçons des pieux étaient à peine visibles. La seconde, au contraire, était en eau profonde et son pilotis, mieux conservé, émergeait de 45 à 60 centimètres au-dessus de la couche sédimenteuse du fond du lac. Toutes deux étaient reliées au rivage par des ponts, comme il est facile de s'en rendre compte d'après les vestiges restants d'une double rangée de pieux. Mais tandis que le pont de la station de l'âge de la Pierre avait 1m 60 à 2m 50 de large, celui de l'âge du Bronze avait 3 mètres à 3m 60 de large et de plus il était beaucoup plus long, car il atteignait 1 kil. 800. Fellenberg a calculé que le pilotis de la station de l'âge du Bronze représentait environ 10.000 pieux.

Les fouilles de la station de Mœringen, entreprises par le gouvernement, furent continuées en 1874, époque à laquelle le niveau des eaux s'était tellement abaissé que la plus grande partie de la station de l'âge du Bronze était à sec et que l'on put, grâce à cela, augmenter beaucoup les collections déjà recueillies. Parmi les objets les plus intéressants nous signalerons des planches ayant subi l'action du feu, des poteaux avec des ouvertures carrées, ce qui semblerait indiquer que l'on se trouvait en présence de vestiges de huttes ou d'ateliers.

Les premiers fouilleurs, Schwab et Müller, ont réuni un certain nombre d'objets provenant de cette station, qui sont déposés aujourd'hui au Musée Schwab. Parmi ceux-ci nous mentionnerons :

Une épée en fer de l'époque de la Tène et une curieuse fourchette en

Pl. 7. — Mœringen. Bronze 1/2 grandeur.

fer. En fait d'objets en bronze, nous trouvons des couteaux, des épingles à cheveux et une grande variété de pendeloques. Plusieurs perles de verre et d'ambre. De nouveaux modèles de poterie, des pommes carbonisées, des grains de blé, des fèves, des cordes grosses et petites faites avec du lin et avec de l'écorce de tilleul.

La station la moins importante appartenait, d'après Fellenberg, à la période moyenne de l'âge de la Pierre. On y a trouvé un certain nombre de perles, dont quelques-unes en quartz, que l'on suppose avoir fait partie d'un collier.

Les deux collections les plus intéressantes provenant de Mœringen sont à Berne au Musée cantonal et dans les salles du Gouvernement fédéral (collection Gross).

Les objets très remarquables qui ont été trouvés ont été catalogués par le Dr Gross de la façon suivante :

1° *Armes* : Épées (fig. 71, n°s 4, 5, 6), poignards, lances, pointes de flèches;

2° *Instruments* : Haches, faucilles, polissoirs en pierre, pierres discoïdes, enclumes, des fusaïoles et des poids de tisserand;

3° *Objets de toilette* : Ceintures, boucles de ceinture, épingles à cheveux, fibules, bracelets, bagues, boucles d'oreille, perles d'ambre et de verre, etc...;

4° *Harnachement* : Mors en bronze, en fer, en corne; phalères (fig. 76, n°s 3, 7, 13);

5° *Poterie* : Croissants, etc...;

6° *Objets divers* : entre autres de nombreux moules en mollasse.

Les objets en bronze provenant de cette station sont représentés à la planche 6, qui est la reproduction des magnifiques planches en couleur de Desor et Favre. La destination de ces objets se devine facilement sans qu'il soit nécessaire de les décrire en détail. Je me bornerai à faire remarquer que le seul poignard, dont le manche figure au n° 5, est constitué par une forte tige en bronze de 55 centimètres, pointue à une extrémité et quadrangulaire à l'autre, qui est fixée dans un manche à l'aide d'une douille. L'extrémité libre du manche est terminée par un anneau fixe, dans lequel se trouvent trois anneaux mobiles; sur le corps du manche se voit une annexe qui se termine par un appendice incurvé assez curieux.

Gerofin (Garolfingen ou Gerlafingen). — Il existe également ici deux stations : l'une de l'âge de la Pierre, couvrant une superficie d'un peu plus de deux mille mètres carrés; l'autre de l'âge du Bronze, beaucoup plus étendue et plus éloignée du rivage que la précédente. Chaque station avait des ponts distincts, qui probablement étaient plus longs pour celle de l'âge du Bronze. La station de l'âge de la Pierre était recouverte de vase; les objets trouvés consistaient en haches en pierre (dont une perforée), en éclats de silex et en quelques tessons de poterie grossière.

Oefeli (Station inférieure ou Oefeliplätze), qui est le nom de la seconde station de Gerofin, renferme un steinberg qui communique par un pont avec une langue de terre voisine. Il n'existait pas de couche archéologique bien nette, mais les trouvailles faites sont de grande valeur. Parmi celles-ci, nous citerons : un certain nombre de haches en néphrite et en jadéite, un couteau en néphrite dans un manche en corne, des couteaux en silex, une cuillère en bois, un bateau miniature, quatre ciseaux en cuivre; deux haches plates en bronze, portant des ailerons rudimentaires, une épingle à cheveux à tige double; deux poignards en bronze, dont un triangulaire; un bracelet en bronze massif; plusieurs marteaux en corne de cerf, une écope, plusieurs gros poids en argile. Au Musée de Berne, se trouvent treize perles en cuivre, dont la grosseur est graduée de manière à former un collier; quelques pointes de flèches en quartz; une ammonite et une coquille de pétoncle, toutes deux perforées, ainsi que quelques os et des perles en corne. Le Dr Gross estime que le nombre des instruments en jade trouvés à Oefeli s'élevait à trente ou quarante. De tous les instruments du gisement, le plus grand avait 10 centimètres de long et le plus petit 25 millimètres; tous deux étaient en néphrite.

On trouva des pieux dans divers endroits de la localité et dans un de ces groupements de pilotis il y avait des vestiges romains tels que fragments de tuiles, poteries, monnaies et morceaux de verre.

Hagnek, Hagneck ou Hageneck. — Dans cette localité, près de l'endroit où l'Aar débouche dans le lac et à environ 90 mètres du rivage, on pouvait voir autrefois quelques pieux, mais la couche archéologique semblait avoir été enlevée. Desor y a trouvé quelques haches en pierre avec d'autres objets. La station était reliée au rivage par un pont de 60 mètres de long sur 4 mètres de large.

Ile Saint-Pierre ou île de Bienne (Peterinsel). — Sur la partie sud de cette île se trouvent les vestiges d'une station assez étendue, dont le pilotis se dirige parallèlement au rivage. On y aperçut un grand bateau, enfoncé dans la vase et qui semblait avoir coulé parce qu'on l'avait rempli de pierres. Il avait 15 mètres de long sur 1 mètre à 1 m 20 de large. On recueillit près des pieux une épingle en bronze à tête ovale, ornée de lignes sinueuses.

Au nord-est de l'île, il y avait une autre station qui est maintenant à sec. On y a trouvé un grand nombre d'objets en bronze; mais il n'y avait pas de couche archéologique régulière et comme les objets ont été recueillis à la surface, le Dr Fellenberg pense que la station a été saccagée. Parmi les objets trouvés, nous noterons : un couteau en bronze, une pendeloque avec des motifs disposés d'une façon bizarre, une paire de pinces; une portion de chaîne consistant en anneaux reliés par des liens, plusieurs fragments d'épée, de haches et de faucilles; une épée en fer avec la poignée en bronze.

Ile des Lapins ou Petite île (Kleiner Insel ou Kanincheninsel). — On aperçoit quelques pieux, indices d'une station. Dans l'île même, on a recueilli des antiquités de différentes époques, telles que tuiles romaines, monnaies, un objet de parure en or assez joli et beaucoup d'autres de fabrication gallo-romaine.

Locras ou Locraz (Lüscherz). — Les ruines de la station sont situées à une telle profondeur que, bien qu'ayant été connues de Schwab, il ne fut vraiment possible de se rendre compte de leur importance que dans l'hiver 1871-72. Les eaux commencèrent alors à baisser et le Gouvernement de Berne entreprit une série de fouilles. D'après le Dr Gross, la station aurait un peu plus de 16.000 mètres carrés de superficie et elle était reliée au rivage par un pont de peu de longueur. La couche archéologique, de 10 à 50 centimètres d'épaisseur, se trouve sous une accumulation assez considérable de sable et de graviers, et consiste en un dépôt noirâtre de débris organiques, qui paraît avoir joué un rôle tout particulièrement favorable pour la conservation des objets d'industrie humaine, dont la destruction est généralement la règle. C'est ce qui explique sa richesse en vestiges de ce genre, tels que pelotes de fil de lin, fragments d'étoffes en tissu de lin, amas de céréales et restes de diverses plantes cultivées.

En continuant la fouille, on s'aperçut que la profondeur de la couche archéologique augmentait à mesure que l'on se dirigeait vers le centre du lac. C'est ainsi qu'étant de 75 centimètres près du rivage, elle atteignait graduellement 2 m 30 sur l'autre rive. Les pieux étaient en chêne, hêtre, sapin, bouleau, et la plupart formaient des tiges arrondies. Ces diverses essences de bois semblent avoir été employées dans les mêmes proportions sur toute l'étendue de la station, excepté à l'angle nord-ouest, à un endroit appelé le steinberg, où les pieux étaient faits uniquement de tiges de chênes refendues en deux. Autre particularité, les pieux étaient plus superficiels, ce qui fit supposer que cette partie était de date plus récente. Comme dans la plupart des autres stations lacustres, la charpente présentait des traces de l'action du feu. L'hypothèse d'une catastrophe soudaine, telle qu'un incendie général, se trouvait confirmée par les restes humains que l'on découvrit : trois crânes et plusieurs os du tronc et des extrémités, qui furent ramenés d'une profondeur de 90 centimètres.

Parmi les antiquités signalées par le Dr Gross, nous mentionnerons les suivantes :

Pierre. — Plusieurs centaines de haches polies, dont 30 environ en néphrite ou en jadéite (dont une de 22 cent. de long); des instruments en silex noir et jaune, admirablement fabriqués, tels que pointes de flèches, têtes de lances, scies et éclats; quelques cailloux ronds de la grosseur d'un œuf de pigeon, entourés d'un cercle en écorce de bouleau et disposés en ligne, comme des pois dans leur gousse, des fusaïoles, des broyeurs pour le blé.

Corne et os. — Un grand nombre de gaines, 600 à 800, dont beaucoup étaient encore munies de haches ou de ciseaux ; environ 40 têtes de haches-marteaux, percées d'un trou rond ou carré; deux petits peignes à trois dents; des ciseaux, des aiguilles, des poinçons, des aiguilles recourbées munies d'un appendice latéral perforé ayant servi à fabriquer des filets; des pointes de flèche; un instrument à carder constitué par la juxtaposition de lames de côtes, taillées en pointe à une extrémité.

Poterie. — Beaucoup de vases entiers et de fragments, d'après lesquels on peut voir qu'on employait deux qualités de pâte, l'une grossière et l'autre fine. Il y avait des bols, des plats, des cruches, tantôt avec des poignées ordinaires, tantôt avec des mamelons latéraux troués; des poids cylindriques ronds ou coniques en argile.

Objets divers. — Une portion de fuseau avec le fil enroulé tout autour (carbonisé), différents manches en bois, des plats, des instruments; des morceaux de vêtements, des paillassons, de la paille brûlée, un petit poignard plat en cuivre se trouvent au Musée de Berne.

Dans un rapport adressé au gouvernement, M. Jenner donne l'énumération suivante, qui permet de se faire une idée très exacte du nombre respectif de chacun des objets : « Pendant vingt-sept jours, j'ai exécuté des fouilles sur une surface de 20.500 mètres carrés, à une profondeur moyenne de 45 centimètres; la couche archéologique avait une profondeur de 5 à 45 centimètres; les trouvailles faites ont été les suivantes :

1.	Instruments en pierre	600
2.	— en corne de cerf	480

3. Instruments en os.......................... 235
4. Morceaux de drap.......................... 50
5. Objets de parure.......................... 45
6. Vases en terre entiers.......................... 11
7. Haches en pierres emmanchées.......................... 23
8. Instruments en silex.......................... 121
9. Morceaux de corne de cerf bruts.......................... 430
10. Instruments en bois.......................... 24
11. Tessons de vases ornés.......................... 26
12. Poids en argile.......................... 8
13. Haches en néphrite et jadéite.......................... 8
14. Un certain nombre de poids pour filets dans de l'écorce de bouleau.

Tout contre la station précédente, dans sa partie nord-est et séparée d'elle par une douzaine de pas à peu près, on en découvrit une autre, que le Dr Gross a décrite dans un travail intitulé : « Une nouvelle palafitte de l'époque de la pierre à Locras. » La superficie est environ le quart de la précédente. La couche archéologique, étant très voisine de la surface, put facilement être fouillée. On y trouva deux crânes humains, dont l'un semble avoir servi de coupe. D'après le caractère des objets trouvés, la station semble appartenir à la période de transition. Il y avait des têtes de haches-marteaux perforées, avec des rainures et un sommet saillant, analogues aux types scandinaves. Quelques objets de métal, en cuivre : une superbe hache double de grande dimension (fig. 71, n° 10), en cuivre *pur*, à double tranchant de 42 centimètres de long, pesant plus de 3 kilogs. Elle est épaisse et massive au milieu et va en s'élargissant aux deux bouts pour former les tranchants élégamment évasés de 12 centimètres de large. Le milieu de la pièce est percé d'un trou cylindrique de 6 millim. de diamètre ; un poignard et un poinçon. Trois objets en bronze : une épée, une lame de poignard et une épingle à cheveux. Les autres objets sont ceux que l'on trouve habituellement à l'âge de la Pierre, parmi lesquels nous mentionnerons comme assez rares une pointe de flèche en néphrite et un couteau de même matière avec un bord tranchant (pl. 31, n° 28).

Fenil (Vinelz ou Vinelez ou Finels). — Cette station, qui est complètement à sec, a été découverte accidentellement, en 1881, par des ouvriers qui creusaient une rigole d'écoulement pour l'eau qui s'accumulait dans les champs. Après avoir traversé un banc de sable et de graviers de 60 à 70 centimètres d'épaisseur, ils tombèrent sur une couche de vase noirâtre

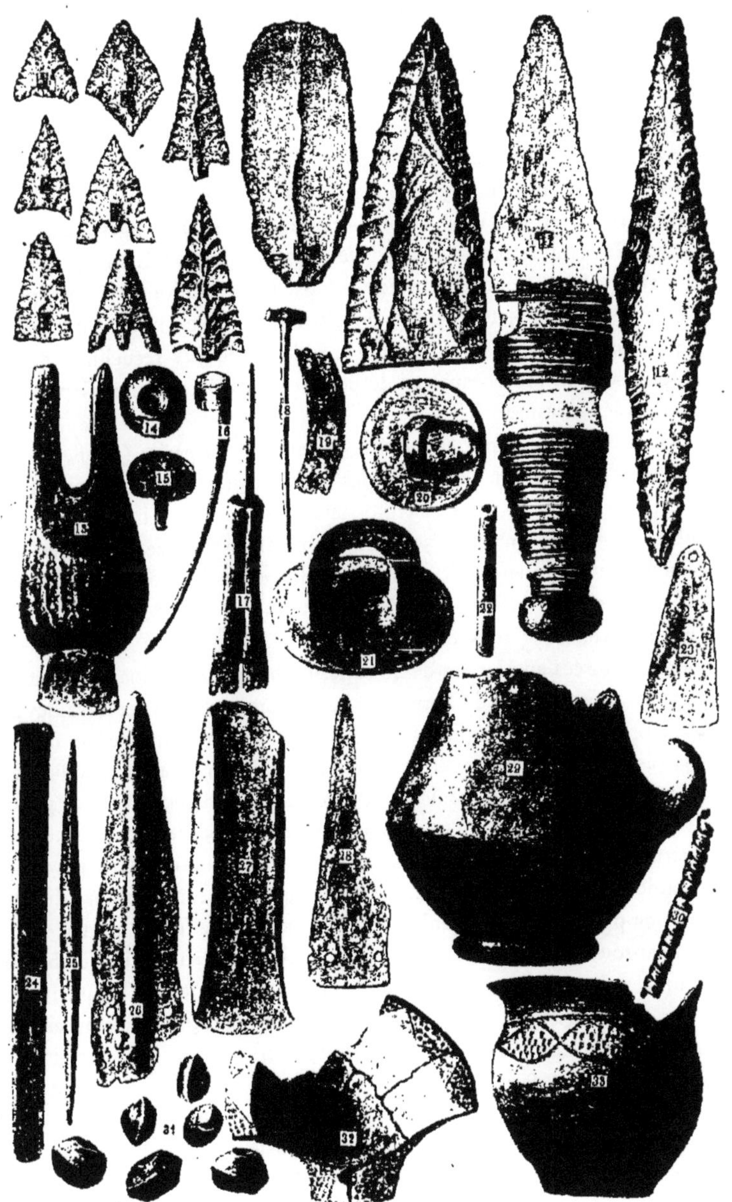

Pl. 8. — Fenil, nos 29, 32, 33 : 1/4 grandeur ; le reste 1/2.

et mirent au jour un certain nombre de têtes de pieux qui émergeaient de 30 centimètres hors du sable. Le Dr Gross en fut immédiatement informé, vint visiter l'endroit et reconnut qu'on était en présence d'une station lacustre. La localité étant très exposée aux vents du nord, il semble que ceux-ci ont balayé sur le rivage des sables et du gravier qui ont complètement recouvert la station, comme cela se produisit à Wangen, dans l'Untersee. Pendant le printemps et l'été de 1882, les Drs Gross, Fellenberg et d'autres fouillèrent le nouveau pilotis. Cette station est remarquable par le nombre d'objets en cuivre qu'elle a fournis, ce qui en fait la station type de la fin de l'âge de la Pierre. Parmi les antiquités recueillies, dont la plupart sont au Musée cantonal de Berne et dans la collection Gross, nous citerons les suivantes :

On a compté environ 100 objets en cuivre : 46 perles (pl. 8, n° 31); plusieurs poignards (n°s 26, 28); des haches plates; des pendeloques; des ciseaux (n° 24); des couteaux grossiers; des poinçons (n°s 17, 25); des tubes et spirales (n°s 22, 30). Aucun objet en bronze ni en fer. Des manches en os et en corne, des poignards polis; de gros objets ayant la forme de boutons (n°s 20, 21); des casse-têtes perforés; des épingles ornées (n°s 15, 16, 18) : tous ces objets sont très nombreux. Des haches en pierre perforées au nombre de 40 et des haches polies ordinaires, dont 100 se trouvent au Musée de Berne. De beaux poignards en silex travaillés parfois aux deux extrémités (n° 12); deux étaient encore munis de leur manche en bois (n° 11), dans lequel ils étaient maintenus fixés à l'aide de ligatures en roseau ou en osier enroulés tout autour. Une grande variété de pointes de flèches en silex (n°s 1 à 9); des poids en terre de différentes formes; des instruments faits avec des côtes effilées, de la vannerie, etc... En ce qui regarde les objets tissés, le fil, les filets de pêche, cette station peut être mise en parallèle avec Robenhausen. Une portion de fuseau portait encore le fil enroulé autour de lui. Il existait un filet de pêche entier (carbonisé) et un certain nombre de moutons en pierre pour enfoncer les pieux.

La poterie (n°s 29, 32, 33) était ornée de pointillés et d'empreintes à la ficelle. Un vase portait une poignée en forme de corne, se projetant en saillie du milieu de la panse.

Beaucoup d'objets en bois tels que plats, casse-têtes, poignées, flotteurs pour filets. Un fragment en bois portait plusieurs pointes en silex enfoncées et maintenues avec de la résine; on s'en servait évidemment comme d'une scie (pl. 31, n° 17) : des creux pour les doigts y avaient été aménagés afin qu'on pût le saisir plus facilement.

Saint-Jean. — A environ 1.500 mètres du lac, on a trouvé différents objets en bronze, qui sont les indices de l'existence d'une station. Au-dessous de Landerdon, il existe quelques pieux profondément enfouis dans le limon et dont les têtes sont en mauvais état.

Chavannes (Schaffis ou Schafis). — Cette station étendue comme une bande étroite sur la rive gauche du lac, bien que connue depuis très longtemps, était restée inexplorée jusqu'à ce que la baisse des eaux eût permis d'y faire des recherches. En 1873, le gouvernement confia cette mission au Dr Fellenberg.

On trouva trois steinbergs, dont deux se touchaient. Dans leur voisinage, les pieux étaient placés en lignes se dirigeant vers le rivage. Dans les autres endroits, ils étaient disposés d'une façon irrégulière mais assez rapprochés, leur écartement atteignait rarement plus de 60 centimètres, et ils pénétraient profondément dans l'ancien dépôt noir du lac. On trouva quelques bois de charpente, mais surtout des brindilles de bois, de la vannerie et des débris alimentaires carbonisés.

La longueur totale de la station était de 200 mètres et sa plus grande largeur de 51 mètres. Le steinberg le plus grand mesurait 70 mètres sur 20. Plusieurs ponts de 90 à 180 mètres de long réunissaient le pilotis au rivage. La station est maintenant complètement à sec et envahie par la végétation.

Sur les steinbergs, la couche archéologique était tout à fait superficielle et recouverte seulement d'une mince couche de sable et de gravier.

Les vestiges organiques tels qu'emmanchures en corne de cerf et instruments en os étaient colorés en noir et tellement décomposés que l'on ne put en conserver que quelques-uns. Les haches en pierre étaient nombreuses, mais d'une petitesse extraordinaire ; sur plusieurs centaines d'exemplaires on n'en trouvait que quelques-unes qui atteignaient la longueur de 125 à 150 millimètres. La plupart ne dépassaient pas 75 millimètres de long, et quoique très bien polies et aiguisées sur le tranchant elles étaient d'une fabrication inférieure, si on les compare à celles des autres stations telles que Locras. Elles étaient toutes faites en matériaux très communs dans la région ; deux seulement étaient en jadéite et une en néphrite. Il y avait une abondance étonnante de grandes plaques de pierre qui servaient à polir ces outils.

D'autre part, cette station est remarquable par la beauté et l'élégance des instruments en silex dont la plupart étaient encore dans leur gaine en corne ou dans leurs manches en bois. En même temps que les emmanchures en corne, nous signalerons les marteaux troués, des ciseaux, des harpons barbelés, des épingles, des poinçons, des amulettes, des dents perforées et des défenses de sanglier énormes. Parmi les objets en bois, les plus intéressants sont : une porte ayant conservé une partie de son verrou ovale en bois d'if poli, qui la barrait horizontalement, et une portion d'échelle. Les tessons de poterie dénotaient une fabrication grossière. L'argile est mal cuite et mélangée de morceaux de quartz et de petits cailloux de la grosseur d'un pois.

Les vases ont une forme approximativement cylindrique, leur fond est épais, ils ne portent aucune ornementation, pas même les mamelons latéraux saillants, si caractéristiques de Locras. De grosses boules, en argile, perforées à leur centre ont probablement servi de poids de tisserand. Parmi les objets, dont il n'y a que des restes, on trouve du lin tissé et plissé, ce qui prouve bien que l'art du tissage était bien connu de ces populations. Fellenberg considère cette station comme une des plus anciennes parmi les cités lacustres.

On a beaucoup remarqué une boîte cranienne humaine qui peut avoir servi de coupe à boire.

Douanne ou Douane (Twann). — Nous rappellerons que la rive occidentale du lac ne présente pas les mêmes facilités pour l'établissement de pilotis que la rive orientale, en raison de l'escarpement de ses bords et de la profondeur des eaux qui la baignent. En outre, la bande étroite de rivage, que l'on peut utiliser pour cela, a été recouverte d'abondants dépôts d'alluvions, comme le prouvent les découvertes faites à Douanne. A une profondeur de 4 m 50 à 6 mètres, en faisant des travaux de creusement près du quai, les ouvriers tombèrent sur une couche de terreau noirâtre contenant des pieux, de la poterie, des instruments en corne de cerf, etc... Le Dr Gross, qui passait par hasard à cet endroit, les examina et reconnut qu'il y avait eu là une station lacustre.

Vingrave ou Weingreis, Wingreis ou Vingreis. — M. Irlet, de Douanne, a également reconnu une autre station à Vingrave (Wingreis), dans le voisinage de laquelle on trouva le bateau, si bien conservé, qui est actuellement au Musée de Neuveville. Sa construction est très grossière, ses côtés sont épais, l'arrière est carré et porte une échancrure destinée à recevoir un gouvernail mobile. Ses dimensions sont les suivantes : longueur, 9 m 15 ; largeur, près de 90 centimètres, et 30 centimètres dans la partie la plus profonde. Les parties latérales portaient quatre à cinq échancrures destinées probablement aux rames. Les objets trouvés dans cette station consistent surtout en haches, silex et manches en corne.

Vigneules (Vingels ou Vingelz). — Fellenberg rapporte qu'en 1874, époque à laquelle on sortit du limon le grand bateau qui y était enfoui et dont l'existence était connue depuis plusieurs années, on reconnut en même temps qu'il y avait un gisement archéologique profondément enfoui.

A environ 900 mètres du rivage et face au steinberg de Nidau, on croit qu'il y a eu une petite station. On en a retiré quelques objets, parmi lesquels un gros poids en pierre entouré d'un anneau de fer. On aperçut également un pilotis qui se prolongeait dans la direction du steinberg de Nidau, ce qui fit supposer qu'il existait un pont, qui reliait les deux stations.

Entre Vigneules et Bienne, il y a un petit steinberg d'où l'on a retiré quelques pointes de flèches en fer.

Port. — Pendant les travaux entrepris pour la correction des eaux du Jura, on fit quelques découvertes assez remarquables, surtout le long de la Basse-Thièle, entre Nidau et Meyenried. Juste en dessous du petit village de Port, on trouva les restes d'une palafitte de l'âge de la Pierre. La station paraissait avoir été d'une étendue considérable, car la ligne des pieux se prolongeait sur plusieurs centaines de mètres, le long du canal.

Le gisement archéologique était à 2 m 10 au-dessous de la surface de l'eau, et parmi des débris on a trouvé divers instruments en corne et en pierre. Parmi les haches en pierre, il y en avait une en néphrite, encore dans sa gaine en corne; son manche était recouvert d'une couche bleuâtre de vivianite amorphe.

LAC DE NEUCHATEL

(Canton de Neuchâtel)

a. — *Stations de l'Age de la Pierre* : Pont de la Thièle, La Tène, Auvernier, Cortaillod, Bevaix, Chez-les-Moines, Saint-Aubin, Concise, Onens, Corcelettes, Clendy, Chéseaux, Chable a Perron, Estavayer, La Creusaz, Forel, Chevroux, Port-Alban, Champ-Martin, Champittet.

b. — *Stations de transition* : Saint-Blaise, La Tène, Bevaix. Station du Chatelard, La Raisse.

c. — *Stations de l'Age du Bronze* : Champreveyres, Auvernier, Cortaillod, Bevaix. Stations de l'Abbaye et du Moulin, Concise, Onens, Corcelettes, Font, Estavayer, La Creusaz, Chevroux, Port-Alban, Cudrefin, Montbec.

d. — *Stations non déterminées* : Mouruz, Crêt, Les Uttins, La Sauge, Hauterive.

Le lac de Neuchâtel, comme celui de Bienne, était parsemé de villages lacustres, surtout dans les localités les plus abritées. D'après les données recueillies par Schwab, il fut publié, en 1863, une carte, sur laquelle se trouvaient mentionnées au moins 46 stations. Mais beaucoup d'entre elles n'avaient d'autre intérêt archéologique que l'indication de leur existence. Depuis lors, plusieurs autres ont été ajoutées à cette liste et grâce à l'activité intelligente avec laquelle les explorations lacustres ont été poursuivies après la baisse des eaux, amenée par la correction des eaux du Jura, on reconnut que beaucoup de stations, dont l'importance paraissait plutôt problématique, étaient au contraire extrêmement riches en antiquités.

Pont de la Thièle (Zihlbrücke). — En quittant le lac de Bienne et en suivant la Haute-Thièle, on arrive au Pont de la Thièle, qui traverse la rivière à peu de distance au-dessous de l'endroit d'où elle sort du lac de Neuchâtel. Un peu au-dessus de ce pont et sur les deux bords de la rivière, Schwab a découvert des pieux au milieu desquels il a trouvé des vestiges d'industrie à une profondeur de 1^{m} 50, d'où il conclut qu'il y avait eu des habitations sur pilotis dans cet endroit, lequel était probablement alors une baie, faisant partie du lac. A l'exception d'une épingle à cheveux en bronze, les objets recueillis dataient tous de l'âge de la Pierre. En 1870, Fellenberg entreprit de nouvelles fouilles, qui, tout en justifiant les conclusions posées précédemment, démontrèrent que l'étendue de la station était beaucoup plus grande qu'on ne le croyait et que le gisement archéologique était, en certains points, très profondément enfoui. Il a ramené les objets suivants : 7 grandes haches en pierre et 9 petites ou imparfaites, en serpentine, diorite, etc... ; 20 instruments en os : poinçons, poignards, ciseaux, etc... ; un grand nombre de têtes de haches-marteaux trouées, en corne de cerf; des éclats de silex ; d'autres instruments en silex dont une pointe de flèche admirablement travaillée; un couteau en néphrite polie. La poterie était d'une pâte grossière mélangée de sable brut, plusieurs vases portaient des mamelons latéraux.

La Tène [1]. — Cette station se trouve à l'extrémité nord-est du lac, près d'Epagnier et de Préfargier. Elle a été fouillée par Schwab, Desor, Dardel-Thorens, Vouga, Borel. La grande notoriété qu'elle s'est acquise est due surtout aux découvertes qui ont été faites dans la partie de la station, qui date de l'occupation gauloise et qui se rattache à l'âge du Fer. Cette période étant en dehors de notre sujet, nous ne nous en occuperons pas. Nous nous bornerons à signaler que les derniers travaux tendent à considérer les constructions lacustres de la Tène comme des magasins gaulois renfermant une grande quantité d'armes et d'objets de toutes sortes [2].

1. Article ajouté par le traducteur.
2. H. Zintgraff, Notes sur La Tène, *L'Homme préhistorique*, 1907, août, 225.

Ce qui nous intéresse ici, c'est qu'on a découvert à la Tène deux stations de l'âge de la Pierre et une de transition, dans lesquelles on a trouvé des haches polies, aplaties sur une face et taillées à la scie, dont une grande partie sont en jadéite et quelques-unes en néphrite. Il y avait également des haches en cuivre, ainsi que différents autres objets en même métal. Dardel-Thorens a recueilli 22 perles en cuivre.

En faisant le tour du lac vers l'ouest, on rencontre quatre stations en ruines, qui sont disséminées entre la Tène et le promontoire de Préfargier.

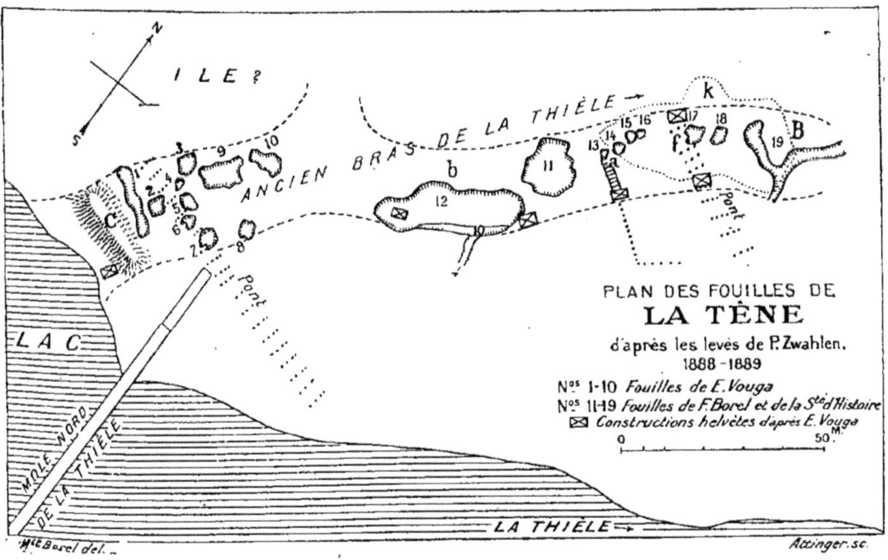

Fig. 3.

Leurs débris gisent enfouis dans une couche épaisse d'ancien limon, qui depuis a été presque entièrement balayé par les vagues en ne laissant en place que les objets les plus lourds qu'on trouve au milieu des cailloux roulés. C'est ainsi qu'on a recueilli quelques beaux instruments en néphrite et en jadéite, et parfois des objets en cuivre, dont quelques-uns sont encore en la possession de MM. Vouga, Dardel-Thorens et d'autres.

Saint-Blaise. — C'est encore grâce à la correction des eaux du Jura que l'on put reconnaître cette station. Bien que les recherches aient été faites d'une façon décousue, les récoltes ont été néanmoins très intéressantes, car elles sont caractéristiques de la période de transition. La station était située à l'ouest de la ville de Saint-Blaise et paraissait avoir occupé une vaste surface, car le pilotis se prolongeait tout le long de la route d'Hauterive. Ce sont MM. Vouga, Zintgraff et Dardel-Thorens qui ont fait les principales fouilles et qui possèdent les objets qui en proviennent. Le Dr Gross en a publié une description avec deux planches de figures.

Parmi les milliers de haches en pierre, dont dix pour cent environ étaient perforées, il y en a beaucoup en néphrite, jadéite, chloromélanite et saussurite. Celles-ci sont généralement petites et maintenues dans leur gaine en corne à l'aide d'une fente. Les haches trouées ont souvent une de leurs extrémités terminée en marteau (fig. 4, nos 25, 26). Parmi les nombreux objets, en corne et en os, tels qu'épingles (fig. 4, nos 22, 23, 24), casse-têtes perforés (n° 20) et poignards ou pointes de lances (n° 21), se trouvent certaines pièces, bizarrement travaillées, que le Dr Gross pense avoir fait partie d'une machine à percer les trous dans une substance dure. Ce qu'il y a de plus intéressant c'est le nombre et la variété des objets en cuivre que cette station a fournis. Sur une douzaine d'objets en métal, il n'y en a qu'un en bronze (n° 4), c'est un poignard avec une nervure médiane bien marquée; les autres consistent en deux haches plates (n° 6 [fragment], et n° 14); six poignards du modèle des lames en silex (nos 1 à 9), un couteau (n° 8), un morceau de spirale (n° 18), une pointe de flèche à laquelle adhérait encore de l'asphalte (n° 16), deux petits poinçons (nos 15, 17); deux boucles d'oreille (nos 11, 12); deux perles (nos 10, 13).

L'un des poignards en cuivre était monté dans un manche fait avec des osiers, dont on peut voir les restes (n° 2), et il rappelle beaucoup l'un des poignards en silex, dont la monture est analogue (n° 28). Comme ornements j'ai représenté une ammonite fossile et une pierre lisse, toutes deux perforées (nos 19, 27).

Hauterive. — En face du village, on a découvert une station assez étendue, qui a fourni un nombre considérable d'objets, un peu mélangés, lesquels ont été ensuite dispersés dans les Musées de Neuchâtel, Berne, Bienne et Zurich. Schwab y a trouvé des pointes de lances en fer et de la poterie. Puis Desor y découvrit un steinberg et y recueillit entre autres objets : une figurine ayant l'aspect d'un canard, ornée de lamelles en étain (fig. 80, n° 13); un vase avec la même ornementation (fig. 78, n° 6); un disque en os, orné de cercles concentriques; quelques pendeloques en bronze (fig. 74, nos 13, 14, 16). A Berne, on peut voir quatre épingles à large tête et plusieurs couteaux munis d'une soie, des faucilles, des pendeloques en forme d'anneaux, des hameçons, etc..., des plats de belle poterie noire à fond rond.

Entre Hauterive et Neuchâtel, on rencontre trois stations :

Champréveyres, Mouruz et Crêt, où l'on a recueilli quelques objets. En 1885, un pot noir orné de lignes circulaires et triangulaires, en dents de loup, mesurant 16 centimètres de diamètre et 11 de haut, fut ramené de 2 m 50 de profondeur et on le considéra comme provenant de la station

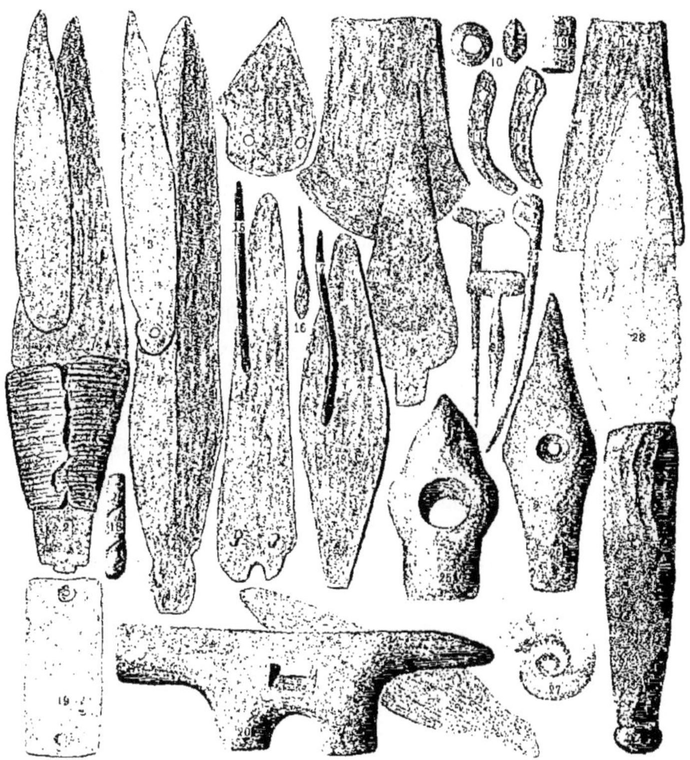

Fig. 4. — SAINT-BLAISE, nos 20 et 26 : 1/4 grandeur ; le reste 1/2 grandeur.

de l'âge du Bronze située à Champréveyres. Ce pot renfermait du sable, ainsi que les objets suivants : deux haches en pierre ; une fusaïole ; une dent de sanglier trouée ; la moitié d'une hache-marteau en pierre, incomplètement perforée ; deux objets en pierre ; un morceau d'ocre rouge et un d'ocre jaune.

Auvernier. — Dans une baie abritée, entre Colombier et Auvernier, se voit une des plus grandes et des plus intéressantes stations du lac. Elle fut découverte une des premières et bien qu'elle se trouvât à une profondeur de 3 ou 4 mètres, elle fut fouillée très soigneusement. Desor affirma qu'il y avait deux stations distinctes et très voisines l'une de l'autre, dont l'une, de l'âge du Bronze, se prolongeait vers le centre du lac. Celle de l'âge de la Pierre était située entre celle-ci et le rivage; elle renfermait un steinberg et couvrait une surface de près de 8.000 mètres carrés. Le pilotis de la station de l'âge du Bronze était enfoncé dans un limon mou et les têtes de pieux émergeaient de 30 à 60 centimètres au-dessus du fond du lac. Dans un endroit, Desor aperçut un bateau et de grandes pièces de clayonnage qui sortaient du limon. Parmi les antiquités recueillies par les premiers explorateurs, nous citerons : des pointes de flèches de diverses formes barbelées ou non, une pointe de lance à douille richement ornée, un bracelet fermé très solide, un ciseau, des hameçons, etc..., ainsi que des tessons de poterie avec des ornements divers dont le dessin avait une certaine analogie avec des grecques ou des méandres.

De 1873 à 1876, cette station a été fouillée d'une façon méthodique et les résultats de ces travaux ont été publiés en 1876 par le Dr Gross. Celui-ci a rangé les antiquités qu'il a trouvées dans les différents chapitres suivants, dont l'énumération permet de se rendre compte que la station est aussi importante que celle de Mœringen : 1° armes; 2° instruments; 3° objets de parure; 4° objets de harnachement; 5° moules; 6° céramique.

La planche 9 nous montre un certain nombre de haches (nos 1 à 8), de couteaux (nos 9 à 11), un ciseau à douille (n° 12), une gouge (n° 18); trois marteaux dont un à douille carrée avec anneau latéral (n° 13), un autre avec un trou carré au milieu (n° 19) et le troisième qui ressemble à la partie supérieure d'une hache à ailerons (n° 20); deux faucilles (nos 15 et 16); un ornement en forme d'étoile (n° 14); des pendeloques (nos 17 et 24); la moitié d'un moule à hache (n° 22) et un objet indéterminé avec des ornements (n° 27). Tous ces objets sont en bronze. Ceux en autre matière sont : un plat triloculaire en terre (n° 23); deux objets en os (nos 25, 26); une enclume en pierre encastrée dans un bloc de bois. La poignée d'une des épées est représentée fig. 71, n° 3.

Cortaillod. — D'après M. Vouga, il existait plusieurs stations. La Station Principale se trouvait presque en face du village de Petit-Cortaillod et se composait de deux parties : l'une, la plus proche du rivage, a fourni des objets de l'âge de la Pierre; l'autre, au contraire, des objets de l'âge du Bronze. A quelques centaines de mètres au nord, il existait une autre grande station, la Station de la Fabrique, dont la partie qui se dirige vers le

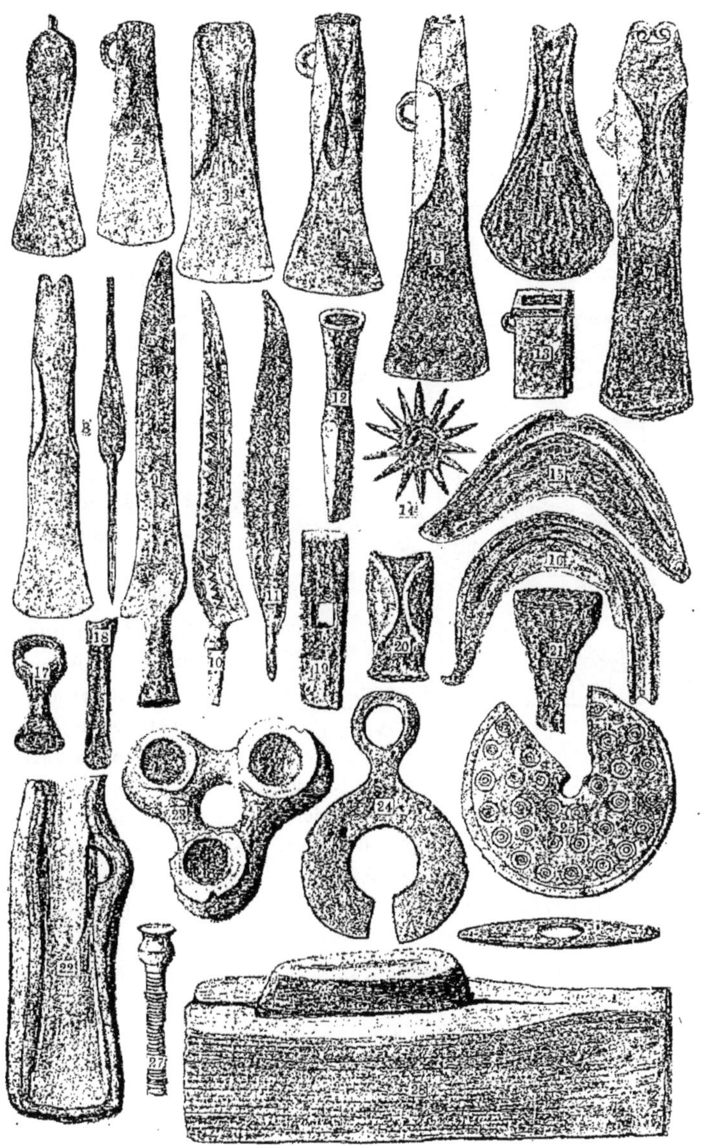

Pl. 9. — Auvernier, 1/3 de grandeur.

centre du lac appartient également à l'âge du Bronze. Sur le côté sud de la Station Principale on remarque l'existence de deux petits groupes de pieux, qui sont probablement les vestiges embryonnaires de stations qui n'ont jamais été achevées. Dans l'une d'elles on a trouvé un instrument en bois assez remarquable, que l'on croit être un mouton pour enfoncer les pieux; sa longueur est de 1 m 70 (fig. 70, n° 4).

La station a été fouillée, pour la première fois, au printemps de 1858, par Troyon, qui récolta cinq bracelets en bronze, des épingles à cheveux et quelques petits anneaux, qui sont aujourd'hui au Musée de Lausanne.

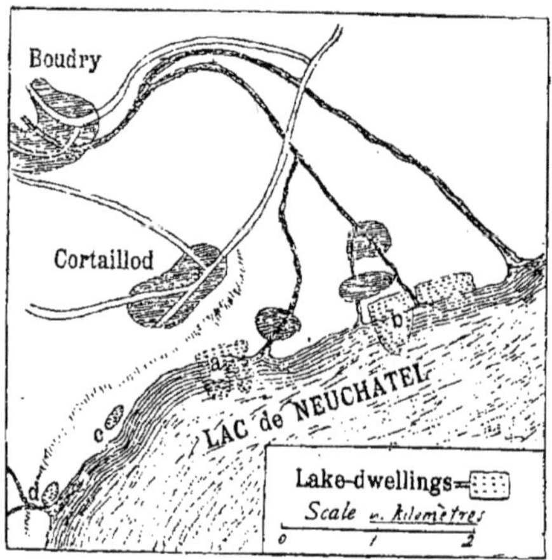

Fig. 5. — Stations de Cortaillod.

Ces résultats relativement heureux engagèrent MM. Schwab et Desor à s'occuper de Cortaillod. Au bout de quelques années, ils avaient recueilli un nombre d'objets assez grand pour constituer une collection très remarquable. Parmi les plus intéressants, nous signalerons : une roue en bronze de 50 centimètres de diamètre, avec quatre rayons (pl. 10, n° 17); des jets de fonte de bronze représentant des résidus de moulage; plusieurs pendeloques de diverses formes (n°s 10, 12, 21); des bracelets (n° 14); un anneau massif orné de rangées de cercles concentriques (n° 15); des épingles à grosse tête; des boucles d'oreille (n° 7); des boutons doubles (n° 22); des haches, des faucilles, des hameçons, des perles d'ambre et de verre; une cuillère en terre cuite, etc... Comme céramique, des modèles nouveaux, en particulier un grand plat orné de lamelles en étain, formant des dessins variés : lignes, cercles, grecques, méandres (fig. 78, n° 2).

Différents objets ont été vendus, si bien qu'actuellement ils se trouvent dans d'autres localités. En 1874, on trouva un collier en bronze, qui, d'après M. Vouga, est encore entre les mains d'un habitant d'Auvernier. En 1876, un pêcheur trouva une épée, qu'il vendit au conservateur du Musée de Bâle (n° 19).

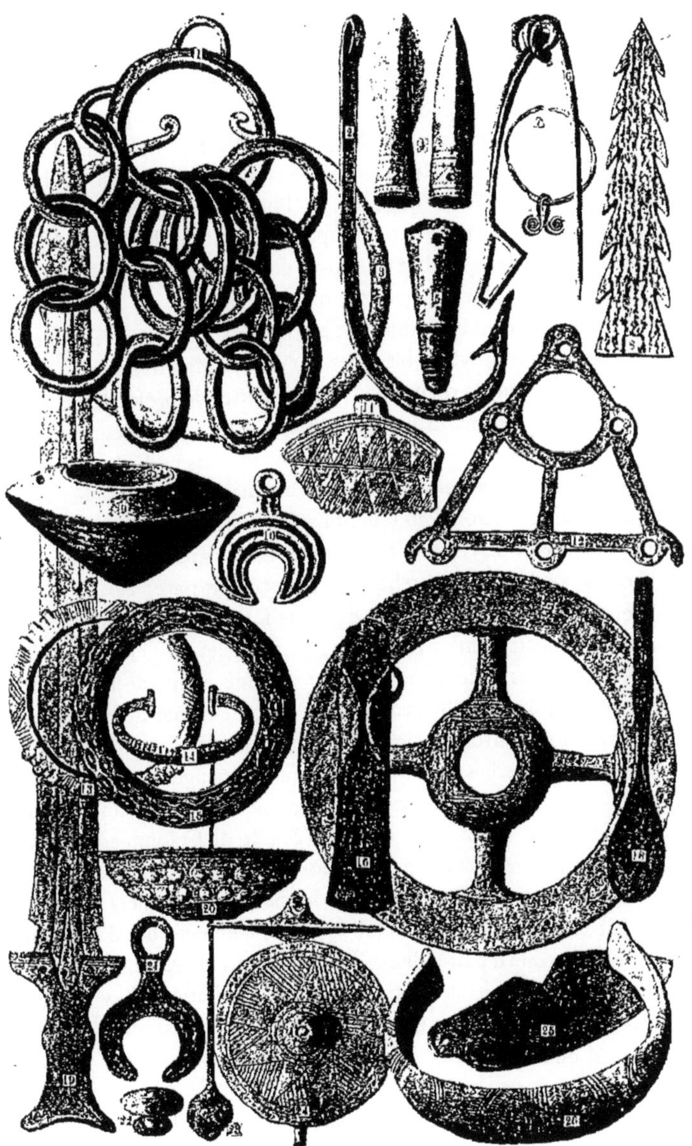

Pl. 10. — CORTAILLOD et BEVAIX (16, 18, 23 à 26). n°s 8, 16, 18, 19, 20 : 1/4 ; n° 13 : 1/3 ; le reste, excepté 17 : 1/2 grandeur.

Pendant ce temps, la section de la Station Principale appartenant à l'âge de la Pierre était délaissée parce que ses vestiges étaient enfouis profondément. Cependant on y avait déjà auparavant recueilli quelques objets en fer du type de la Tène, à savoir : une faucille et une ancre en pierre avec un anneau en fer, qui sont au Musée Schwab. En 1878, quand on fit les travaux de drainage, entrepris par le Gouvernement, on ramena beaucoup d'objets. Ensuite MM. Vouga et F. Borel commencèrent des fouilles méthodiques ; cet exemple fut suivi par la Direction du Musée de Colombier et par celle de la Société du Musée de Boudry. Parmi les objets récoltés jusqu'en 1883, M. Vouga mentionne les suivants :

Pierre. — Un certain nombre de pierres à aiguiser, en grès ; une grande pierre creuse pour broyer le blé, mesurant 46 centimètres sur 54 et 14 centimètres d'épaisseur, la cavité avait 7 centimètres de profondeur ; plusieurs centaines de haches-marteaux, de molettes à blé, etc. ; des fragments de pierres portant des traces de sciage ; des poids à filets perforés ; des fusaïoles ; un marteau ovale, en serpentine, orné de chevrons ; des haches en pierre perforées, etc..., environ 1.200, dont le tiers était encore dans des gaines en corne. La plupart de celles-ci avaient été fixées dans des manches en bois dont on ne retrouvait naturellement plus aucune trace ; parmi ces haches, il n'y en avait que 12 en néphrite. Environ 1.500 ciseaux ou petites haches, dont un très petit nombre en jadéite ; l'une d'elles était en silex, ce qui est exceptionnel dans cette région. Il y avait une pointe de flèche polie, en serpentine. Plusieurs milliers d'instruments en silex de diverses couleurs : scies, couteaux, grattoirs, poignards, pointes de flèches, pointes de lances. Les pointes de flèches étaient généralement triangulaires sans ailerons, quelques-unes avaient une forme losangique. Le plus grand poignard en silex mesurait 22 centimètres de long (Musée de Colombier) et quelques scies étaient encore fixées dans leur monture avec du bitume.

Corne. — Près de 3.000 gaines de haches, dont un tiers environ était en parfait état. Elles étaient à talon fourchu, comme celles d'Auvernier et d'ailleurs beaucoup d'entre elles n'étaient pas terminées, ce qui ferait croire qu'il existait là un atelier spécial pour leur fabrication. Il y avait également un grand nombre de marteaux perforés et de ciseaux, de poinçons, etc..., ainsi que de grandes plaques, dont l'usage est inconnu. Sur 20 harpons barbelés, il y en avait un de 22 centimètres de long, qui était muni de 12 barbelures (n° 8) et un non achevé (Musée de Boudry). On comptait un nombre à peu près égal de pendeloques ou de perles et quelques petits objets tels que des pointes de flèches.

Os. — Beaucoup de poinçons, de ciseaux, dont quelques-uns étaient insérés dans leur manche; une quantité de poinçons, de pointes de lances et de javelots; 30 poignards; une vingtaine de dents de loup ou de chien perforées; 50 défenses de sanglier travaillées, dont quelques-unes étaient fixées dans une monture; des lames de côtes juxtaposées et taillées en pointes (sérançoirs de lin).

Bois. — Une coupe ovale en bois d'if de 10 centimètres sur 7. On en a trouvé d'autres, qui ne furent pas conservées. Un petit maillet et des morceaux de vannerie.

Métal. — Un petit bracelet rond en cuivre et une hache plate en bronze à tranchant arrondi.

Poterie. — Des tessons de vases en pâte grossière et quelques poids troués, de forme cylindrique ou ronde.

Lorsque le niveau de l'eau baissa, la station de l'âge du Bronze devint plus accessible et des fouilles y furent pratiquées par MM. Borel, de Boudry et Kaiser, d'Estavayer. Parmi les objets recueillis, nous mentionnerons les suivants :

Bronze. — Plusieurs haches et couteaux; quatre rasoirs (dont un fabriqué avec un fragment de bracelet); cinq faucilles; un bracelet orné de lignes et de cercles concentriques; un autre fermé et également orné (n° 13); trois petits bracelets; des boutons de diverses formes; une bouterolle (n° 5); plusieurs pointes de lances, dont une ornée (n° 4); deux fibules (n° 6); une grande quantité d'épingles à cheveux; plusieurs centaines d'hameçons; un collier composé de vingt anneaux en bronze, réunis par une chaîne en cuivre; une coupe (n° 20), aujourd'hui dans la collection Gross.

Des fragments de coupe, de vases ou autres objets de céramique ornée, une vingtaine de torches-supports en terre et une centaine de fusaïoles. Le n° 11 représente une pendeloque, dont la substance n'a pas pu être déterminée, car ce n'est ni de la pierre, ni de l'os, ni de la corne, ni de l'argile.

Pendant l'automne de 1884, le niveau de l'eau s'abaissa d'une façon inusitée, le pilotis fut à sec et présentait ainsi un aspect si bizarre que beaucoup de personnes vinrent le visiter. C'est alors qu'on recueillit un grand nombre d'objets : un bracelet orné de cercles concentriques fut vendu 80 francs. Parmi les autres objets décrits par Vouga, nous citerons : un énorme hameçon (n° 2) de 11 centimètres de long; un morceau de bois entouré de deux lamelles de cuivre; une épingle en bronze à tête perforée et une autre à tête plate; un petit vase percé de quatre trous (n° 9); une petite lampe avec un manche en forme de cuillère; une pendeloque en bronze formée de onze anneaux massifs (n° 1).

Bevaix. — Plusieurs stations de cette localité furent reconnues de très bonne heure et les objets qu'on y trouva furent décrits par Troyon, Keller et Desor. Ils consistaient en haches en bronze (n°s 16 et 18), faucilles, épingles à cheveux (n°s 23 et 24), rasoir (n° 25), bracelet (n° 26), anneaux en terre, etc..., qui font aujourd'hui partie des collections Desor, Schwab et autres.

Depuis la baisse des eaux dans le lac de Neuchâtel, MM. Borel ont fait des fouilles méthodiques dans les stations du district de Bevaix et en ont fait connaître les résultats. De la Tuilière à Treytel, sur un rivage d'une étendue de plus de 3 kilomètres, ils ont décrit sept stations différentes de l'âge de la Pierre. Leur description est accompagnée d'une carte, qui montre que, tandis que les emplacements des deux stations de l'âge du Bronze étaient encore dans le lac, tous ceux de l'âge de la Pierre étaient complètement à sec. Desor et d'autres ont depuis longtemps insisté sur ce fait, mais c'est seulement depuis que les eaux du lac ont baissé que la démonstration en est devenue possible.

MM. Borel acceptent la division qu'on a proposée de l'âge lacustre de la Pierre en trois périodes : 1° *periode d'établissement et de formation,* caractérisée par la grossièreté et l'état primitif des objets; 2° *le bel âge de la Pierre,* qui dénote un progrès considérable dans le commerce et l'agriculture, et surtout une grande habileté dans la fabrication des haches en pierre; 3° *une période de transition,* dans laquelle les métaux commencent à faire leur apparition.

Le district de Bevaix nous offre des exemples typiques de ces trois périodes, que nous allons mettre en relief, d'après les données fournies par MM. Borel :

1. Station de la Tuilière. — Cette station appartient à la première période lacustre et, comme elle était très exposée aux vents, elle paraît avoir été rapidement abandonnée. Le pilotis est en mauvais état et difficile à découvrir. Les objets sont peu nombreux et très primitifs. On n'y trouve que des haches grossières en pierre, des poids et des silex de couleur foncée.

2. Station des Vaux. — Entre la Tuilière et la station des Vaux se dresse le promontoire du Grain, sur les deux flancs duquel on a ramassé des tuiles romaines disséminées. Les restes du pilotis se trouvent près d'une petite source et juste au-dessous des vignes, qui la dominent. Les pieux sont disposés sur deux groupes, séparés par un intervalle insignifiant;

cependant ils représentent deux périodes différentes de l'âge de la Pierre.

Le premier groupe, situé le plus à l'est, s'étend sur une longueur de 90 mètres et une largeur de 40, parallèlement au lac, et quoique situé plus loin en dedans de l'ancien bassin du lac, il est considéré comme étant le plus ancien des deux et contemporain de la Tuilière, c'est-à-dire des premiers établissements lacustres du lac. Un steinberg en marque le centre. Les fouilles n'ont donné que quelques petites haches en pierre, des pointes

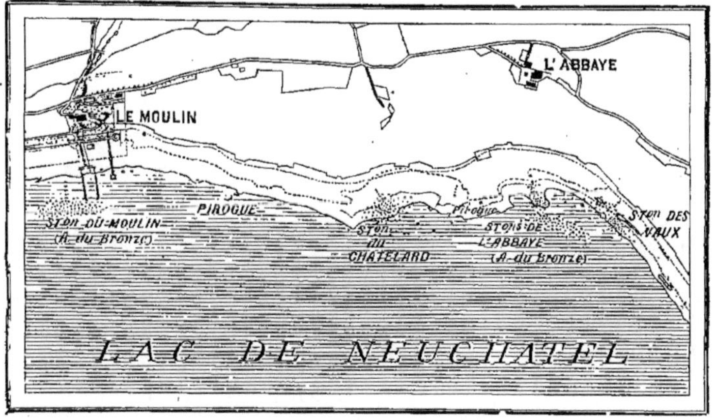

Fig. 5 *bis.* — Stations du district de Bevaix.

de flèches, des pointes de lances en silex foncé et de la poterie grossière; en fait de restes osseux, quelques mâchoires de castor.

Le second groupe couvrait une surface plus petite que le précédent et ne contenait pas de steinberg, mais en revanche une couche archéologique bien développée, de 30 à 40 centimètres d'épaisseur, qui a fourni des objets d'un travail beaucoup plus soigné, tels qu'instruments en corne parfaitement façonnés, comprenant une grande variété d'emmanchures de haches en pierre. La découverte la plus importante fut celle d'un crâne humain, du type dolychocéphale. Les pieux les plus rapprochés du rivage n'en étaient qu'à 27 mètres, tandis que ceux du premier groupe en étaient éloignés de 63 mètres. Ce qui paraît anormal c'est que la seconde station, c'est-à-dire celle qui appartenait à une période plus avancée de l'âge de la Pierre, était située plus près du rivage que la première (ce qui est la même chose pour toutes les stations de Bevaix). MM. Borel ont expliqué ce fait en émettant l'hypothèse que, depuis la fondation des premières habitations, la surface du lac s'était accrue. Nous verrons plus loin que cette supposition est tout à fait fondée et qu'elle s'appuie sur des faits qui deviendront de plus en plus nombreux à mesure qu'on voudra bien prendre la peine de se livrer à une observation attentive.

3. Station de l'Abbaye. — Un peu plus loin se voit une autre station de l'âge de la Pierre, qui se dédouble également en une plus récente et une plus ancienne, présentant, l'une par rapport à l'autre, exactement la même situation qu'à la station des Vaux.

En avant de ces deux stations, des Vaux et de l'Abbaye, se trouvent les restes d'une grande palaffitte de l'âge du Bronze, dont le pilotis est encore sous au moins un mètre d'eau, même quand le niveau du lac est le plus bas. Elle s'étend parallèlement au rivage, sur une longueur d'environ 180 mètres et sur une largeur de 150. En dehors des récoltes faites par les premiers fouilleurs (Troyon, Desor, Vouga, Clément, etc.), on a recueilli les objets en bronze suivants, qui sont dans la collection Borel au Musée de Bevaix :

6 haches en bronze (une à douille) ; 1 bouterolle incomplète ; 4 ciseaux, assez joliment ornés ; 5 faucilles ; 20 hameçons ; 3 bracelets ; 2 rasoirs ; 105 épingles à cheveux ; 5 pendeloques ; 2 boucles d'oreille ; 2 boutons ; 2 bagues ; 12 grands anneaux et 195 petits. Des tessons de poterie ornée, une torche-support en terre, trois perles de verre, des poids, des pierres à aiguiser, etc...

4. Station du Chatelard. — Cette station renfermait un steinberg, couvrant une superficie de 3.000 à 4.000 mètres carrés, qui était réuni au rivage par une langue de terre sur laquelle on avait établi une série de marches. Voici la nomenclature des objets qu'on y a trouvés : 200 haches en pierre, dont dix en jade ; 40 emmanchures et gaines en corne de cerf ; des ciseaux ; des marteaux en pierre ; des instruments en silex, etc. Une petite plaque perforée en bronze ; 2 épingles à cheveux ; 4 poignards ; 3 haches plates, le tout en bronze. D'après M. Borel, on a encore trouvé d'autres haches semblables, dont une appartient à M. Rousselet, et trois autres qui sont dans les Musées de Neuchâtel, Berne et Zurich. Celle qui est représentée ici (pl. 10, n° 18) fait partie du Musée Schwab à Bienne. Ce qui caractérise cette station, c'est l'apparition d'objets en bronze parmi les vestiges de l'âge de la Pierre. Par conséquent cette station appartient à la période de transition et, à beaucoup de points de vue, on peut la comparer à la station des Roseaux, de Morges.

5. Station du Moulin. — En s'avançant d'environ 500 mètres vers l'ouest, on arrive à une station isolée de l'âge du Bronze, dont le pilotis est encore à plus de 45 mètres du rivage actuel. Avant la baisse des eaux, elle était recouverte par environ 1m 50 d'eau. La petite quantité d'objets qu'on a récoltés dans cette station fait présumer qu'elle a dû être habitée pendant un temps très court. Desor y a trouvé plusieurs grands bracelets creux et ornés. Borel n'en a recueilli qu'un petit et un fragment d'un grand, du même modèle que les précédents. Comme autres objets en bronze, nous citerons : une paire d'hameçons et quelques épingles et boucles d'oreille. Les tessons de poterie y sont proportionnellement plus abondants ; parmi eux, il y avait un vase d'une forme élégante, verni au graphite extérieurement.

A l'est de cette station, on a trouvé, en 1879, un beau bateau, mesurant 8 mètres de long. Il est actuellement au Musée de Chaux-de-Fonds.

6. Station du Port. — Les vestiges de cette petite station, exclusivement de l'âge de la Pierre, sont répartis sur les deux rives d'un petit ruisseau qui se jette dans le port de Bevaix. D'après les caractères que présentent les objets, MM. Borel attribuent la partie située sur la rive orientale à la première période lacustre, et celle située sur la rive occidentale à la dernière. Il semblerait que cette station n'a pu avoir qu'un développement très limité par suite de son voisinage avec la grande palafitte de Treytel qui en est tout à fait voisine.

7. Station de Treytel. — Cette station représente un bel exemple de la seconde période de l'âge de la Pierre. Les débris se trouvent sur un rivage, qui n'est plus recouvert par les eaux, sur une longueur de près de 300 mètres. Ils couvrent une superficie de 8.000 à 10.000 mètres carrés. Cette station a été explorée pour la première fois en 1857, par M. Rousselet qui y fit de belles récoltes, qu'on peut voir au Musée de Neuchâtel, et cependant à cette époque, elle était encore submergée. Les instruments en silex sont particulièrement bien travaillés, la matière première est en beau silex jaunâtre, en partie translucide, qui semble avoir été importé de la Gaule. Les emmanchures et les gaines en corne pour les haches en pierre ont des formes variées. Il y avait en outre un très riche assortiment d'autres objets.

Chez-les-Moines. — Nous avons ici un steinberg, mais on y a trouvé bien peu de chose, seulement quelques instruments en corne de cerf et quelques haches en pierre, ainsi que quelques tuiles romaines.

Saint-Aubin. — La station était située près du rivage et renfermait un steinberg mesurant 100 mètres sur 60. Elle a été explorée surtout par le Dr Clément, qui recueillit une splendide collection, d'après laquelle on peut conclure que la station appartenait exclusivement à l'âge de la Pierre. On y remarque principalement des scies en silex montées en bois d'if et en corne; des pointes de flèches, adhérentes encore au bois grâce à l'asphalte dont elles étaient enduites; quelques perles, dont une en verre et deux en ambre; trois petits ornements en or; des dents perforées d'ours, de loup et de chien. La forme des gaines en corne est très variée, celles destinées aux haches et qui doivent être introduites dans des manches en bois sont soit à talon fendu, soit à talon cubique. Les instruments en os sont d'une fabrication très soignée, et l'on trouve un grand nombre de poinçons fixés dans des manches. Les pointes de flèches sont très bien taillées; leur forme est triangulaire ou allongée. Il existe, au Musée de Zurich, un superbe poignard en silex taillé, qui provient de cette station (voir pl. 31, nos 2, 3, 5, 6, 9).

Concise. — M. Rochat, qui a le premier exploré cette station, a décrit un steinberg demi-circulaire qui en occupait à lui seul une partie importante. La portion convexe regardait du côté sud vers le lac. Sa longueur était de 140 mètres et sa largeur de 80, et, quand le niveau du lac était le plus bas, avant la correction des eaux du Jura, son sommet n'était qu'à quelques centimètres au-dessous de la surface de l'eau. La couche archéologique était superficielle, mais les pieux pénétraient profondément dans le limon. En 1859, lorsqu'on construisit le chemin de fer, qui entamait un peu le lac, on fit usage d'une dragueuse qui ramena des centaines d'objets, lesquels furent vendus au bénéfice des ouvriers, ce qui explique qu'on trouve partout des objets venant de Concise, même en Amérique. Sur le steinberg et autour de lui, tout appartenait à l'âge de la Pierre. Les opérations de dragage durèrent six semaines et provoquèrent un grand émoi dans le monde des archéologues, en même temps que la fabrication de nombreux faux. Parmi la très grande quantité d'objets ramenés à la surface, il y en avait de toutes sortes, mais tous de l'âge de la Pierre, tels que scies, couteaux, pointes de flèches en silex; des centaines de haches en pierre, la plupart en serpentine, deux ou trois seulement en néphrite; des moutons en pierre perforés pour enfoncer les pieux, et des marteaux en pierre. Comme objets en os ou en corne nous mentionnerons des ciseaux, des poinçons, des poignards, des harpons, des coupes à boire, etc... Parmi la poterie, des plats ronds avec mamelons latéraux troués, des

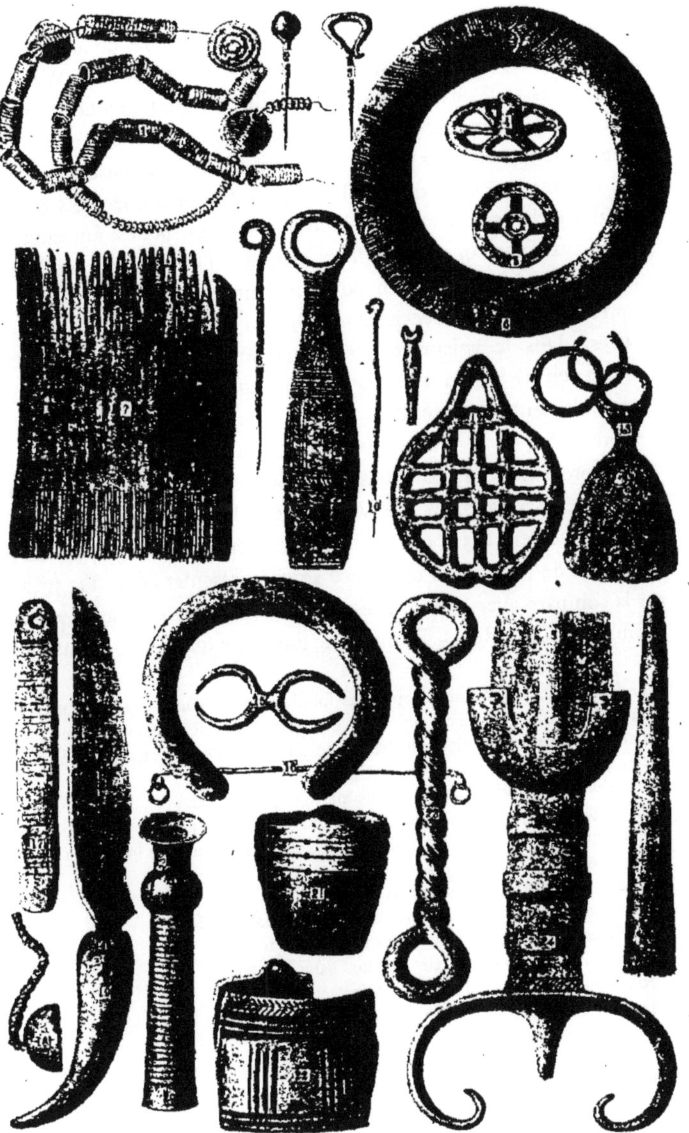

Pl. 11. — Concise et Corcelettes (5 et 14 à 23), nos 21 et 22 : 1/4 grandeur ; le reste 1/2.

vases petits et grands, des assiettes, des coupes, ainsi que des vases à base conique avec leur torche-support en terre. Des boules en argile, perforées, du volume de deux poings, semblables à celles trouvées à Wangen [1].

Parmi les restes d'animaux, on recueillit trois fragments de crâne, deux mâchoires humaines et une dent de cheval.

Pendant les derniers jours des travaux, la dragueuse fut transportée vers le nord-est, et là on récolta des objets en bronze tels que haches, épingles à cheveux, couteaux, boutons, spirales, perles, anneaux, etc.

Il y avait par conséquent deux stations, l'une de l'âge de la Pierre et une de l'âge du Bronze. On pourrait peut-être admettre qu'une partie de la première a été utilisée pendant l'âge du Bronze.

C'est dans le voisinage de cette station que le capitaine Pillichordy ramena, en 1832, un bateau et deux magnifiques épées en bronze, dont une seulement est connue et se trouve au Musée de Neuchâtel. En septembre 1889, le Dr Evans me montra, au milieu de beaucoup d'autres objets provenant des palafittes de la Suisse, une épée de Concise, qu'il avait achetée à Paris, en 1887. Pour moi, elle n'était autre que la seconde épée trouvée en 1832, qui avait disparu depuis cette époque. La poignée et la base de la lame de cette épée sont représentées (pl. 11, n° 24), et si on la compare avec celle qui est à Neuchâtel, on est frappé de leur ressemblance. Celle du Dr Evans a une longueur totale de 66 centimètres. La

1. En 1861, M. Troyon entreprit des fouilles, dont il confia la surveillance à des personnes sûres, afin d'empêcher qu'on ne lui présentât des objets faux, comme avaient l'habitude de le faire les ouvriers du chemin de fer. Voici l'énumération des objets authentiques qu'il a recueillis :

1 hache en serpentine, dans sa gaine en corne, emmanchée dans un manche en bois ; diverses gaines en corne dont plusieurs à talon fourchu munies soit d'une hache, soit d'un ciseau ; un morceau de bois pointu, fixé dans une emmanchure de hache à la place de l'outil en pierre.

2 poinçons en bois avec gaines en corne.
6 marteaux en corne avec des restes de leur manche en bois.
8 pointes de flèches en os avec des restes de mastic.
40 manches en corne pour ciseaux, 200 gaines de haches.
20 andouillers usés sur la pointe en forme de ciseaux.
121 poinçons en os de 25 à 100 millimètres de long.
46 ciseaux en os.
4 défenses de sanglier aiguisées en forme de lame de couteau.
145 haches, tranchets et ciseaux en pierre.
20 pointes de flèches et grattoirs en silex.
12 pierres rondes, perforées.

Plusieurs polissoirs et meules à aiguiser ; des épingles en os, divers ornements ; un grand nombre d'ossements d'animaux ; mais pas trace de métal.

lame est en bronze jaune, elle a 52 centimètres de long et se termine à sa base en demi-cercle.

Dans les mois de janvier et de février 1885, une partie encore vierge de cette station fut à sec, et l'on y recueillit alors de nombreux objets tels que : épingles en bronze (pl. 11, n°s 2, 3, 8, 10, 11), haches, bracelets, faucilles, couteaux, pendeloques (n°s 9, 13), rouelles en étain (n° 4), peignes en bois (n° 7), vases, etc... Parmi les plus remarquables décrits et dessinés par M. Vouga nous citerons : un collier, formé de lamelles de bronze enroulées en forme de tube et ornées de lignes en creux (n° 1); plusieurs de ces tubes sont en or et entre eux sont disséminés trois boutons en bronze et un certain nombre de petites perles bleues. Deux bracelets fermés (n° 6), un anneau avec une saillie intérieure, une pendeloque de forme bizarre (n° 12). Tous ces objets font partie de collections particulières.

Onens. — Il existe deux stations qui sont situées près du village d'Onens : l'une de l'âge de la Pierre, à l'est; l'autre de l'âge du Bronze, au sud. La première, qui est maintenant dans les terres, a été peu explorée, car elle est recouverte par la végétation. « Je crois cependant, dit M. de Meuron, qu'elle a dû être importante, d'après son étendue et la quantité de cailloux éclatés qui recouvrent le sol. Cette station m'appartient; mais la végétation y est devenue si belle, que j'en laisse l'exploration aux générations futures. »

A la station de l'âge du Bronze, on a trouvé plusieurs pendeloques remarquables, ayant la forme de minces disques en bronze, qui sont au Musée de Neuchâtel. Depuis cette trouvaille, elle a été fouillée en partie par M. Morel-Fatio, le Dr Brière et d'autres. M. de Meuron possède quelques objets de cette station, entre autres : des haches, des ciseaux, des bracelets, et une magnifique pointe de lance de 25 centimètres de long. C'est d'Onens que vient le bloc de plomb avec anneaux de suspension, semblable à ceux de Wollishofen (pl. 4, n° 24). Les disques en bronze sont représentés (fig. 74, n°s 1, 3).

Corcelettes. — Les premiers explorateurs avaient remarqué deux groupes de pilotis : l'un à l'est et l'autre à l'ouest du village de Corcelettes. Ils récoltèrent un assez grand nombre d'objets des âges du Bronze et du Fer. Mais on n'y avait jamais fait de fouilles méthodiques jusqu'en 1876, année où se produisit la baisse des eaux et où alors on put voir que la palafitte était une des plus riches et des plus intéressantes du lac de Neuchâtel. La partie fouillée a été décrite par le Dr Gross comme étant située immédiatement en avant du village, à 2 kilomètres de Grandson. Elle s'étend sur une longueur de 200 mètres et une largeur de 100. La couche archéologique était légèrement recouverte de sable et variait beaucoup d'épaisseur, atteignant au centre un maximum de 90 centimètres, tandis que sur les bords elle était très mince. Le Dr Gross a donné l'énumération suivante des objets en bronze qui ont été récoltés : 60 haches ; 4 marteaux ; 30 faucilles ; 60 à 70 couteaux ; 10 épées, dont trois sont complètes ; 150 armilles entières et beaucoup de fragments ; 20 pointes de lances ; 12 phalères ; 300 à 400 épingles à cheveux ; 11 moules (1 en bronze et 10 en mollasse), outre une grande quantité de plus petits objets, tels que boutons, pendeloques, anneaux, etc... Des perles de verre et d'ambre ; plusieurs petites rouelles en étain ; 300 vases entiers en poterie, dont quelques-uns ornés de lamelles d'étain, de croissants, etc.

Les haches en bronze étaient pour la plupart du type habituel, c'est-à-dire à quatre ailerons et anneau latéral ; quatre avaient une douille, mais il n'y en avait pas de plate.

Les poignards semblent plutôt rares à Corcelettes, car on n'en a trouvé qu'un seul, avec des trous de rivets, et légèrement orné sur un seul côté.

Les couteaux étaient plutôt petits, cependant l'un mesurait 28 centimètres de long ; plusieurs avaient des manches solides, superbement ornés. Les rasoirs étaient nombreux ; l'un d'eux avait été fabriqué avec un bracelet cassé, un autre avait une double lame et portait une fracture qui avait été très adroitement raccommodée avec un anneau de bronze. Les mors étaient en bronze et en corne. Les bracelets en bronze creux étaient richement ornés ; dans l'intérieur de plusieurs d'entre eux, on trouva des morceaux de cire que l'on croit être les vestiges du moule central constitué par cette substance, dont on s'était servi lors de la fonte.

Il est assez bizarre que, parmi les nombreux ornements de cette station, on n'ait pas trouvé de fibules, en dehors d'un fragment, que l'on prétend avoir été importé de Scandinavie (fig. 74, n° 19).

Comme objets en bois : une table ronde en chêne, une petite boîte de 20 centimètres sur 6 et un tronçon de rame.

Des trois écuelles en bronze, l'une avait une poignée fixée par des rivets ; les deux autres, qui sont au Musée de Lausanne, viennent du nord (fig. 74, n° 20).

De même que la plupart des autres palafittes de la Suisse, Corcelettes fut détruite par le feu. Ce qui le prouve c'est qu'on a trouvé, englobés en une masse, et à moitié fondus, un certain nombre d'objets en bronze : trois haches, quatre bracelets, une pointe de lance et une faucille.

Parmi les collections d'objets de Corcelettes, l'une des plus importantes est celle du Musée de Lausanne, dont voici le contenu :

Poterie. — Le fond d'un vase portant l'empreinte des doigts du potier; plusieurs plats ornés de dessins en forme d'arêtes de poissons (pl. 11, 22), d'autres des sillons circulaires; chacun d'eux était muni d'un petit trou comme celui du lac de Constance (pl. 11, 21); des jouets représentant de petites coupes, dont trois sont biloculaires; des plats avec leurs torche-supports; deux figures d'animaux; des blocs de pisé portant les empreintes de poutres rondes.

Bois. — Des fragments de claies; deux manches en bois pour faucilles; des morceaux d'écuelles en bois, dont un avec une poignée.

Bronze. — Sur près de 100 grands bracelets creux, plus ou moins parfaits, 50 sont ornés de lignes transversales; les autres ont des dessins variés, formés de lignes et de cercles; quelques bracelets sont massifs et plus ou moins ronds, avec des extrémités pointues ou renflées. Quatre bracelets sont formés d'un fil double, l'un d'eux porte des spires creuses et se termine par un crochet et une boucle. Sur six marteaux à douille, trois ont des anneaux latéraux et tous ont une forme plus ou moins rectangulaire. 60 haches, dont six seulement sont à douille et presque toutes ont des anneaux latéraux. Deux ont l'anneau perpendiculaire au tranchant.

Sur 78 couteaux, 9 sont à douille, trois ont des manches très solides, paraissant d'un seul morceau avec la lame, les autres sont à soie (sur trois d'entre eux, celle-ci est recourbée à son extrémité).

Parmi plusieurs centaines d'épingles, il n'y en a que sept ou huit qui aient des têtes ajourées.

Trois mors, dont un est entier (fig. 76, 8); quant aux autres, il n'en reste que la barre (pl. 11, 22). En outre il existe 14 morceaux de corne perforés, que l'on suppose être des fragments de brides.

Parmi les objets spéciaux qui viennent de cette station, on a remarqué une mince tige de bronze terminée à chaque extrémité par un anneau mobile, comparable à un fléau de balance (pl. 11, 16). Au Musée de Boudry se trouve un objet d'ornement de forme tubulaire assez curieux.

En 1888, le Dr Brière a signalé les objets suivants, comme étant les plus intéressants de ceux qui avaient été trouvés à cette époque : un bracelet en lignite (n° 14); une rouelle en étain (n° 5); une amulette en bronze, de la forme d'une monture de lunettes (n° 15); un grand couteau en bronze avec manche en corne (n° 19); une amulette en corne de cerf (n° 17); une perle d'ambre suspendue par une torsade en bronze (n° 18), et un mors de bride complet en corne (fig. 76, n° 1).

Les Uttins (Yverdon). — Au pied du mont Chamblon, à près de 2 kilomètres du lac, il existe une tourbière, où les paysans vont prendre du combustible. M. Rochat raconte que les « coupeurs de mottes » y auraient trouvé des pieux avec des poutres transversales pourvues de mortaises, dans deux endroits. Dans l'un d'eux, on aurait recueilli une pointe de flèche en silex, deux haches en serpentine et un bracelet en bronze; MM. Troyon et Rochat en conclurent qu'il y avait eu là une palafitte, et par conséquent qu'autrefois le lac s'étendait jusqu'à cet endroit. Cette opinion paraît assez vraisemblable, car la quantité de débris charriés par la Thièle est considérable. En supposant que la cité romaine d'*Eburodunum*, dont les ruines sont à 800 mètres du rivage actuel, a été construite au bord du lac au IVe siècle, M. Troyon calcule qu'il était fort possible que, 15 siècles avant notre ère, l'eau du lac ait recouvert l'emplacement de la palafitte.

Clendy. Cheseaux. — Le long de cette partie du rivage, il y avait trois ou quatre stations avec steinberg, mais le pilotis est maintenant détruit et les quelques antiquités qu'on y a recueillies paraissaient appartenir à l'âge de la Pierre.

Chable à Perron couvre une surface de 3300 mètres carrés, mais les seules antiquités trouvées étaient des haches en serpentine avec leurs gaines en corne, quelques silex, des os taillés en pointe et des fragments de poterie grossière.

Font. — On y a trouvé une pierre à cupule, et Troyon a mentionné plusieurs objets tels que : une aiguille en bronze assez curieuse, des tuiles romaines, une monnaie à l'effigie d'un empereur romain. Grangier y a trouvé également des médailles romaines ainsi qu'une pointe de flèche en fer, des clefs en fer et une rame. Il rapporte que toute la côte, de Font à Estavayer, était garnie de pilotis, qu'il a essayé de dresser le plan de chaque station, mais qu'il a dû y renoncer parce que la configuration des lieux changeait constamment. Les conditions primitives étaient également modifiées, parce que les pêcheurs avaient enlevé un très grand nombre de pieux. Il connaissait une famille qui, pendant deux générations, n'avait jamais employé d'autre bois de chauffage que celui des pieux, qu'elle retirait du lac. A moitié chemin de Font et d'Estavayer, il existait un endroit que les pêcheurs appelaient la « Piauta », et qui était renommé pour les récoltes qu'on y faisait. Au Musée de Fribourg, se trouve un nombre considérable d'objets en bronze qui en proviennent. Quelques-uns d'entre eux sont reproduits ici (pl. 12, nos 1 à 10, et 24). J'ai également à mentionner trois moules en pierre (dont deux de pendeloques en forme de roue) et un lingot de bronze. Le Musée de Berne possède plusieurs épingles et un couteau.

M. Forrer a publié quelques notes sur la station de Font, avec des figures représentant quelques instruments en néphrite, choisis au milieu de plusieurs centaines, qui avaient été réunis par M. Beck. En même temps que des ciseaux ordinaires et des haches, la collection Beck renferme des pointes de flèches, des couteaux, etc..., objets qui sont plutôt rares parmi les trouvailles faites dans le lac de Neuchâtel. Plusieurs haches sont remarquables par leur dimension, l'une d'elles mesure 21 centimètres de long, d'autres présentent une très grande variété dans la coloration du silex.

Estavayer. — M. Morlot a décrit dans le troisième Rapport de Keller, les premières fouilles qui ont été faites dans les stations d'Estavayer et du littoral voisin. MM. Béat, de Vevey, et Henri Rey y ont pratiqué des fouilles méthodiques, qui leur ont fourni des récoltes abondantes et variées d'objets surtout en bronze. Tout près d'Estavayer, il y a deux stations : l'une de l'âge de la Pierre, et une autre de l'âge du Bronze, située un peu plus loin du rivage. La première, parallèle à celui-ci, avait 108 mètres de long sur 55 de large. Les trouvailles consistaient en objets en pierre et en corne des types usuels : haches, scies et pointes de flèches en silex, etc... Une hache-marteau très bien finie portait une perforation ovale, un tranchant évasé.

La station de l'âge du Bronze était à 120 mètres du rivage, sous une couche d'eau de 1m 80 à 2m 10. Aujourd'hui, pendant la période de baisse des eaux, elle est la plupart du temps à sec. Sa superficie a été évaluée à 815 mètres carrés. MM. Béat et Rey, en se servant principalement de pinces, ont recueilli les objets en bronze suivants : 128 épingles à cheveux (36 à tête sphérique ornée), 26 couteaux, 15 bracelets, 5 faucilles, 1 hache à douille, 1 ciseau, 1 hameçon, 27 anneaux de diverses sortes, 2 boutons, 1 lame de poignard, 1 pointe de flèche (à douille), 6 fils aplatis tordus en spirale.

En 1869, Keller a publié d'autres trouvailles faites à Estavayer. Il mentionnait : un petit vase dont l'orifice a la forme d'un entonnoir se continuant par un goulot (fig. 6, 21); une épingle à cheveux de 13 centimètres de long, dont la tige était en bronze et la tête en corne de cerf, coupée au milieu par un disque en argent ; une pointe de lance en bronze, avec un éperon sur la tige, ce qui fait croire qu'on s'en est servi comme de harpon pour la pêche ; deux andouillers de cerf, dont l'un est perforé, comme un mors de bride, et l'autre orné de cercles concentriques.

Le Musée cantonal de Berne possède un assez grand nombre d'objets venant d'Estavayer.

Je citerai entre autres : une fibule en bronze (fig. 6, n° 12) ; une portion de chaîne d'ornement, dont les anneaux en bronze ont des formes diverses (n° 13); une hache à douille (n° 23) ; trois grands couteaux (nos 18, 30, 31); une épingle en bronze avec une tête enroulée en spirale (n° 28); une boucle d'oreille en or (n° 16); une perle en ambre (n° 15); un couteau en bronze (22); une fibule en bronze (n° 14); une épingle à tête plate (n° 27) et un objet en corne assez bizarre (n° 29). On en rencontre du reste très souvent de semblables dans les cités lacustres de la Suisse. Leur longueur varie de cinq à trente centimètres. Ils sont toujours incurvés et polis. Au Musée de Berne, on peut en voir quatre qui viennent de Gerofin, cinq de Chavannes et d'autres de Sutz, Locras, etc...

La Creusaz (ou la Crasaz ou la Creuse ou la Crousa). A quelques kilomètres au nord-est d'Estavayer, près du village de la Corbière, existait une grande station formée de deux parties : l'une de l'âge de la Pierre, l'autre de l'âge du Bronze. La première était représentée par un steinberg et porte le nom de la Creuse ou la Crasaz. En dehors des objets ordinaires en pierre, on y a trouvé une cruche romaine et une fibule du type de la Tène (fig. 6, 26). La partie qui a fourni les objets en bronze est plus éloignée du rivage; Schwab et d'autres y ont récolté un très grand nombre d'objets, parmi lesquels nous signalerons : une barre d'étain de 15 centimètres de long, une petite scie en bronze, une pointe de flèche à douille, un bracelet mince fait avec un fil de bronze, un clou en bronze, une pierre discoïde, des tessons de poterie ornée de lamelles d'étain.

Il y a donc, dans le voisinage d'Estavayer, trois stations bien délimitées de l'âge du Bronze et un nombre au moins égal sinon supérieur de l'âge de la Pierre. La plus grande partie des trouvailles faites dans cette partie du lac de Neuchâtel a été réunie au Musée de Fribourg, où j'ai pu voir : une épingle à deux branches; une portion d'un timon de char (fig. 76, 10), une petite coupe en bronze; un marteau perforé en bronze (fig. 6, 20), une paire de haches à douille en bronze (nos 17, 19), et une pointe de flèche en silex très bien taillé (n° 25).

Forel. — C'est seulement en 1883 qu'on s'occupa de cette station, parce qu'alors le gouvernement de Fribourg autorisa les archéologues à faire des

Fig. 6. — ESTAVAYER, 1/2 grandeur.

ouilles dans le lac de Neuchâtel. Depuis cette époque on a signalé un certain nombre d'objets intéressants, mais la plupart d'entre eux se trouvent dans des collections privées. Vouga nous a fourni quelques renseignements sur les découvertes qui avaient été faites. Il nous a ainsi appris que les trouvailles provenaient de trois couches différentes, dont la plus superficielle est à 46 centimètres de profondeur et la plus profonde à 1^{m} 40.

Parmi les objets décrits et représentés par Vouga, nous citerons : une hache en pierre dans sa gaine en corne, plusieurs haches en néphrite et une en jade vert; des marteaux perforés et une coupe en corne; des couteaux, des épingles, etc..., en os, un instrument courbe fait avec une mâchoire de cerf (fig. 7, 10). Plusieurs objets très intéressants en corne ou en os, ornés de cercles, de pointillés, etc., consistant en bracelets (n° 20), pendeloques (n°s 13, 17, 18), ont attiré l'attention des critiques, qui pour la plupart les considèrent comme des faux.

Chevroux. — Troyon a décrit trois grandes stations de l'âge du Bronze, près de Chevroux. Elles sont plus éloignées du rivage qu'une station de l'âge de la Pierre où l'on a trouvé des bracelets, des épingles à cheveux, des faucilles, des couteaux, deux épées en bronze et une grande fourche en fer (fig. 7, 15). En 1866, on a trouvé dans le voisinage un objet (fig. 76, 10) que Keller considère comme ayant fait partie d'un chariot étrusque.

Le Musée de Lausanne renferme une collection énorme d'objets des âges de la Pierre et du Bronze provenant des stations de Chevroux.

Parmi ceux de l'âge de la Pierre, nous citerons : deux superbes poignards en silex avec de minces manches en bois (fig. 7, 1); six scies en silex emmanchées; une portion de peigne en bois; trois plats en bois; une hache en pierre emmanchée; des épingles en os à tête très habilement façonnée (n°s 4 et 6), etc... Il y avait plus de 300 haches plates en pierre et 30 outils perforés. Environ 100 gaines en corne, dont un tiers à talon fourchu. Les roches employées pour la fabrication des haches étaient les suivantes : 5 en chloromélanite (dont 3 dans leurs gaines en corne, parmi lesquelles deux étaient à talon fourchu), 14 à 20 en saussurite, dont une dans une gaine à talon cubique; 22 à 25 en jadéite; 5 étaient emmanchées; 23 à 26 en néphrite, dont deux dans leur gaine. Il y en avait également quelques-unes en felsite, amphibolite, etc... Environ 100 pointes de flèches en silex dont un grand nombre avaient une taille de toute beauté. Comme objets en corne, nous signalerons : un grand nombre de ciseaux, poinçons, marteaux, sérançoirs de lin et plusieurs casse-tête perforés de forme bizarre.

Parmi la poterie, nous avons vu plusieurs plats curieux (n°s 8, 14). Le n° 14 porte une ornementation faite d'empreintes à la ficelle.

Parmi les objets de l'âge du Bronze, nous mentionnerons : un grand nombre d'épingles à cheveux, deux phalères, cinq faucilles; quelques bracelets; une hache à ailerons et une plate, une portion de hache plate en

Fig. 7. — Chevroux, Forel (13, 17, 20). Port-Alban (21, 22). 1/2 gr., excepté nº 15 : 1/4.

cuivre; quelques couteaux à soie; six petits poignards et deux pendeloques remarquables, dont une est représentée au nº 3.

M. Vouga signale en outre quelques belles trouvailles qui ont été faites postérieurement : un rasoir à manche courbe de 12 centimètres de long (n° 11); un croissant épais orné de demi-lunes; une fibule (n° 10); une épingle à tige en spirale de 24 centimètres de long, avec une tête perforée de 28 millimètres de diamètre. Une autre avait une grosse tête de 5 centimètres de diamètre, percée de 24 trous (n° 12). Un peigne (n° 9); une perle d'ambre (n° 7); un poignard en cuivre (n° 16); un ciseau en cuivre (n° 2).

De Gletterens a la Sauge. — Les premiers explorateurs ont signalé huit ou neuf stations tout le long de ce littoral. La plupart ont fourni des tuiles romaines et de la poterie.

A **Port-Alban**, il y a les restes d'une station où l'on a recueilli des objets en bronze et en fer, ainsi qu'une espèce de miroir d'ornement tout en métal (fig. 77).

Un peu plus loin vers l'est, existe une station qui peut être rangée dans les premières de l'âge de la Pierre. On y a trouvé de gros boutons en corne, un porte-monnaie lacustre (n° 12) ainsi que des objets en fer (Desor).

A **Champ-Martin**, on voit un steinberg où l'on a trouvé des fusaïoles et d'autres objets.

A **Cudrefin**, les habitations lacustres ont peu d'importance, mais la station est bien connue comme étant le lieu où se trouvait un bateau, dont Grangier a fait une description très complète. Après l'avoir retiré du fond de l'eau, on constata qu'il mesurait 11^{m} 30 de long, 85 centimètres de large et 46 de profondeur. L'extrémité de la proue était trouée, ce qui permettait d'y fixer une corde.

A **la Sauge**, on a trouvé des fragments d'amphores et de tuiles romaines au milieu de pilotis.

Montbec[1]. — M. Alex Schenk[2] a découvert cette station en 1905. Elle est située entre Cudrefin et Port-Alban, au-dessous du village de Chabray, à l'endroit désigné sous le nom de pointe de Montbec. Sa superficie est de 4.500 mètres carrés et elle se trouve à environ 400 mètres de l'ancien rivage. Elle est presque toujours recouverte par 1 mètre ou 1^{m} 50 d'eau. On n'a fouillé que la moitié de la station.

La couche archéologique, qui a 15 centimètres d'épaisseur, est située sous une couche de limon de 30 à 40 centimètres d'épaisseur. Elle date du bel âge du Bronze, ce qui correspond à l'époque larnaudienne de la classification G. de Mortillet.

1. Cet article a été ajouté par le traducteur.

2. Schenk, Nouvelle station lacustre de Montbec (*Bulletin de la Société vaudoise des sciences naturelles*, 5 avril 1905, t. XLI, p. XLVI).

Les pilotis carbonisés indiquent qu'elle a été détruite par le feu.

Les objets trouvés rentrent dans les catégories suivantes :

1° Épingles en bronze à têtes sphériques, percées de 3 à 7 trous, mesurant de 20 à 25 centimètres de long; à têtes pleines, coniques, recourbées et sans tête.

2° Couteaux en bronze, dont les lames fort belles varient de 8 à 19 centimètres et dont quelques-unes sont arquées.

3° Une faucille en bronze, à talon, avec un trou de rivet et deux nervures; la lame a une longueur de 20 centimètres avec 8 centimètres d'écartement.

4° Une hache en bronze à ailerons, de 15 centimètres de long, pesant 625 grammes; c'est un des plus beaux exemplaires de l'âge du bronze.

5° Un bracelet et un fragment de bracelet en bronze. M. Forel qui a étudié ce bracelet fait remarquer qu'il présente les mêmes motifs de décoration que le bracelet n° 16 du Musée de Lausanne venant des tombes du Boiron, près Morges (fouilles de 1823).

Cet auteur avait déjà reconnu les mêmes ornements sur un autre bracelet de la même localité du Boiron, conservé au Musée du collège de Morges, et sur le bracelet 24947 du Musée de Lausanne, qui provient de la grande cité de Morges. On peut donc attribuer ainsi le cimetière du Boiron aux Lacustres du bel âge du Bronze.

6° Hameçons, boucle, anneaux, percuteurs, fusaïoles, etc...

7° Très nombreux tessons de poterie; deux sont intacts.

8° Nombreux ossements d'animaux.

La plupart des objets en bronze présentent des ornements nombreux et variés à leur surface.

La Raisse. — La station n'a pas été fouillée. E. Cousin y a recueilli des silex, des gaines, haches et poinçons, et un poignard en cuivre de 25 centimètres de long.

LAC DE MORAT (Murtnersee)

(Canton de Fribourg)

a. — *Stations de l'Age de la Pierre* : Montilier, Morat, Meyriez, Greng-Insel, Greng-Mühle, Faoug, Vallamand, Mür, Motier, Sugiez-Zollhaus, Nant.

b. — *Stations de l'Age du Bronze* : Montilier, Greng-Insel, Vallamand, Guévaux.

Entre les lacs de Neuchâtel et de Morat, on voit une élévation assez considérable, qu'on appelle le mont Vully, dont l'extrémité nord-est vient finir à pic sur le bord de la Gross Moos. Au pied de la pente coule un canal nommé la Broye, dont l'élargissement et le creusement rentraient dans le plan des travaux exécutés pour la correction des eaux du Jura, ce qui eut pour le lac de Morat la même conséquence que pour les lacs de Bienne et de Neuchâtel. Toutefois, bien avant la baisse des eaux, les habitations lacustres du lac avaient été explorées par Schwab, Bonstetten et de Pourtalès.

Dans le cinquième rapport de Keller, le nombre des stations de ce lac était indiqué, comme étant de 16; depuis on en a ajouté une ou deux à cette liste. Cependant beaucoup d'entre elles, qui étaient mentionnées comme étant des stations, ont été reconnues ensuite comme n'étant que de simples amas de pierres, qui ont dû servir de débarcadères.

D'après les travaux de M. Süsstrunk, leur nombre peut être réduit à 11, dont on peut voir la situation respective sur la carte (p. 27). Presque toutes appartenaient à l'âge de la Pierre et trois seulement ont persisté pendant la belle période de l'âge du Bronze; ce sont Montilier, Greng-Insel et Vallamand.

Montilier. — En partant de la rive orientale du lac, la première station importante était située un peu au nord du village actuel de Montilier. Elle renfermait un steinberg; les pieux étaient solides et très fortement enfoncés. Schwab y a trouvé non seulement des objets de l'âge de la Pierre tels que couteaux et haches en silex, mais aussi un nombre extraordinaire de vases en terre dont le style ornemental les a fait considérer comme étant de l'âge du Bronze, ce que des découvertes postérieures sont venues confirmer. Les vases étaient très bien finis et leur surface présentait parfois un glacé noir obtenu en la frottant avec du charbon ou du graphite.

Ils n'avaient pas été fabriqués au tour et ne résonnaient pas lorsqu'on les frappait avec un corps dur. Schwab en conclut qu'ils avaient été cuits à feu libre. L'ornementation consistait en lignes profondément creusées, cercles, triangles, etc., remplies d'une substance calcaire blanche. Dans quelques cas, des lamelles d'étain étaient appliquées sur la surface, elles remplaçaient alors les incisions linéaires et présentaient ainsi une combinaison de divers motifs ornementaux très agréable à l'œil. Les formes des vases étaient extrêmement élégantes et variées, c'étaient des coupes, des bols, des assiettes, des jarres, des pots. Les uns avaient des anses, d'autres des goulots qui sortaient du milieu de la panse; d'autres des séries de trous symétriques, dont il est très difficile de dire s'ils avaient une utilisation ou s'ils constituaient de simples ornements. Un des plats les plus remarquables, qui avait la forme d'une saucière, présentait une série de trente trous disposés en groupes symétriques. La couleur de cette poterie était noire, rouge ou grise, et parfois il y avait une combinaison de ces trois couleurs sur le même plat. Des fusaïoles de diverses formes, ornées de pointillés, de dépressions ovales, etc., se rencontraient en grand nombre.

Parmi les autres trouvailles de l'âge du Bronze, on remarquait des moules en pierre, des épingles à cheveux, des haches, des couteaux, des bracelets, des anneaux, des faucilles, des hameçons, des perles de verre et d'ambre, une petite bague plate en or, etc., une portion de bracelet en étain. Beaucoup de couteaux en bronze, dont un richement orné de séries de lignes ondulées en demi-cercles, séparées par des hachures, tout le long de son dos incurvé.

Cette station n'a pas fourni d'épées ni d'ustensiles en bronze. Sur les trois haches, en bronze, à ailerons qui sont au Musée de Morat, l'une a l'anneau perpendiculaire au tranchant et une partie de son manche en bois est encore entre les ailerons.

Morat (Murten). — La station lacustre se trouve un peu au-dessus du monument commémoratif de la bataille de Morat. Elle a une étendue considérable et a fourni une grande quantité d'objets de l'âge de la Pierre, tels que de grandes haches perforées en pierre, des marteaux en corne de cerf, des pointes de flèche en silex, des paquets de blé ou d'autres graines carbonisées, des poids de tisserand, des morceaux de vêtements brûlés. La station est aujourd'hui complètement épuisée.

Meyriez (Merlach). — Cette station date des premiers temps de l'âge de la Pierre; on n'y trouve pas de haches perforées. Parmi les quelques objets qu'on y a recueillis, nous mentionnerons : des morceaux de vêtement, du blé brûlé, une hache en pierre dans son manche en bois, une autre en jade, etc... Le pilotis était pourri et on avait beaucoup de peine à distinguer les pieux. Un bateau à fond côtelé (au Musée de Fribourg) a été trouvé dans le voisinage.

Greng-Insel. — Cette station est située à l'extrémité d'une langue de terre qui s'avance dans le lac en couvrant une surface de 4.500 mètres carrés; tout contre le rivage, on ne trouve que des objets de l'âge de la Pierre; mais à mesure qu'on s'en éloignait, ils étaient alors mélangés avec du bronze et même avec du fer. A l'époque des basses eaux, avant la correction des eaux du Jura, on pouvait visiter la plus grande partie de cette station, qui était alors à sec, mais maintenant elle l'est entièrement. Dans le voisinage on voit plusieurs cairns qui ont beaucoup intrigué les archéologues, car on n'y trouve rien. On a aperçu des pieux, mais seulement dans deux d'entre eux, l'un au nord-est et l'autre au sud-est.

Quand la station fut fouillée pour la première fois, en 1861-62, elle a fourni un certain nombre de marteaux et de haches perforés (plusieurs présentant seulement un commencement de perforation); des couteaux en silex, des broyeurs à grains, un mortier en pierre; un anneau en bronze, une épingle à cheveux, et plusieurs instruments en fer.

Plus tard, le propriétaire, M. de Pourtalès, assisté de plusieurs archéologues de la région, fit pratiquer des fouilles, qui démontrèrent que la station appartenait à l'âge de la Pierre. Le rapport du Dr Uhlmann (1865) établit que la couche archéologique était située de 30 centimètres à 1 m 20 au-dessous de graviers et de racines entrelacées. Les pieux étaient généralement en chêne de l'épaisseur de la jambe, quelques-uns même avaient jusqu'à 30 centimètres de diamètre; mais quand ils atteignaient cette dimension, ils étaient généralement refendus. Ils étaient disposés en séries irrégulières et pénétraient profondément dans le limon. Leur couleur noirâtre était bien conservée et leur pointe semblait avoir été faite avec des haches en pierre. Parmi les objets récoltés, nous citerons : des poignards, des scies, des pointes de flèches en silex, admirablement taillé; des haches en pierre, très régulièrement percées; des instruments en os tels que ciseaux, poinçons, etc..., et des gaines en corne de cerf.

La poterie, dont on ne trouvait que des tessons, était de deux qualités : l'une en terre rougeâtre, épaisse, mal cuite; l'autre plus fine avec des ornements linéaires.

Les ossements étaient très nombreux : le Dr Uhlmann a déterminé ceux des animaux suivants : urus, de nombreuses variétés de bêtes à corne et la petite vache des marais. Les os de mouton indiquaient une race robuste avec de fortes cornes recourbées en arrière et en dehors; ceux de la chèvre appartenaient au contraire à une race plus chétive; il y avait aussi du cerf, de l'élan et du chevreuil. Parmi les carnassiers : le grand ours, dont les dents étaient perforées pour pouvoir être suspendues; le chien (plus grand que celui de Moosseedorf), le renard, le hérisson, le castor. Des os de grenouilles, des écailles et des os de poissons, probablement de l'espèce brochet. Plusieurs portions de crânes et d'autres os humains.

Parmi les restes végétaux, nous citerons : des noisettes, des faînes, des noyaux de prunelles et de merises; des graines de framboises, de mûres, de fraises; des amas de blé carbonisé.

Lorsqu'en 1874, la station fut remise à sec par suite de travaux de drainage, elle fut de nouveau fouillée par M. Süsstrunk, qui avait été chargé de cette mission par la ville de Morat et par le canton de Fribourg. Parmi les objets qu'il récolta, se trouvaient deux haches plates, dont le

Fig. 8. — VALLAMAND et GRENG-INSEL (1, 9, 13, 15, 17).
Poterie 1/4 grandeur, le reste 1/2

métal était composé de carbonate et sulfure de cuivre, sans aucune trace d'étain; des boutons, des gaines en corne de cerf, une pierre conique fixée dans une longue gaine en corne de cerf, des navettes en bois, etc.

Ensuite on récolta un nombre considérable d'objets en bronze, tels que : haches, couteaux, épingles à cheveux, hameçons, anneaux, etc. Nous appellerons l'attention sur un couteau moitié en bronze et moitié en fer (fig. 8, n° 1).

Le Musée de Morat renferme entre autres objets : des poids en argile, des ustensiles en terre (n°s 13, 15); des gaines en corne de cerf (dont quelques-unes étaient fendues à l'extrémité tenue en main); un objet en corne de cerf assez curieux, ressemblant à une grande boucle d'oreille (n° 17); des poignards en silex d'un travail admirable (n° 9); un grand nombre de ciseaux, poinçons, etc., en os.

Au Musée de Berne se trouve un moule à hache plate, qui contient encore l'objet moulé, comme celui d'Ueberlingersee, qui est au Musée de Stuttgart.

Greng-Mühle. – En continuant dans la même direction, on arrive à une grande et riche station de l'âge de la Pierre, dans laquelle dominent les instruments en corne de cerf. Les haches perforées font complètement défaut.

Faoug (Pfauen). — En forant un puits, près de la station du chemin de fer, on tomba sur la couche archéologique d'une station lacustre de l'âge de la Pierre, qui, malgré cela, n'a pas été fouillée. Un peu à l'ouest de celle-ci, dans le lac même, on a trouvé quelques objets en bronze au milieu de pilotis, mais on croit qu'ils proviennent de Vallamand.

Près de Faoug, on a observé une construction en bois assez curieuse, que le Dr Keller suppose avoir pu être une habitation lacustre circulaire, analogue aux crannogs irlandais. M. Süsstrunk a publié sur ce sujet une étude, d'après laquelle il conclut qu'il s'agit beaucoup plus probablement d'une pêcherie plutôt que d'une palafitte. Cette construction se composait de sept rangées circulaires et concentriques de pieux minces, séparées par un intervalle de 60 à 90 centimètres. Le diamètre de la plus grande circonférence atteignait à peine 12^{m} 60, si bien qu'il ne restait à l'intérieur qu'un bien petit espace libre pour une habitation quelconque. La rangée externe était formée de planches d'environ 25 centimètres de large et de 5 centimètres d'épais, qui étaient enfoncées à 90 centimètres dans le sol et si serrées les unes contre les autres qu'elles se touchaient presque. Les pieux des autres rangées étaient ronds et petits, et leur extrémité ne pénétrait en terre qu'à 45 centimètres de profondeur.

Vallamand. — Cette station était très riche en objets de l'âge du Bronze. Schwab y a trouvé un grand nombre de vases, des anneaux en terre, des pierres discoïdes, une boucle d'oreille en bronze et une assiette creuse en bronze de 25 centimètres de diamètre et d'une profondeur de 25 millimètres. Un des vases en terre (n° 16) avait la forme d'un récipient à eau; sur son col se trouvaient des petits trous percés tous à la même distance les uns des autres et sur la même ligne; de chacun de ces trous partait une ligne circulaire qui contournait le vase.

Finalement, cette station fut fouillée pour le compte du Musée de Lausannne, qui possède une superbe collection des objets qu'on y a recueillis. Cependant quelques-uns sont allés au Musée de Berne et à celui qui se trouve aux ruines du château d'Avenches. Une des trouvailles les plus intéressantes de cette station est un rasoir, dans son étui en bois (n° 8). Au Musée de Lausanne, les objets portent l'indication Guévaux; on y remarque : quatre haches à ailerons, avec anneaux latéraux, trois grands anneaux creux avec ornements linéaires; un bracelet; deux coupes ornées de petites saillies au repoussé; six faucilles (dont deux à talon postérieur et une à talon vertical); une grande tête d'épingle cupuliforme comme celle de Wollishofen (pl. 3, 9); plusieurs pendeloques (fig. 8, 10); des anneaux entrelacés les uns dans les autres (n°s 2, 4); des gouges; des boutons (n° 7, simples et doubles); 1.300 anneaux trouvés réunis; des peignes (n°s 11, 12); une tige assez curieuse, coudée en crochet à ses extrémités et perforée (n° 5); un hameçon avec ses attaches (n° 3); une épingle au bout d'une chaîne (dont une partie seulement est représentée au n° 21) et un curieux poignard orné, font partie d'autres collections. Tous ces objets sont en bronze.

Quelques pièces de poterie (n°s 14 et 18) et une corne ornée (n° 20) complètent la figure relative à cette station.

Guévaux, Mür, Motier, Sugiez-Zollhaus. — Ces quatre stations n'ont fourni que quelques vestiges qui sembleraient devoir les faire ranger parmi l'âge de la Pierre le plus pur.

Les groupes de pieux bien conservés qu'on voit à l'embouchure du Chandon n'étaient probablement qu'un débarcadère romain; car on a trouvé des tuiles romaines au milieu de ce pilotis.

Nant. — On y a trouvé deux bouillottes, l'une en bronze et l'autre en cuivre, avec un anneau en fer; deux poignards; des pointes de flèches en fer et un morceau de marbre sculpté, qui est évidemment postérieur à l'époque des palafittes.

Des huit ou neuf cairns dont le sommet émergeait de temps en temps, aucun n'a fourni de vestiges d'industrie. On n'a donc aucune donnée ni sur leur âge, ni sur leur mode d'utilisation. Ils étaient trop petits pour supporter même une simple hutte.

LAC D'INKWYL (INKWYLERSEE)

(Canton de Berne)

AGE DE LA PIERRE

Le petit lac d'Inkwyl est entouré de pâturages et au milieu de lui se trouve un îlot circulaire très boisé, qui a l'aspect d'un crannog écossais. En 1854, Morlot émit le premier l'idée que cet îlot pouvait être artificiel. En 1857, M. Amiet, de Soleure, y fit quelques fouilles, qui furent reprises en 1858, par M. Roth, le propriétaire de l'îlot. On arriva ainsi à faire voir que, primitivement, il y avait eu une palafitte, laquelle s'était transformée dans la suite des temps en un îlot de terre ferme, s'élevant maintenant à environ 1^{m} 80 à 2^{m} 10 au-dessus de l'eau ; il existait une plate-forme grossière de poutres supportée par des pieux. Les objets qu'on récolta sur et sous la plate-forme consistaient en haches en néphrite et en serpentine, avec leur gaine en corne de cerf, des broyeurs à grains ; des pointes de flèches en silex ; des instruments en os ; des défenses perforées ; des tessons de poterie, fine et grossière ; des anneaux et des poids en terre ; des fusaïoles ; des os brisés de divers animaux : cerf, chevreuil, cochon de marais, sanglier (*sus scrofa*), bœuf, castor et divers oiseaux.

Dans les couches superficielles on trouva une cuiller en bronze, des tessons de poterie romaine, des tuiles à rebord, une pointe de lance en fer et un éperon probablement du moyen âge.

LAC DE BERTHOUD (BURGDORF OU BURGÆSCHISEE)

(Canton de Berne)

AGE DE LA PIERRE

A environ une demi-heure de marche d'Inkwyl, dans une large vallée, se trouve le petit lac de Berthoud, dont les rives tourbeuses passaient depuis longtemps pour renfermer des restes de palafittes, parce que de temps à autre les « coupeurs de motte » recueillaient des objets en pierre, des épingles en bronze, etc. Pour mettre le fait hors de doute, le Dr Uhlmann et M. Jenner firent creuser dans la tourbe une série d'excavations, tout le long du rivage, et à une profondeur variant de 60 centimètres à 1^{m} 40, ils arrivèrent sur des pieux pourris au milieu desquels gisaient tous les restes habituels de l'industrie des habitants lacustres de l'âge de la Pierre : haches en pierre, scies en silex, grattoirs, poignards, pointes de flèches en silex et en quartz avec des traces d'asphalte, meules en pierre; fragments de vases, dont un avec une poignée; instruments en os et en corne tels que ciseaux, poinçons, etc., un lissoir fait avec la mâchoire inférieure d'un castor; des instruments fourchus faits avec des côtes, etc... Les restes osseux étaient semblables à ceux du lac de Moosseedorf.

Il est à noter que plusieurs objets en pierre portaient des traces évidentes de sciage.

LAC DE MOOSSEEDORF (MOOSSEEDORFSEE)

(Canton de Berne)

AGE DE LA PIERRE

Cette station est située dans le marais de Münchenbuchsee, à environ 11 kilomètres de Berne. Le petit lac de Moosseedorf n'est plus maintenant qu'un marais entouré de prairies et de tourbières. Sa forme est elliptique, à grand axe est-ouest, parallèle à celui de la vallée. Pendant l'hiver 1855-56, des travaux de canalisation pour l'agriculture furent entrepris, ce qui abaissa le niveau de l'eau de 2^{m} 50, mit à sec une partie considérable du sol tourbeux, et permit de constater pour la première fois l'existence de pilotis préhistoriques à chaque extrémité du lac. Celui de l'ouest, qui fut fouillé de la façon la plus complète, avait une forme rectangulaire de 22 mètres sur 17. Cette surface était occupée par des pilotis constitués par des troncs de chêne et d'autres essences soit entiers, soit fendus, d'où partait une sorte de chaussée, formée de fascines, qui se dirigeait vers le rivage. Les trouvailles furent faites au milieu des pilotis ainsi que sous une couche de limon, formé de racines, de roseaux et de plantes aquatiques. Cette couche archéologique, dont l'épaisseur variait de 13 à 60 centimètres, contenait des pierres, des graviers, du charbon, etc., reposant immédiatement sur le blanc fond dans lequel les pieux pénétraient, mais on n'y trouva absolument rien. Pendant les dix années qui suivirent la découverte de la station, celle-ci fut fouillée par MM. Jahn, Morlot et Uhlmann.

La plupart des objets récoltés furent déposés au Musée de Berne; on y remarque entre autres : 40 haches en pierre (dont quatre en néphrite), un certain nombre de pierres perforées et une fusaïole en pierre, des scies en silex dans leur gaine; des pointes de flèches en os, en quartz, en silex (dont une barbelée); des harpons; des gaines en corne pour des haches, dont quelques-unes à talon fendu; trois coupes en corne, qui portent toutes un trou rond sur leurs bords; des aiguilles, des gouges, des ciseaux, des poinçons en os; un peigne en bois d'if; un hameçon fait avec une défense de sanglier; un patin fait avec un canon de cheval; des morceaux de toile et de corde; des morceaux de bois perforés comme pour servir de flotteurs à filets; des rouleaux d'écorces de bouleau, etc...

Des tessons de poterie portaient des mamelons latéraux troués pour la suspension; plusieurs provenaient de grands vases, dont le diamètre pouvait atteindre 40 centimètres. En 1868, le Dr Uhlmann a trouvé un tesson de poterie avec un mamelon perforé, autour duquel on avait appliqué avec de l'asphalte des morceaux d'écorce de bouleau de forme triangulaire, dans un but évident d'ornementation.

Le sciage de la pierre était connu à cette époque, ainsi que le démontrent les portions de pierres qu'on a trouvées sciées.

Le Dr Uhlmann a déterminé la flore et la faune de la façon suivante :

Flore. — Orge, froment (*T. vulg.* et *compactum*), pois, pavot, lin (*L. angust.*), châtaigne d'eau (*Trapa natans*).

Faune. — Parmi les animaux domestiques, nous citerons : le chien, le mouton, différentes variétés de bœuf. Quelques os de cheval ont été également rencontrés, mais ils pourraient très bien appartenir à des espèces sauvages, car il n'est pas certain que cet animal ait été domestiqué à l'âge de la Pierre.

Les restes d'animaux sauvages ont révélé les espèces suivantes : ours, blaireau, putois, martre, chat sauvage, loutre, hérisson, castor, lièvre, écureuil, mulot, cochon de marais, élan, cerf, chevreuil, bœuf (*Bos primig.*), bison; plusieurs espèces de faucons, hibou, pigeon ramier, corbeau, perdrix, héron, cigogne, hirondelle de mer, canard, sarcelle; tortue, grenouille, crapaud, carpe, perche, saumon.

LAC DE SEMPACH (Sempachersee)

(Canton de Lucerne)

AGES DE LA PIERRE ET DU BRONZE

Stations : Eich, Schenken, Inselchen, Mariazell, Margarethen.

En 1806, le niveau des eaux du lac s'abaissa de 1m 80 à 2m 40 et l'on aperçut alors, sur la berge, un certain nombre de pieux, au milieu desquels on trouva des épées que l'on qualifia celtiques, des épingles à cheveux et d'autres instruments. Mais ces vestiges d'une civilisation antique passèrent inaperçus. Ce fut seulement lorsque le génie de Keller fit revivre les habitations lacustres que l'on se rappela les trouvailles de Sempach et qu'on leur donna une interprétation logique.

Dans ses pérégrinations lacustres, Schwab étendit ses recherches au lac de Sempach et reconnut, le long de ses berges, l'existence de sept à huit stations, dont la plupart étaient alors à sec. Elles étaient situées près des endroits suivants : Eich, Schenken, Inselchen, Mariazell, Margarethen et Nottwyl. Elles fournirent toutes des objets en bronze ou en pierre.

Le Musée de Lucerne possède la plupart des objets qui viennent du lac; nous citerons entre autres : une ou deux pierres discoïdes; quelques cylindres en pierre; des fusaïoles de diverses formes et dimensions, dont quelques-unes étaient ornées de lignes et de points en creux; de la poterie ornée de lignes et de triangles, d'impressions digitales, etc., et quatre haches en pierre d'un travail superbe. Les objets en bronze trouvés par Maria Zellermoos comprennent : sept haches à ailerons et deux plates, un ciseau, deux couteaux, un poignard avec six rivets, quatre faucilles (dont une à talon postérieur), 13 bracelets. Plusieurs clefs romaines, des boucles, quelques perles de verre jaune (une en ambre), etc..., étaient mélangées aux autres objets. Les instruments en bronze sont représentés (fig. 9, n°s 1 à 7 et 11).

LAC DE WAUWYL (Wauwylersee)

(Canton de Lucerne)

AGE DE LA PIERRE

A l'ouest du petit lac de Wauwyl, se trouve une grande plaine tourbeuse dans laquelle, après avoir abaissé le niveau des eaux du lac pour l'exploitation de la tourbe, on découvrit les restes d'une cité lacustre assez curieuse. On se trouva en présence de plates-formes, qui reposaient non pas sur des pieux mais sur des couches successives de poutres grossièrement équarries, placées perpendiculairement les unes par rapport aux autres; l'inférieure touchait le fond du lac. Entre ces couches étaient entassés des branchages, des fascines mélangées d'argile, et à travers toute cette masse on avait planté des pieux dont les extrémités dépassaient d'environ 30 centimètres la plate-forme supérieure. Ces couches étaient au nombre de cinq et l'épaisseur totale de la masse était d'environ 90 centimètres; mais il est certain que primitivement elle était plus grande, car il s'était produit un affaissement considérable par suite de la pourriture des matériaux, surtout des branchages interposés. Les poutres verticales paraissaient indépendantes de la plate-forme ; la seule particularité qu'elles présentaient dans leur disposition c'est qu'elles étaient en groupes plus compacts aux angles

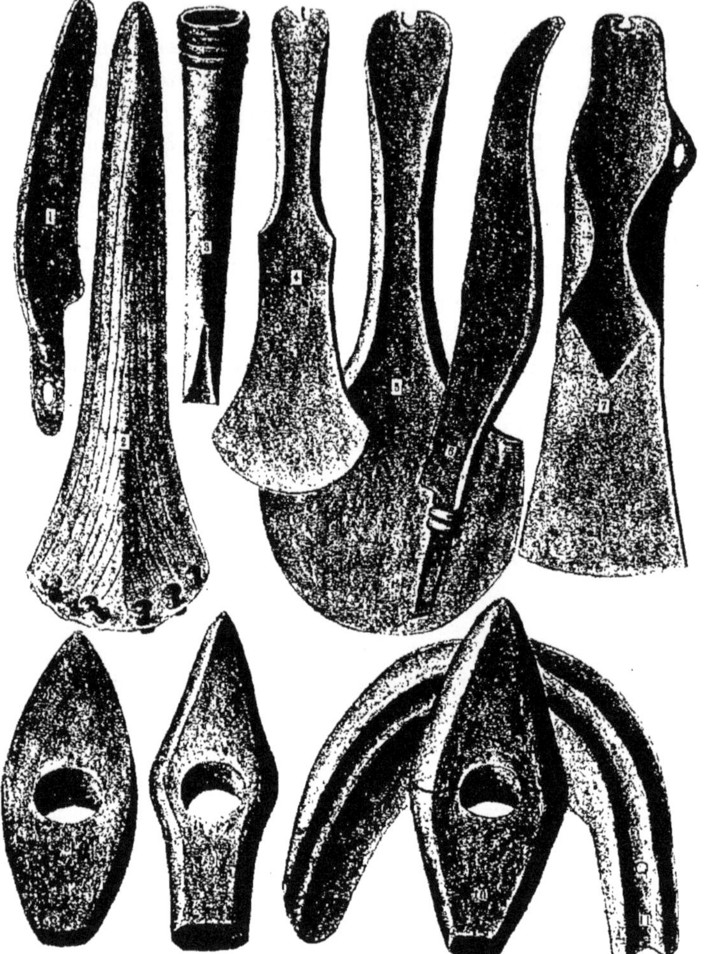

Fig. 9. — Lac de SEMPACH. 1/2 grandeur.

comme pour maintenir toute la masse dans la position qui lui avait été donnée. Ces constructions mesuraient environ 1^{m2} à 1^{m2} 26, mais elles étaient très nombreuses et si rapprochées que les poutres de l'une touchaient parfois celles d'à côté. On les trouva dans différentes parties de la tourbière, mais il y avait un endroit où elles étaient groupées dans un rectangle qui mesurait 27 mètres sur 15, lequel était entouré de plusieurs rangées de pieux verticaux, qui constituaient une sorte de rempart. Ceux-ci étaient en chêne, en aune ou en sapin et étaient enfoncés profondément; les plus forts, en chêne, avaient un diamètre de 13 centimètres et même plus. Il est à remarquer que la couche inférieure de la masse de bois reposait sur le blanc fond, ce qui prouve que les habitations avaient été construites avant la formation de la tourbe. Celle-ci a maintenant au moins 1 m 80 d'épaisseur, c'est-à-dire qu'il y a 90 centimètres de tourbe au-dessus de la plate-forme supérieure.

On ne fit aucune trouvaille sous les constructions en bois; mais c'est dans les intervalles qui les séparaient les unes des autres que les objets furent trouvés presque sur le blanc fond.

Il semble que l'existence de cette station ne s'est pas prolongée jusqu'à l'âge du Bronze, car on n'y a trouvé aucun objet de cette époque. En revanche, la présence d'une petite perle en verre est assez intéressante en ce qu'elle nous montre que les colons lacustres ont dû avoir des relations avec les pays éloignés. Parmi les autres objets qu'on a trouvés, nous citerons : des haches en pierre (quelques-unes en néphrite) dans leurs gaines en corne de cerf, des instruments en silex, des ciseaux, des poinçons, des sérançoirs de lin, etc..., en os; de l'asphalte formant une petite masse, des harpons en corne de cerf, des couteaux en bois d'if et divers tessons de poterie avec mamelons latéraux perforés. On peut voir au Musée de Lucerne un ou deux objets, qui montrent que l'art de perforer la pierre était connu à cette époque (fig. 10, nos 1 et 2).

LAC DE ZUG (ZUGERSEE)

(Canton de Zug)

AGE DE LA PIERRE

Stations : KOLLER, SAINT-ANDREAS, DERSCHBACH, ZWEIEREN, BADEPLATZ.

La première station qu'on a découverte se trouve un peu au nord de la ville de Zug. En faisant une tranchée, à environ 16 mètres du lac, dans le but de construire une maison, on rencontra d'abord une couche de terreau de 75 centimètres d'épaisseur, puis une autre de sable et de cailloux roulés de 45 centimètres, après lesquelles on arriva sur la couche archéologique formée d'un lit noirâtre de matières organiques en décomposition, dont l'épaisseur variait de 20 à 30 centimètres. On y trouva les têtes du pilotis et différents vestiges d'industrie. Les têtes des pieux étaient à un même niveau, et, dans certains endroits, on voyait des poutres transversales. Les trouvailles comprennent plusieurs haches en pierre, dont un fragment en néphrite ; plusieurs objets en silex : pointes de lances et de flèches ainsi qu'un couteau. On trouva aussi des morceaux de pierres sciées, probablement dans le but d'en faire des outils. On a déterminé les

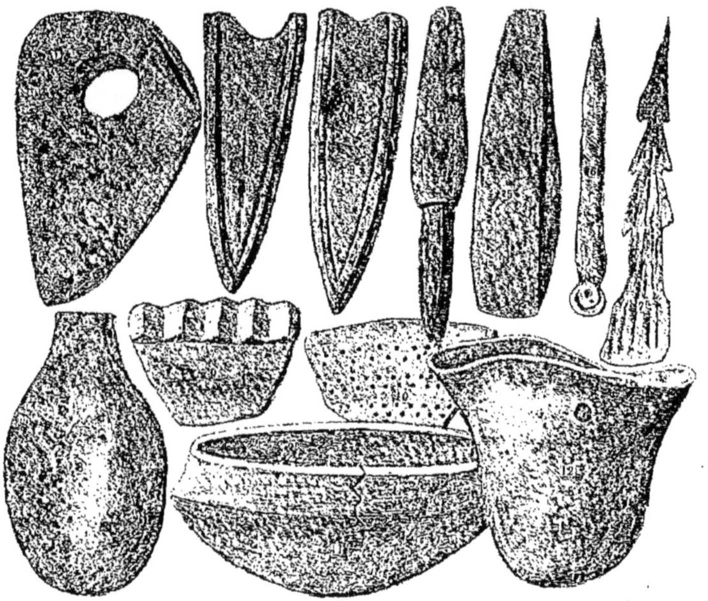

Fig. 10. — Lacs de Wauwyl (1 et 2), Zug (8), et Baldegg. Le n° 5 : 1/4 grandeur ; le reste 1/2.

ossements des animaux suivants : cheval, vache, chien, sanglier de marais, cerf, chevreuil, lièvre [1].

Plus loin, en contournant le lac, à **Koller**, près de Cham, on découvrit une autre station où l'on fit quelques fouilles. On tomba sur la couche archéologique à 90 centimètres au-dessous de la surface, On trouva des haches cassées en serpentine, des tessons de poterie provenant de grands vases. Le niveau actuel du lac est aujourd'hui à 90 centimètres au-dessous de la couche précédente.

1. En 1887, Zug fut victime d'une catastrophe par suite de laquelle une partie de la ville glissa dans le lac, ce qui fit disparaître complètement l'emplacement de cette station.

A **Saint-Andreas** existe une troisième station dont on soupçonna l'existence parce qu'on trouvait des haches en pierre, des couteaux et des pointes de flèches à la surface du sol, dans les champs qui bordaient le lac. Parmi les trouvailles qu'on y fit, on y voyait plusieurs objets ovales assez curieux, en calcaire, portant un col perforé assez court (fig. 10, n° 8).

Au-dessus de Cham, on a reconnu des vestiges de trois autres stations : à **Derschbach**, à **Zweieren** et à **Badeplatz** ; mais elles n'ont pas été fouillées convenablement. La poterie ornée de lignes triangulaires et de dessins en méandres semblerait être d'une période plus récente.

Quelques-uns des objets trouvés dans ces stations sont au petit Musée de Zug, d'autres à Zurich ; d'autres à Berne où il y a 12 haches en pierre et une en cuivre indiquées comme venant d'une station située à Lorze.

LAC DE BALDEGG (Baldeggersee)

(Canton de Lucerne)

AGE DE LA PIERRE

En 1871, les propriétaires des terres situées autour du lac firent baisser le niveau de l'eau de 80 à 90 centimètres, en exécutant des travaux de drainage. Comme conséquence de ce fait, des stations lacustres devinrent visibles et accessibles. Les pilotis étaient disposés irrégulièrement tout le long du rivage. Il y avait un endroit où la surface avait une largeur de 100 à 200 mètres, puis elle allait en se rétrécissant et les pieux n'apparaissaient plus que par groupes. En faisant des fouilles on découvrait de nouvelles têtes de pieux, dont le nombre s'augmentait beaucoup, et, à une profondeur de 2^{m} 10, on tomba sur des lits de charbon de bois qui renfermaient des coquilles de noix et des tessons de poterie.

Amrein, qui dirigeait les fouilles, a pu distinguer deux espèces de pieux, dont les uns étaient plus anciens que les autres. On trouva rarement des poutres horizontales. Il n'existait pas de couche archéologique régulière, car on trouva des instruments à toutes les profondeurs, depuis 30 centimètres jusqu'à 2^{m} 40. De très beaux exemplaires de poinçons en os et des ciseaux en serpentine (fig. 10, 4, 5) furent ramenés d'une profondeur de 2^{m} 40 à 3 mètres. On rencontrait de temps en temps des lits d'argile. Les pieux semblaient avoir été disposés pour servir de clôture à des huttes carrées. Dans une de ces excavations on trouva plusieurs haches en pierre, reposant sur une couche d'argile, à une profondeur de 1^{m} 80 à 2^{m} 10. L'une d'elles avait une teinte vert gazon et un bord translucide si dur qu'il pouvait rayer le verre. Dans une fosse voisine, à une profondeur de 1^{m} 20, on trouva une grande pierre plate de 60 centimètres sur 45 ; elle reposait sur les têtes de six ou sept pieux, qui s'enfonçaient à travers la couche d'argile jusqu'au blanc fond. L'espace compris entre ces pieux-supports était comblé par de l'argile, et autour de la pierre elle-même on trouvait çà et là des morceaux de charbon, des tessons de poterie, des noisettes, etc...

Amrein termine son étude en émettant l'opinion que cette station était tout d'abord une palafitte et que, sur ses ruines, on édifia des constructions en fascines.

Les objets trouvés sont actuellement en partie dans un magasin de curiosités situé dans le Gletscher Garten de Lucerne, et en partie dans le Musée archéologique de cette ville. Parmi ceux que possède le Musée nous citerons : des poignards de forme superbe, des ciseaux en os et en corne (n° 6); quatre grands harpons (n° 7) et une écope en corne; deux marteaux en corne (perforés); trois petites coupes également en corne (n° 12), et des manches en même substance; des broyeurs, des polissoirs et des haches en pierre très nombreuses; deux cailloux plats perforés; quelques fragments de haches-marteaux en pierre, sur l'une desquelles on voit des traces indiquant qu'on a essayé de retoucher le trou, qui y avait été foré primitivement; des scies, grattoirs, pointes de flèches, en silex et en quartz; des tessons de poterie, les uns avec mamelons latéraux, les autres avec des ornements de lignes, de pointillés, etc..., mais revêtant toutes des formes élégantes (n°s 9, 10, 11).

LAC DE GENÈVE (Léman)

(Canton de Genève)

a. — *Stations de l'Age de la Pierre* : Morges. Station de l'Église, de l'ancienne Poudrière. Terreneuve, Monivert, Fraidaigues, Le Chataignier, Nyon, station de Promenthoux. Bellevue, Genève, Les Pâquis, Les Eaux-Vives. La Gabioule, Nernier, Excenevrez, Coudré, Les Sablons, Thonon.

b. — *Stations de Transition* : Morges. Station des Roseaux. La Belotte, Bise, Bellerive, Tougue : Station de la Vie à l'Ane.

c. — *Stations de l'Age du Bronze* : Morges, la grande Cité. Pierre de Cour, La Venoge, Saint-Prex, Beaulieu, Le Creux de la Dullive, Nyon, Celigny, Coppet, Mies, Versoix, Bellevue, Genève, La Cité. La Gabioule, Anière, Messery, Nernier, Les Sablons, Thonon.

d. — *Stations douteuses* : Villeneuve, Creux de Plan, Lutry, Yvoire, Rolle, Pully, Saint-Sulpice, Amphion, Évian.

En quittant les lacs du Jura on arrive au bassin du Rhône et au lac de Genève en traversant une vallée glaciaire aride. En supposant que les premiers constructeurs des cités lacustres aient suivi cette route, l'emplacement le plus naturel pour fonder une station, et en même temps celui qui se serait présenté le premier à leur choix, aurait été la baie de Morges. Aussi est-il assez curieux de constater que c'est précisément en cet endroit qu'une des plus vastes stations du lac a pu se maintenir florissante pendant de longues années. On y a découvert les emplacements de trois stations, situées à quelques centaines de mètres les unes des autres, dont les vestiges respectifs marquent les trois étapes progressives de la civilisation : l'âge de la Pierre, la période de transition et le bel âge du Bronze. Aussi nous semble-t-il indispensable de faire ressortir les enseignements que l'on peut tirer des études nombreuses dont ces stations-types ont été l'objet, avant de nous occuper des autres. En suivant ce programme, je suis en même temps l'ordre dans lequel les découvertes ont été faites, car cette station fut la première qui ait été connue et étudiée dans cette partie de la Suisse, après que les observations de Keller et les fouilles d'Ober-Meilen eurent éveillé la curiosité des archéologues.

Morges. — L'existence de pilotis dans la baie de Morges était connue des pêcheurs depuis longtemps, et naturellement ils en ignoraient l'origine. Mais, le 22 mai 1854, Morlot et Troyon explorèrent l'endroit, et y trouvant des vestiges d'industrie en conclurent immédiatement qu'il y avait eu là une station lacustre. La partie de la baie où étaient situés ces pilotis était à 150 mètres du rivage et sous une épaisseur d'eau qui variait de $2^m 70$ à 3 mètres, même à l'époque des basses eaux. On peut se rendre compte d'après cela que les fouilles étaient plutôt difficiles, mais ces difficultés ne rebutèrent pas les archéologues du pays, qui pendant plusieurs années se livrèrent d'une façon méthodique à une véritable pêche, au moyen de dragues à main, de pinces, etc...

Lorsque, en 1860, Troyon publia son ouvrage sur les « Habitations lacustres », les fouilles de cette station étaient déjà très avancées, et la richesse des trouvailles, qui y avaient été déjà faites, lui avait valu le nom de la « Grande cité de Morges » ; mais on ignorait encore qu'il y eût trois stations distinctes, d'autant plus qu'elles appartenaient à différentes époques. La plupart des pieux étaient en chêne et plusieurs étaient munis de planchettes, pour les empêcher de s'enfoncer trop profondément dans la vase.

Une partie de ces supports mesurait 34 centimètres de long, 10 de large et 25 millimètres d'épais, et était percée de deux trous carrés de 37 millimètres de diamètre, qui étaient espacés de 10 centimètres l'un de l'autre.

Les trouvailles faites jusqu'à ce moment étaient très intéressantes. Nous citerons : des haches en bronze de 10 à 18 centimètres de long, la plupart à ailerons, une seule à douille ; deux épées, dont une à poignée plate était entière ; deux pointes de lances à douille ; plusieurs bracelets de différents modèles et un moule en bronze pour couler des haches (fig. 11, 8) ; de la poterie, des torche-supports en argile, des pierres discoïdes à sillons marginaux, des fusaïoles, deux bateaux, etc... Un peu plus tard, MM. Forel établirent la démarcation qui permettait de délimiter trois stations distinctes, auxquelles ils donnèrent les noms suivants : 1° la Grande cité de Morges ; 2° la Station des Roseaux ; 3° la Station de l'Église.

1° La Grande Cité de Morges était située à 150 mètres du rivage, et couvrait une surface de 360 mètres de long sur 30 à 45 mètres de large. Les tronçons de ses pieux, très serrés les uns contre les autres, n'étaient jamais à moins de 2^{m} 40 à 3 mètres de profondeur, et, au milieu d'eux, on apercevait des solives croisées et un bateau de 60 centimètres de large, dont la proue pointait hors du limon. On y fit une récolte abondante et variée. On trouva plus de 450 objets, présentant tous le type le plus pur du bel âge du Bronze ; c'étaient des épées, des couteaux, des faucilles, des épingles à cheveux, des bracelets, etc... Il est à noter que sur 66 haches toutes étaient à ailerons (fig. 11, n°s 13, 14), et qu'il n'y en avait pas une seule plate. En 1866, deux grands anneaux réniformes, l'un orné (n° 3), l'autre uni, vinrent s'ajouter à la liste des trouvailles faites à Morges. On ne recueillit qu'un seul objet en fer, un poignard, dont un autre semblable a été retiré du lac du Bourget.

Parmi les ossements, on a déterminé ceux du cerf, de la chèvre, du mouton, du cochon.

Le Dr Forel a donné l'énumération suivante des objets en bronze qui ont été récoltés à cette station : 66 haches à ailerons, 6 à douille ; 6 ciseaux et gouges ; 4 épées ; 19 pointes de lances ; 61 couteaux ; 23 faucilles ; 95 bracelets ; 79 anneaux ; 256 épingles à cheveux ; 23 objets divers. Il est probable que sous la rubrique « épingles » on a compris cinq objets curieux en bronze, munis de poignées, semblables à ceux de Wollishofen et de Grosser-Hafner, sur le lac de Zurich.

2° Station des Roseaux. — Elle se trouve à environ 400 mètres de l'extrémité nord de la précédente, dont elle diffère complètement par la nature des trouvailles qui y ont été faites, et par son étendue plus restreinte. On y trouva en tout 18 haches, qui toutes étaient plates (n° 15) ; il n'y en avait pas une à ailerons ni à douille. D'autre part, il y en avait quelques-unes en pierre polie ainsi que d'autres objets en silex ; trois petites lances et une épingle à cheveux en bronze et quelques faucilles en fer d'un modèle

Fig. 11. — Morges, Thonon (1, 2, 9, 10, 16, 17, 18), et Saint-Prex (12).
Nos 7 et 8 : 1/4 grandeur ; le reste 1/2.

moderne. La poterie présentait aussi un caractère mixte ; elle consistait en téssons, dont la pâte était tantôt fine tantôt grossière. Les pieux portaient des marques qui paraissaient avoir été faites avec des outils en métal.

3° Station de l'Église. — Elle est située entre le rivage et la Grande Cité, dont elle est séparée par une bande stérile de 200 mètres de large. On y voyait un steinberg, qui présentait cette particularité de renfermer 20 ou 30 espaces ovales ou rectangulaires de 4 à 6 mètres de diamètre sans la moindre pierre. On y trouva 86 haches et des fusaïoles en pierre, des pierres coupantes, des tessons de poterie grossière, mais pas la moindre trace de métal.

4° Station de l'ancienne Poudrière. — Forel a signalé une quatrième station, située juste en face de l'ancienne poudrière de Morges. Elle contenait un petit steinberg, sur lequel on a trouvé six haches en pierre et quelques autres objets de l'âge de la Pierre.

Le nombre de stations actuellement existantes serait, d'après Forel, de 44, non compris les huit localités suivantes : Villeneuve, Creux-de-Plan, Lutry, Pully, Saint-Sulpice, Yvoire, Amphion, Évian, dans lesquelles l'existence d'habitations lacustres est douteuse, ou n'a pas été suffisamment vérifiée.

Bien qu'ici il ne se soit pas produit de circonstances fortuites comme la correction des eaux du Jura pour les lacs que nous avons étudiés plus haut, néanmoins les Lacustreurs de Genève ont fait de magnifiques récoltes. Ce n'est seulement que dans quelques stations comme Thonon et le port de Genève qu'on fit des travaux de dragage dans un but d'intérêt public. D'après les résultats obtenus, on peut préjuger de la quantité énorme d'objets de l'âge du Bronze, qui sont encore enfouis dans le lac.

Nous allons maintenant faire le tour du lac, en signalant ce qu'il y a d'intéressant pour chaque station.

Cully. — Quelques pieux à l'est de la ville, à une profondeur de 3 à 4 mètres. On n'a trouvé que quelques objets isolés en pierre et en bronze.

La Pierre de Cour. Près de Lausanne, au niveau d'un gros bloc erratique, connu sous le nom de *Pierre de Cour*, on aperçoit quelques séries de pieux, à une profondeur de 4 mètres et à une distance de 270 mètres du rivage. Les seuls objets qu'on y ait trouvés sont : une épingle à cheveux et deux petits morceaux de bronze.

Le Flon (Vidy). — On a signalé seulement quelques broyeurs et polissoirs, et un certain nombre de pierres discoïdes à sillon marginal.

La Venoge. — Elle est située à l'embouchure de la rivière près de Saint-Sulpice et presque complètement recouverte par des détritus.

Morges. — Quatre stations décrites plus haut.

Terreneuve. Monivert. Fraidaigues. — Dans le golfe de Fraidaigues, un peu au nord de Saint-Prex, ces trois stations s'étendent sur une longueur d'un kilomètre. Toutes appartiennent à l'âge de la Pierre et représentent probablement des fractions d'un seul et même village. M. Colomb a réuni plus de 200 haches en pierre, à différents degrés de fabrication, sur un espace de 150 mètres carrés. Le Musée de Lausanne possède aussi 40 haches en pierre, des éclats et des couteaux en silex et une fusaïole.

Saint-Prex. — Dans le golfe, au sud de Saint-Prex, existe une station de

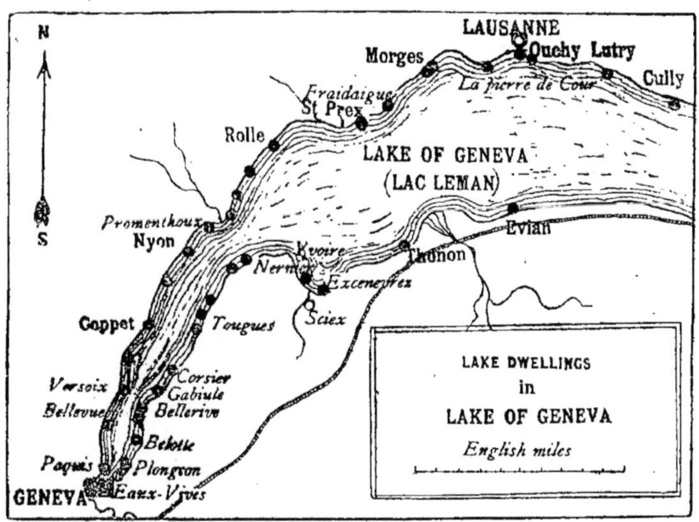

Fig. 12. — Stations lacustres du lac de Genève.

l'âge du Bronze, dont on peut voir les pieux à une profondeur de 3 mètres à 3^{m} 50. Elle a fourni un nombre considérable d'objets, dont plusieurs sont au Musée de Lausanne, à savoir : une hache plate en bronze (fig. 11, 12), une torche-support, des fragments de croissants en argile, sept haches en pierre ; trois ou quatre morceaux de poterie ornée de lignes courbes et de dessins rudentés (un fragment de poterie noire est orné de lamelles d'étain) ; une épingle en bronze à tête sphérique, un gros bloc pour aiguiser les outils. Les autres objets en bronze provenant de cette station sont : quatre couteaux, un bracelet, cinq anneaux et onze épingles.

Rolle. — La station est située juste en face la ville et semble avoir été une cité lacustre d'une étendue considérable. Elle a fourni des objets des âges de la Pierre et du Bronze. Une partie de la surface occupée par les pilotis a été recouverte par un îlot artificiel, qui supporte maintenant un obélisque monumental. Tessons de poterie, présentant les mêmes caractères que ceux de Morges, pierres discoïdes, marteau, pierres à aiguiser, telles furent les récoltes.

Quant aux objets en bronze, en voici l'énumération, d'après Forel : deux haches à ailerons, un ciseau, une lance, deux couteaux, une faucille, un bracelet, 15 anneaux et 9 épingles à cheveux.

Beaulieu. — La station se trouve au sud de la précédente et est très étendue, mais pauvre, car on n'y a trouvé que 10 objets en bronze.

Le Châtaignier. — Petite station de l'âge de la Pierre, située un peu avant le village de Dully.

Le Creux de la Dullive. — Grande station circulaire de l'âge du Bronze où l'on a recueilli deux haches à ailerons, deux bracelets, quelques anneaux et des épingles à cheveux.

Nyon. — D'après Forel, la baie de Nyon renferme deux stations : l'une de l'âge de la Pierre, à PROMENTHOUX, à droite de l'embouchure de la rivière ; l'autre de l'âge du Bronze, au nord de la ville de Nyon. Dans cette dernière station, Revilliod a trouvé un objet remarquable, formé de 300 anneaux en bronze de 18 à 20 centimètres de diamètre, que les concrétions du lac, en se déposant entre eux, avaient agglutinés en une seule masse. Le nombre total des objets en bronze, venant de Nyon, est de 62, se décomposant ainsi : 7 haches à ailerons, 1 ciseau, 1 pointe de lance, 10 couteaux, 2 faucilles, 15 bracelets, 23 épingles à cheveux, 3 objets à destination inconnue.

Nous arrivons maintenant à la partie inférieure du lac où il se resserre tellement que sa largeur, qui était de 13 kilomètres environ, n'est plus que de 5 kilomètres. On dirait que les Lacustres avaient une prédilection pour cette région, car les villages sont très rapprochés les uns des autres sur chaque rive. En descendant de Nyon jusqu'à la sortie du Rhône et en remontant sur l'autre rive jusque près d'Yvoire, Forel a compté 22 stations, à savoir :

Céligny, juste en face du quai de débarquement. Age du Bronze.

Coppet, découverte en 1874 par M. Magnin. Age du Bronze.

Mies, découverte en 1877 en face le château des Crénées. Age du Bronze.

Versoix, grande station située près du quai de débarquement. Age du Bronze. On y a, paraît-il, trouvé aussi des haches et des couteaux en fer.

Bellevue, découverte en 1880, au nord du débarcadère. Ages de la Pierre et du Bronze.

Les Pâquis, au sud de la jetée du nouveau port. Age de la Pierre.

Les Eaux-Vives, en dehors du port, près du faubourg de ce nom. Age de la Pierre.

Cité de Genève, vaste station occupant le port actuel. Age du Bronze.

Plongeon. Age du fer.

Les quatre dernières sont connues sous le nom de STATIONS DE GENÈVE, si bien que l'extrémité inférieure du lac était parsemée d'établissements lacustres. Au pied de la plus grosse des deux pierres bien connues sous le nom de *Pierres à Niton*, qui sont l'objet d'un culte superstitieux, on a trouvé un couteau (pl. 12, 5) et une hache plate en bronze, qui sont au Musée de la ville. Non loin de là se trouvait la station de l'âge du Bronze, appelée par Forel « Cité de Genève », mais décrite parfois sous le nom des « Eaux-Vives ». Il semblerait que cette dernière dénomination a été appliquée à deux stations : l'une de l'âge de la Pierre, située à environ 90 mètres plus près du rivage, et l'autre du Bronze (cité de Genève).

La CITÉ DE GENÈVE est la station de l'âge du Bronze la plus riche qui ait été fouillée dans le lac de Genève. Elle couvre une surface en forme de fer à cheval, qui remplit tout l'espace occupé aujourd'hui par le port et même elle envoie un prolongement sous l'île Rousseau. Forel évalue le nombre des objets en bronze recueillis à 1.500, ce qui représente plus que le nombre total des objets récoltés dans toutes les autres stations du lac.

A son extrémité nord-est, près de la station des Eaux-Vives, le Dr Gosse reconnut ce qu'il croit avoir été l'emplacement d'une fonderie. Dans un espace restreint ne dépassant pas 30 mètres carrés, il ne retira pas moins de 50 moules en pierre, des creusets, des lingots de bronze et d'étain, des scories et d'autres objets faisant partie d'un matériel de fondeur.

La plupart des objets provenant de cette station et présentant un intérêt général ont été déposés au Musée archéologique. Forel a rangé ceux en bronze dans les catégories suivantes : 25 haches à ailerons, 19 à douille, 4 plates; 7 ciseaux et gouges; 4 épées; 7 pointes de lances; 72 couteaux; 22 faucilles; 75 bracelets; 230 anneaux, 1.000 épingles à cheveux, 60 objets divers. En examinant cette collection, j'ai fait les remarques suivantes : les haches à douille ont l'anneau généralement perpendiculaire au tranchant. Les couteaux sont tantôt à soie, tantôt à douille. Les bracelets revêtent des formes très variées; ceux qui sont massifs sont en majorité. Les faucilles ont généralement un bouton saillant. La céramique nous montre que le triangle es. le motif ornemental le plus habituel de l'âge du Bronze et que la pâte de la poterie est de deux qualités. Les torche-supports, les fusaïoles, les pierres discoïdes, etc..., sont très abondantes. Parmi les objets un peu bizarres, nous signalerons des épingles à grosse tête ajourée, des hameçons, des boutons, une grande plaque avec un travail au repoussé formant des bosses légèrement saillantes, une figurine grossière en bronze ayant vaguement la forme d'un cerf, une grande variété de pendeloques, de petits objets en étain formés de cercles concentriques, ayant la forme de roues. Quelques-uns de ces objets sont représentés à la pl. 12; ils se trouvent tous au Musée de Genève, excepté les n°s 9, 10, 12, 13.

La Belotte, grande et riche station de l'âge de la Pierre. Deux bracelets, quelques anneaux et épingles à cheveux en bronze, en tout 21 objets en bronze; mais en revanche 1.400 haches en pierre.

La Pointe de la Bise. Au nord de la précédente existe une autre station rangée dans la période de transition parce qu'elle a fourni une paire de haches plates en bronze. Les seuls autres objets en métal étaient quelques anneaux et des épingles à cheveux.

Bellerive, grande station ayant fourni des objets de la Pierre et du Bronze.

La Gabioule, deux stations, l'une de l'âge de la Pierre, l'autre de l'âge du Bronze, situées un peu avant le débarcadère du bateau.

Anière (Bassy), petite station de l'âge du Bronze, en eau profonde.

Nous arrivons maintenant à un groupe de quatre stations, comprises dans une zone de 3 kilomètres et souvent confondues l'une avec l'autre sous la dénomination de STATIONS DE TOUGUE. Ce sont :

1° La station de la VIE A L'ANE ou du Moulin, située près d'Hermance;

2° Station de la FABRIQUE CANTON ou de la fabrique de gypse;

3° Station de BEAUREGARD;

4° Le CREUX DE TOUGUE en avant du village de Chens.

Ces stations sont toutes parallèles au rivage et situées en eau profonde. Les trouvailles qui y ont été faites présentent un caractère mixte et indiqueraient que si les stations ont été fondées à l'âge de la Pierre, elles ont subsisté pendant l'âge du Bronze.

La station de CREUX DE TOUGUE est la plus importante de tout le groupe. Elle est située à environ 110 mètres du rivage, sous une profondeur d'eau qui varie de 1^{m} 50 à 3 mètres. On y a récolté 27 haches en pierre, dans la partie touchant le rivage. Quant aux objets en bronze, en voici l'énumération : 4 haches à ailerons (pl. 12, 10); 1 hache plate;

Pl. 12. — [illegible] (9, 10, 12, 13). N° 6, 12, 13 : 1/4 grandeur ; le reste 1/2.

2 ciseaux à douille; 1 épée; 1 pointe de lance; 21 couteaux; 5 faucilles (n° 9); 14 bracelets; 120 anneaux; 170 épingles à cheveux; 6 objets divers. La poterie nous offre des modèles tout à fait remarquables et le Musée de Genève possède de beaux exemplaires de coupes, d'assiettes, de vases d'une terre noire et fine, qui ressemblent tant par la forme que par l'ornementation à ceux des palafittes du lac du Bourget et d'autres lacs suisses. Des fusaïoles, des pierres discoïdes à sillon marginal, des broyeurs se rencontrent en grande quantité. Nous signalerons également un objet de forme très particulière qu'on a classé sous le nom de gorge de poulie.

Messery. — On aperçoit les pieux à une profondeur de 3ᵐ 60 d'eau, dépassant le limon de 60 centimètres à 1ᵐ 50. L'un de ceux-ci, retiré par Troyon, portait des marques faites par un outil en métal. On y a trouvé un grand nombre de tessons de poterie caractéristique de l'âge du Bronze, mais seulement deux objets de ce métal : une hache à ailerons et une faucille.

Nernier. — On a décrit deux stations dans le voisinage du village de ce nom. L'une, près du rivage, en partie recouverte de gravier, appartient à l'âge de la Pierre. Troyon y a constaté la présence de gros pieux, à une profondeur de 1ᵐ 80 d'eau, et d'autres sur la berge, enterrés dans le gravier. Parmi les trouvailles qui y ont été faites nous citerons : des éclats de silex, des fusaïoles, des haches en serpentine (dont une perforée est au Musée d'Annecy); des os travaillés, etc...

La station de l'âge du Bronze est à 600 mètres à l'ouest du village et à 150 mètres du rivage. On y trouva : de la poterie, des fusaïoles, des torche-supports, etc.; comme objets en bronze, les suivants : 8 haches à ailerons, deux ciseaux, 1 épée, 2 pointes de lances, 3 couteaux, 3 faucilles, 5 bracelets, 3 anneaux, 5 épingles à cheveux. On a compris, parmi les anneaux, une pendeloque ayant la forme d'un grand anneau creux auquel est attaché un petit anneau pour la suspension.

Excenevrez et Coudré. — En contournant la pointe d'Yvoire, on arrive à une baie abritée, dans laquelle viennent se jeter deux petits cours d'eau, charriant une quantité considérable de débris qui ont recouvert les vestiges des habitations lacustres, en les enfouissant profondément sous eux. Cependant on est arrivé à reconnaître les vestiges de deux stations : l'une du MOULIN-PAQUIS, près d'Excenevrez, et l'autre de COUDRÉ, en face le château Bartholoni, près du village de Sciez. Toutes deux appartenaient à l'âge de la Pierre. Dans la dernière, on a trouvé, en 1874, douze haches en pierre.

Les Sablons [1]. — Vers la limite de Sciez, au lieu dit *Les Sablons*, on a constaté l'existence de deux stations :

1° Une station de l'âge de la Pierre, qui se trouve tout contre le rivage et dont le pilotis s'étend jusque dans le champ voisin. M. Bartholoni y a recueilli deux haches en pierre.

2° Une station de l'âge du Bronze, située à 40 mètres du bord, où l'on a trouvé : 4 couteaux, 1 hache à ailerons et anneau latéral, 1 ciseau à douille, 1 longue épingle.

Thonon. — Il existe deux emplacements bien distincts. L'un, de l'âge de la Pierre, à environ 18 mètres du rivage, a été découvert, en 1862, lors de la construction du nouveau port. On y a recueilli des pieux, des instruments en silex, des haches en pierre, des fusaïoles et de la poterie grossière.

La station de l'âge du Bronze, qui appartenait au bel âge du Bronze, était beaucoup plus éloignée du rivage que la première et à une profondeur de $2^m 70$ à $3^m 60$. Elle s'étendait sur un assez grand espace, parallèlement au rivage, et l'on y a fait une récolte abondante. Comme elle a été une des premières qu'on a découvertes dans le lac de Genève, elle a été fouillée par un certain nombre d'archéologues connus, tels que Troyon, Forel, Revon, Monod, Revilliod, Carrard, etc..., de sorte que les trouvailles ont été réparties un peu de tous côtés. D'après Forel, le nombre des objets en bronze s'élèverait à 48, savoir : 11 haches à ailerons; 2 pointes de lances; 5 couteaux; 2 faucilles; 14 bracelets; 2 anneaux; 5 épingles à cheveux; 6 objets divers. Un des couteaux, qui est très joliment orné et dont la longueur atteint 30 centimètres, présente cette particularité que le manche renferme moins d'étain que la lame (fig. 11, 16). Un autre couteau a été préparé pour que l'on puisse fixer, à l'aide de rivets, des plaques sur les parties latérales du manche (n° 11); d'autres étaient munis de douille ou de soie (n°s 17 et 18). Plusieurs haches portent un anneau latéral, tandis que d'autres en sont privées. Parmi les autres objets, nous signalerons : un grand anneau, *armilla sacra* (Carrard) (n° 2); une pendeloque formée de trois anneaux enroulés, et d'autres de formes diverses (n° 9). Les tessons de poterie portent des mamelons latéraux et des dessins en forme d'arête de poisson (n° 1), etc... Il y avait en outre de très beaux vases, des torche-supports en terre, etc.

D'après Forel, le lac de Genève renfermait : 11 stations de l'âge de la

1. Article ajouté par le traducteur.

Pierre, 3 de la période de transition (c'est-à-dire avec haches plates en bronze); 6 avec mobilier mixte; 19 de l'âge du Bronze et 1 du début de l'âge du Fer (station du Plongeon).

Le Musée de Lausanne est très riche en bronzes et poteries venant du Léman.

Parmi les collections particulières, nous citerons :

GENÈVE : collections Thiolly et Westerweller.

CHENS-CUZY : collections Costa de Beauregard et Carrier.

MORGES : collections Forel et Monod.

LAC DE LUISSEL (CANTON DE VAUD)

AGE DU BRONZE

Dans une petite vallée, située entre les hauteurs qui dominent Bex, tout contre la vallée du Rhône, on creusa, en 1791, une rigole d'écoulement, afin de faciliter l'exploitation de la tourbe. Pendant qu'on exécutait ces travaux, on découvrit des vestiges d'industrie, qui démontrèrent qu'il y avait eu là une station lacustre de l'Âge du Bronze. Au nord du bassin, à une profondeur de 1^{m} 80, on rencontra une grande quantité

Fig. 13. — LUISSEL. 1/3 grandeur.

d'ossements (dont plusieurs humains), des grains de céréales, des anneaux en bronze, une bouterolle et trois épées remarquables, de 57 à 60 centimètres (fig. 13), qui datent évidemment du bel âge du Bronze. En 1859, Troyon fit des fouilles dans la tourbe qui recouvrait le lit primitif du lac et ne trouva qu'un morceau de bois travaillé, qui aurait pu servir de manche pour une hache en pierre. D'après une ancienne tradition, il aurait existé, dans le voisinage, un château, qui aurait été englouti dans le lac.

CHAPITRE II

FRANCE

LAC DU BOURGET (Savoie)

AGE DU BRONZE

Stations : Conjux, Chatillon, Grésine, Meimart, Le Saut, Les Fiollets, Charpignat.

En 1856, tandis qu'on construisait la ligne du Mont-Cenis, on dragua la baie de Grésine, sur le lac du Bourget, et l'on ramena ainsi différents objets, qui furent reconnus comme provenant d'habitations lacustres. Bien que le fait ait été communiqué à la Société Savoisienne, ce ne fut guère qu'en 1862 que celle-ci se préoccupa de la question, grâce aux efforts de MM. Despine et Desor, qui appelèrent son attention sur les découvertes dont nous venons de parler. Des premières recherches, dirigées par une commission de sept membres, donnèrent des résultats assez satisfaisants pour que la Société votât des fonds, destinés à couvrir les frais nécessités par des fouilles méthodiques. Parmi les archéologues qui, depuis, ont entrepris des recherches dans le lac, nous citerons : MM. Cazalis de Fondouce, Chantre, Costa de Beauregard, Perrin, Rabut, Revon.

Les résultats, que ceux-ci ont obtenus, ont établi qu'il existait dans le lac huit stations de l'âge du Bronze. Les récoltes, qui y ont été faites, sont très nombreuses ; malheureusement, elles sont disséminées un peu de tous les côtés, généralement dans des collections particulières. Cependant la majeure partie se trouve dans les Musées de Chambéry, d'Aix-les-Bains, d'Annecy et de Saint-Germain, ainsi que dans la collection de M. Costa de Beauregard, en son château du lac de Genève.

Conjux. — La station est située à 180 mètres du rivage, en face du village de ce nom. Un groupe de pilotis, qui se trouve seulement à 45 mètres du rivage, est considéré comme étant le vestige d'une fabrique de poterie romaine, en raison de l'abondance de la terre spéciale qu'on y a rencontrée.

Cette station présente une particularité à signaler, c'est le grand nombre de moules qu'on y a trouvés, relativement au nombre des autres objets; jusqu'en 1875, il s'élevait à 13, représentant tous les différents modèles d'outils industriels : couteaux, haches à ailerons et à douille, faucilles, marteaux, épingles, anneaux et boutons.

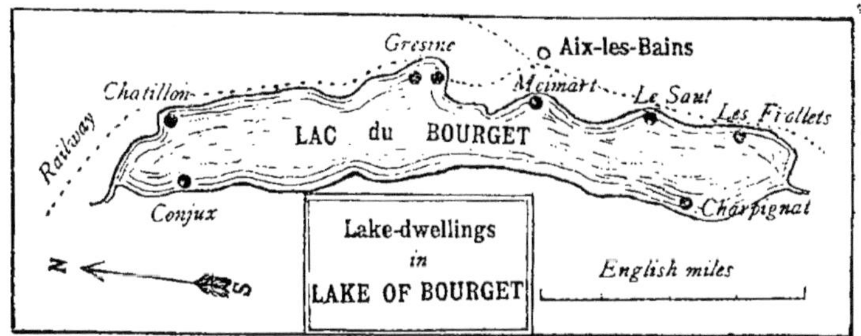

Fig. 14. — Stations lacustres du lac du Bourget.

Chatillon. — La station occupait une position abritée à environ 150 mètres du rivage. Dans une partie, les pieux sortaient de la vase et étaient inclinés vers l'est en formant un angle de 45°, mais dans le reste de la station ils étaient verticaux. Un vase en terre, semblable au dernier modèle fabriqué par les Lacustres, fut trouvé, au milieu des pieux, portant, gravé en lettres romaines, le nom de Severinus. On recueillit en outre 40 à 50 de ces vases très remarquables en terre noire, ornés de lamelles d'étain, formant de très jolis dessins (fig. 78, nos 4, 5); ainsi que des tessons de poterie romaine et d'autres d'époque plus récente. Il y avait également 8 moules dont l'un était destiné à fondre des pointes de lances, et environ 320 objets en bronze.

Grésine. — La baie de Grésine renferme les emplacements de deux stations : l'une contre le chemin de fer; l'autre plus vaste et plus éloignée du rivage. Celle-ci semble avoir été réunie à la Pointe de Grésine, car un banc de sable part de cette partie du rivage pour aller se terminer sur la partie latérale de la palafitte. Les deux stations communiquaient entre elles à l'aide d'une passerelle, dont on a retrouvé des vestiges. La première touche presque la voie du chemin de fer et c'est à ce hasard qu'est due la découverte des palafittes du lac. Bien que les stations de Grésine aient été l'objet des fouilles les plus répétées, en raison de leur proximité d'Aix-les-

Bains, néanmoins, pendant longtemps, elles ont fourni aux chercheurs les récoltes les plus riches et les plus variées. Parmi les moules qu'on a trouvés, nous en signalerons un à deux faces : l'une pour une poignée d'épée, l'autre pour une agrafe. On ne récolta pas moins de 5 marteaux en bronze, de forme cylindrique, à douille. Il existe aussi des objets assez remarquables, qu'on peut voir au *restaurant lacustre* (port Puer), dont quelques-uns sont représentés ici (pl. 14, n°s 4, 6, 12).

Meimart. — Les débris de cette station gisent à environ 90 mètres du rivage, sous une profondeur de 5^{m} 80 à 6 mètres d'eau. Aussi a-t-elle été peu fouillée, bien qu'elle soit très étendue et qu'elle ait fourni quelques objets intéressants, en particulier une épée en bronze, des moules, des fragments de poterie et un vase romain.

Le Saut. — De même que les autres stations, celle-ci se trouvait sur une légère élévation, à 100 mètres du rivage, et lors des basses eaux on a pu pêcher des objets à une profondeur de 3 mètres. Elle a été fouillée convenablement, et l'on a pu constater que la poterie décelait de la part du fabricant une habileté technique d'autant plus grande qu'on trouvait les objets dans des endroits situés plus avant dans le lac, ainsi que dans ceux où les pieux émergeaient le plus au-dessus du limon. La plupart des trouvailles sont semblables à celles de Grésine, toutefois nous signalerons comme particuliers à la station : une pièce de charpente de près de 7 mètres de long, avec de nombreuses mortaises à ses extrémités, et un harpon en os à une seule barbe comme ceux en bronze provenant de Peschiera.

Les Fiollets, petite station située à une profondeur de 4^{m} 50 à 6 mètres d'eau. Les quelques objets en bronze qu'on y a trouvés étaient recouverts de calcaire. On y a recueilli plusieurs épingles d'un modèle nouveau ; mais l'objet le plus intéressant est une petite lime, qu'on peut voir au Musée de Chambéry.

Charpignat. — On a signalé l'existence de quelques pieux, près du lac du Bourget, mais pas le moindre vestige d'industrie.

En 1875, M. Perrin a dressé une série de tableaux, d'après lesquels le nombre total des objets trouvés dans le lac du Bourget serait de plus de 4.000. Il les a classés en diverses catégories, selon leurs usages, en indiquant leurs lieux d'origine et les musées ou collections où l'on peut les voir. Mais depuis lors, le nombre des trouvailles s'est tellement augmenté que les tables de M. Perrin ne peuvent plus donner qu'une approximation plus ou moins exacte ; néanmoins elles ont un certain intérêt en ce qu'elles nous montrent la fréquence relative des différents objets. C'est

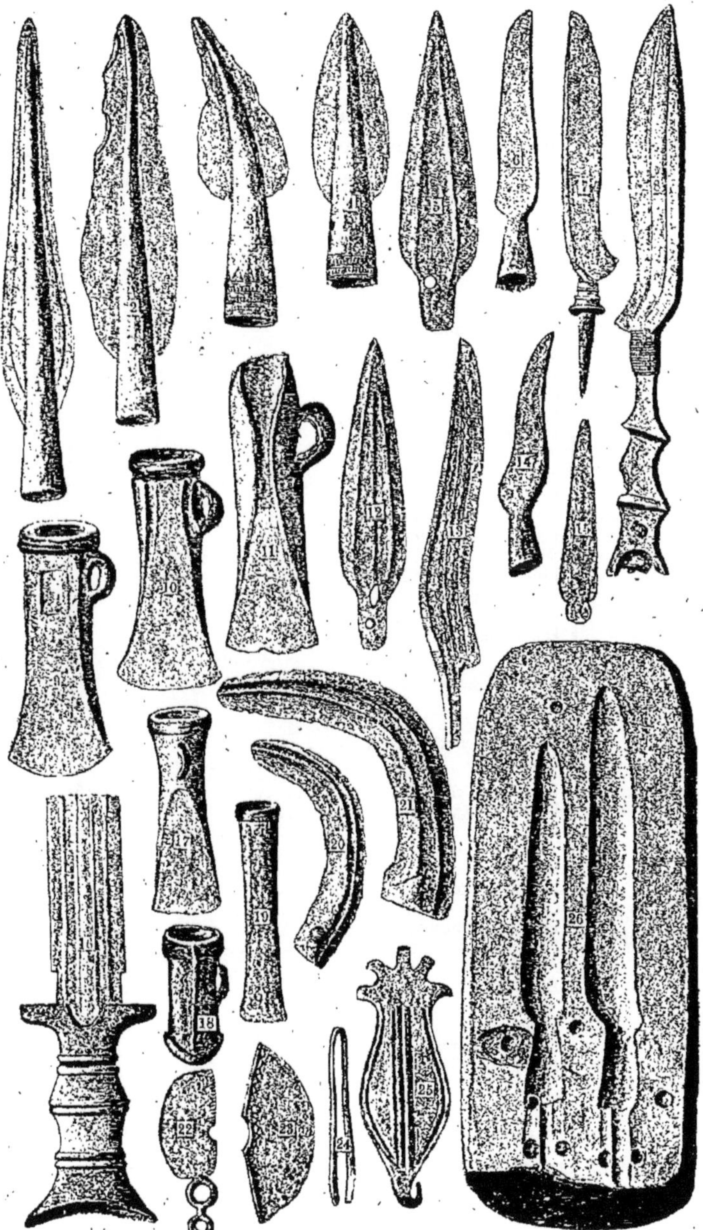

Pl. 13. — Lac du Bourget. 1/3 grandeur.

pourquoi je me suis permis de reproduire, d'après M. Perrin, la liste suivante des objets trouvés dans le lac du Bourget, parce qu'elle me paraît donner une idée générale plus frappante de la culture et de la civilisation des Lacustres qu'une série de pages remplies de détails descriptifs :

LAC DU BOURGET

		Grésine	Total dans toutes les stations
Matériel de Fondeur	Moules	22	49
	Lingots et culots	46	171
Outils et Instruments	Marteaux	5	7
	Haches	19	38
	Ciseaux	2	4
	Gouges	1	1
	Faucilles	7	23
	Couteaux	35	126
	Tranchets	4	13
	Rasoirs	18	32
	Matrice et coins à estamper	—	1
	Poinçons et Burins	32	164
	Scies	1	2
	Lime	—	1
	Rivets et clous	115	248
	Aiguilles	46	190
	Hameçons	38	144
	Pinces	5	7
Armes	Épées	2	3
	Poignards	9	12
	Lances	5	16
	Pointes de flèches	23	49
	Boucliers	1	2
Objets d'ornement	Épingles à cheveux	163	798
	Fibules	2	2
	Bracelets	82	252
	Torques	1	2
	Bagues	32	121
	Pendants d'oreilles	4	22
	Ceinture	1	1
	Boucles, Anneaux, etc	140	598
	Pendeloques	7	16
	Agrafes	7	50
	Boutons	35	63
	Appliques	43	185
	Perles	115	488
	Tubes et spirales	8	73
	Objets non déterminés	34	108
	Total	1110	4002

Remarques générales sur les Palafittes du lac du Bourget. — Les pieux étaient généralement en chêne, de 15 à 20 centimètres de diamètre ; ils étaient éloignés du rivage de 90 à 180 mètres et immergés à une profondeur de 3^{m} 60 à 4^{m} 50. Leur extrémité inférieure portait presque toujours des marques, qui ne pouvaient avoir été faites qu'avec

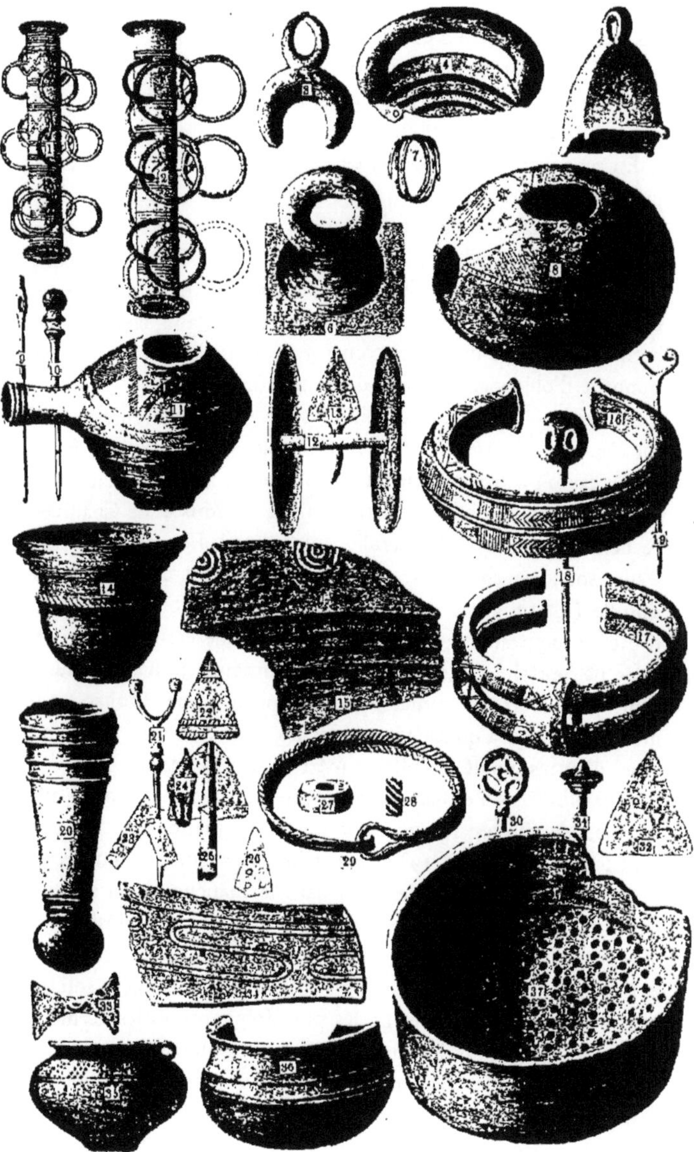

Pl. 14. — Lac du Bourget. Nos 34, 35, 36, 37 : 1/4 grandeur ; le reste 1/2.

des outils en métal. La différence très grande qu'on a remarquée, relativement à leur état de conservation, montre que les stations ont été occupées pendant un temps très long, ce qui a nécessité le renouvellement des pieux à différentes époques.

En ce qui concerne l'âge de ces palafittes, M. Costa de Beauregard s'exprime ainsi : « Malgré les quelques instruments de silex et les hachettes de pierre rencontrés dans nos fouilles, il est peu probable que ces bourgades aient été fondées à l'époque de la Pierre. Tout nous porte à croire au contraire qu'elles florissaient à l'époque du Bronze, période qui a dû être de fort longue durée en Savoie, car il a fallu bien des siècles pour accumuler sur les différents points, que nous avons explorés, une pareille quantité d'objets et de débris de toutes sortes. »

Armes. — Les épées recueillies sont peu nombreuses et d'un même modèle (pl. 13, 16). Il est fort probable qu'elles ont été fabriquées sur place, car on a trouvé une valve de moule, auquel s'adaptaient parfaitement ces armes; elle est actuellement au Musée de Chambéry; on n'a recueilli que quelques bouterolles (pl. 14, 20). Les poignards étaient munis d'une soie, ou rivetés au manche. Les pointes de lances sont toutes à douille (pl. 13, n°s 1 à 4), à l'exception d'une ou deux (n°s 5, 12) qui toutefois pourraient parfaitement être considérées comme des poignards. Elles ne portent habituellement pas d'ornement. Les pointes de flèches sont la plupart constituées par des plaques de bronze triangulaires, munies de deux à quatre trous pour les fixer à la tige, mais on rencontre aussi d'autres modèles (pl. 14, n°s 13, 22 à 26, 32).

Instruments. — Les haches (pl. 13, n°s 9, 10, 11, 17) sont à ailerons et à douille, laquelle est ronde, ovale ou rectangulaire. Les ciseaux et gouges sont tous à douille (n° 19). Les faucilles (n°s 20, 21) ont presque toutes un bouton saillant pour les fixer dans le manche (à cet égard, elles diffèrent de celles de Suisse) et peuvent être classées en plusieurs catégories, selon leur degré de courbure et la disposition de leurs nervures.

Les couteaux sont à douille ou à soie et ont un manche solide (n°s 6, 7, 8, 13, 14); les premiers étant les plus fréquents et les derniers les plus rares. Les rasoirs sont de deux modèles : avec ou sans manche (n°s 22, 23). Les aiguilles ont le chas soit à l'extrémité soit au milieu de la tige. Les poinçons et les hameçons sont très abondants; mais les harpons sont très rares. On rencontre, en certains endroits, en grande abondance, des rivets, des clous et des morceaux de plaques minces en bronze. On a trouvé quelques exemplaires de scies et de limes, mais en très petit nombre.

Ornements. — Les épingles à grosse tête sphérique ou en forme de roue sont rares. Leurs divers modèles sont représentés ici (pl. 14, n°s 10, 18, 19, 21, 30, 31). Les bracelets (n°s 16, 17, 29), qui sont nombreux et ouverts pour la plupart, sont soit massifs, soit creux (l'un est en étain). Les fibules et les torques sont rares. Les bagues sont de deux modèles : plates ou en torsades (n° 7). Beaucoup de ceintures, boucles, pendeloques (n° 5), boutons (n° 33), perles en bronze, petites spirales. Une agrafe ressemble tout à fait à celle de Möringen (pl. 13, 25). L'étain se rencontre sous forme de lingots, disques, lamelles pour orner la poterie; un bracelet entier est fait de ce métal. L'or se trouve soit en feuille, soit en fil tors. Plusieurs vases en bronze. Un charmant petit vase en bronze fondu (pl. 14, n° 14) a été trouvé à Grésine, avec une épée (pl. 13, n° 16), un couteau (n° 8) et environ 250 clous, que l'on suppose avoir servi à fabriquer un bouclier. Les n°s 1 et 2 de la planche 14 représentent deux objets remarquables, provenant de Grésine, actuellement au Musée d'Aix-les-Bains. Un objet semblable, mais en moins bon état et garni d'un moins grand nombre d'anneaux, est au Musée de Chambéry; un autre est au Musée lacustre (fig. 80, n° 4). Un grand nombre de croissants, fusaïoles, fragments de tissus, nattes de jonc, morceaux de vannerie, perles en verre coloré et en ambre (pl. 14, n°s 27, 28).

Les objets représentés n°s 4, 6, 12 sont peut-être les ornements en cuivre d'un harnachement. Mais quant aux deux pièces bizarres (n°s 8, 11), je me déclare incapable de leur assigner un usage quelconque.

L'art de la céramique paraît avoir atteint un grand développement. La poterie est grise, noire ou rouge. Sur certains vases, les trois couleurs sont combinées en dessins géométriques variés mélangés à des ornements linéaires; sur d'autres, l'ornementation ferait croire qu'on a pressé sur la pâte une feuille de fougère (*polypodium vulgare*).

On a aussi recueilli quelques pointes de lances et des couteaux en fer, ainsi que des tuiles et de la poterie romaines.

La faune est semblable à celle des lacs suisses.

LAC D'AIGUEBELETTE (Savoie) [1]

Lorsque de Lyon on se dirige sur Chambéry par la ligne de Saint-André-le-Gaz, on aperçoit sur la gauche, entre les stations de Lépin et d'Aigue-

1. Article ajouté par le traducteur.

belette, le ravissant petit lac qui a pris, ou plutôt qui a donné son nom à cette dernière localité. Ce lac, avec son cadre admirable de collines verdoyantes s'étageant au pied des montagnes abruptes qui forment la chaîne de l'Épine-Mont-du-Chat, à la limite des régions jurassienne et subalpine de la Savoie, est un des endroits les plus charmants de la contrée.

Le *Dictionnaire archéologique de la Gaule*, dans la notice consacrée à Aiguebelette, se borne à mentionner, à la limite de cette commune et de celle voisine de Lépin, une *pierre levée* qui n'est qu'un immense bloc calcaire détaché de la montagne et échoué au bord du lac lors d'un éboulement considérable dont les traces sont encore partout visibles; l'auteur de l'article ajoute que « dans le lac on a signalé deux emplacements lacustres ».

En 1903, M. Schaudel constata l'existence de l'un d'eux, au lieu dit le « beau phare », à 200 mètres environ de la rive méridionale. Trois ans plus tard cet archéologue distingué entreprit, avec le baron Albert Blanc, la première exploration du lac. C'est alors qu'il en fit connaître le résultat [1].

La station lacustre occupe une surface assez considérable. Les pilotis, consistant en troncs d'arbres de 15 à 25 centimètres de diamètre, ne s'élèvent plus au-dessus du fond du lac que de hauteurs variant entre 10 et 40 centimètres. Ils sont le plus souvent disposés aux quatre coins d'un carré ou d'un rectangle, mais, fréquemment, il existe plusieurs pilotis enfoncés les uns à côté des autres par groupes.

Le fond de l'emplacement, assez inégal par suite d'accumulations formant une série de petits tertres, se trouve à une profondeur sous l'eau variant entre 1m 50 et 2 mètres, lorsque, comme en 1906, le niveau du lac est peu élevé.

A défaut d'une drague, les fouilles sont assez difficiles, d'autant plus que le fond est couvert d'une couche de vase.

Jusqu'ici les objets recueillis, qui attestent l'occupation de la station, consistent :

1° En de nombreuses quartzites taillées par éclats (poinçons, grattoirs, etc.);

2° En instruments en silex, parmi lesquels quelques pièces finement retouchées des deux côtés : deux pointes de javelot à crans, deux pointes doubles et deux pointes amygdaloïdes. Viennent ensuite des lames en silex, des grattoirs, des poinçons, des tranchets.

1. SCHAUDEL, Louis, Découverte d'une station de l'âge de la Pierre dans le lac d'Aiguebelette (Savoie) (*Association française pour l'avancement des sciences*), Lyon, 1906.

La poterie n'apparaît que par quelques petits morceaux d'une pâte extrêmement grossière mélangée de grains de quartz.

Le polissage n'est représenté que par une petite hachette triangulaire en pierre, aiguisée et affilée à son extrémité la plus large.

Je mentionnerai encore deux fusaïoles consistant en pierres calcaires percées d'un trou central.

L'absence absolue de métal permet d'affirmer que l'on est bien en présence de palafittes de l'âge de la pierre. L'aspect grossier et primitif des rares fragments de poterie et l'absence de la hache polie typique sembleraient indiquer une station de la période néolithique à ses débuts.

MM. Schaudel et Blanc se proposent de faire au Congrès préhistorique de Chambéry, en août 1908, une communication complémentaire.

LAC D'ANNECY (Haute-Savoie)

a. — *Station de l'âge de la Pierre* : Station du Port.
b. — *Station de Transition* : Vieugy.
c. — *Stations de l'âge du Bronze* : Le Chatillon, Le Roselet.

Le lac d'Annecy est orienté du S.-O. au N.-O. Il mesure 14 kilomètres de long et 3 kil. 500 dans sa plus grande largeur, au niveau de Sevrier, où se trouve également sa plus grande profondeur (62 mètres). Au point de vue de l'altitude, il est situé à 76 mètres plus haut que le lac de Genève, et à 210 mètres plus haut que le lac du Bourget. Il est divisé en deux parties par un étranglement, produit par le roc de Chère, dont l'escarpement se prolonge sous l'eau autant qu'au-dessus, et par la presqu'île de Duingt.

Plusieurs torrents viennent y déverser leurs eaux : la Bournette, l'Eau Morte, l'Andan, l'Ise, ainsi que quelques ruisseaux. Ses eaux se déversent dans le Fier par les canaux du Thion, qui traversent la ville d'Annecy.

Les premières explorations ont été faites en 1856 ; mais, par suite de la profondeur de l'eau et de l'accumulation de la vase, il fut impossible de pouvoir étudier la couche archéologique. Depuis cette époque, on a pu reconnaître et explorer quatre stations.

Station du Port. — Elle fut reconnue en 1884, époque à laquelle on fit des travaux pour augmenter la profondeur du port de la ville. Dans le cours de ces travaux, la dragueuse rencontra des pilotis et ramena à la surface des instruments en pierre enfouis dans la vase. Mais malheureusement ceux-ci furent, pour la plupart du moins, rejetés en eau profonde. L'endroit où ils furent trouvés est situé juste à l'extrémité de l'île des Cygnes. Lorsque les travaux furent achevés, l'Administration mit la dragueuse à la disposition de la Société florimontane, qui dirigea alors des fouilles méthodiques dans les diverses stations du lac.

Celles qui furent faites à la Station du Port démontrèrent qu'elle datait de l'âge de la Pierre, mais qu'elle avait subsisté pendant l'âge du Bronze. Les objets qu'on y recueillit consistaient en haches-marteaux perforés, en serpentine (fig. 15 *bis*, nos 8 et 9); en haches polies, en serpentine; en fusaïoles, en pierre; en poignards et pointes de lances en silex,

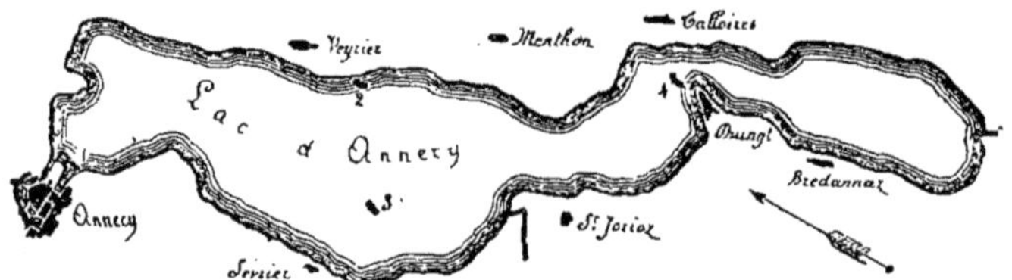

Fig. 15. — Plan du Lac d'Annecy et de ses stations lacustres.
Légende : 1. Station du Port (Pierre). — 2. Station de Vieugy (transition). — 3. Station du Châtillon (Larnaudien). — 4. Station du Roselet (bronze).

admirablement taillés (nos 5, 6, 7); en pointes de flèches (dont une en schiste, n° 10); en scies, grattoirs, etc., également en silex. On ne recueillit que deux objets en métal : une épingle à cheveux en bronze (n° 2), et une perle (n° 3) probablement en cuivre, comme celles de Fénil. Ces deux objets se trouvaient tout à fait à la surface de la couche.

A l'Ile des Cygnes, on a recueilli : 1 casse-tête entier et une moitié à douille, en serpentine; 15 haches polies et 8 débris en roches diverses; 15 fusaïoles, en pierre; de très nombreux silex : lames, scies, grattoirs, pointes de flèches et de lances.

Le Roselet [1]. — La station la plus connue est celle du Roselet, qui se trouve dans la partie étranglée du lac, entre Duingt et Talloires. Le bas-fond, vu des hauteurs, a la forme d'un croissant. Les pilotis sont en chêne, et, dans leurs intervalles, on voit quelques traverses représentant les restes du plancher, qui s'est effondré.

Les fouilles, faites par Revon, en 1860, lui ont permis de recueillir les objets suivants : une moitié de hache polie, en serpentine; une moitié de bracelet en bronze, mince et ouvert, à section circulaire; des meules dormantes en gneiss, usées par le frottement, et plusieurs pierres à broyer,

1. Cet article et toute la fin du chapitre ont été ajoutés par le traducteur d'après Revon, *La Haute-Savoie avant les Romains*, in-4°, 60 pages, avec 180 figures, Paris, 1878.

en quartzite ; des fusaïoles en terre noire, percées au milieu et ornées de lignes, de dépressions, de points.

En fait de poteries, des fragments de grandes jarres, ornées d'empreintes à la ficelle et d'impressions digitales. Celles-ci, en pâte grossière, étaient mélangées à des poteries noires en pâte fine, parmi lesquelles on remarquait une portion de tasse avec anse évidée, puis des fragments de torche-supports, un vase brisé, épais de plus d'un centimètre, hérissé de saillies façonnées avec les doigts, une petite boule en terre cuite, des pierres à polir.

Fig. 15 *bis*. — Lac d'Annecy (1/2 grandeur).

Un lacis de végétaux retenait des noyaux de merisier (*prunus padus*), des noisettes et diverses graines.

Dents et os de plusieurs animaux domestiques tels que bœuf, cochon, etc.

Plusieurs morceaux de l'enduit argileux qui recouvrait les parois des habitations, avec l'empreinte du clayonnage et l'enduit lisse du sol ; ces fragments de terre portent la trace du feu.

Le Châtillon. — Cette station est située à 1.200 mètres en avant du Sévrier, à l'intersection d'une ligne tirée du hameau de Lacombe à Menthon, et d'une autre ligne reliant la tuilerie de Saint-Jorioz avec la pointe de la Puya. Les habitants de la rive opposée l'appellent *Chât'é mâ avza* (château mal avisé). Le bas-fonds a une profondeur de 3^{m} 50 à 4 mètres. Revon y a recueilli les objets suivants, en bronze : un grand couteau à douille, dont la lame ondulée est ornée de points en creux ; deux bracelets ouverts, à oreilles; leur dimension permet de supposer que ce sont probablement des armilles.

Parmi les tessons de poterie, on remarque des fragments de grands vases, dont le col est bordé d'impressions faites à la pointe, au poinçon, à la ficelle ; une assiette à rebords en terre fine ; des moitiés de plats.

Une traverse et des pieux en chêne.

Vieugy. — En face du Châtillon, sur la rive opposée, le Dr Thonion a découvert, en 1868, la station du Vieugy. Elle s'étend en arc de cercle sur une grande longueur, très près du bord dont elle se rapproche même çà et là au point qu'on aperçoit des pieux sous la grève. Elle porte, sur l'ancien cadastre, le nom de Vieugy au lieu dit « *Sous les guerres* », du nom d'un hameau de la commune de Veyrier. La hauteur de la couche d'eau qui la recouvre varie d'un à quatre mètres.

Thonion y a recueilli les objets suivants : une hache plate en bronze ; 7 pierres à broyer, en quartzite et en granite ; 3 meules dormantes en pierre ; des ossements ; des poteries, dont les anses sont tantôt pleines, tantôt évidées.

Revon a retiré avec une pince : des pilotis carbonisés ; des percuteurs en quartzite ; des pierres de foyer ; des poteries grossières, épaisses, à pâte chargée de grains siliceux.

Dans la BAIE D'ANGON, du côté qui regarde le bout du lac, Revon a constaté la présence de quelques gros pilotis commençant à dix mètres du rivage et paraissant occuper un espace restreint.

Le Musée d'Annecy possède tout ce qui a été découvert de plus intéressant dans le lac.

LAC DE CLAIRVAUX (JURA)

AGE DE LA PIERRE

Le lac de Clairvaux est situé sur le premier plateau du Jura, au pied des contre-forts qui le séparent du second plateau, à proximité de Lons-le-Saulnier. Il couvre une superficie de plus de 80 hectares. A son extrémité nord-ouest, se voit une langue de terre qui s'avance dans le lac; on l'appelle la Motte-aux-Magnins. On croit qu'en des temps très reculés, elle fut séparée de la terre et formait une île ; mais aujourd'hui elle se continue avec un sol tourbeux qui s'étend entre la Motte et la ville de Clairvaux.

Avant 1870, dans le cours de travaux de dragage, on avait, à différentes reprises, fait dans ce sol tourbeux quelques trouvailles, telles que des instruments en corne, des haches en silex et en jade, des défenses de sanglier, des fragments de poterie, des haches en bronze, une fibule et une armille, ainsi que des objets gallo-romains, dont une monnaie gauloise en

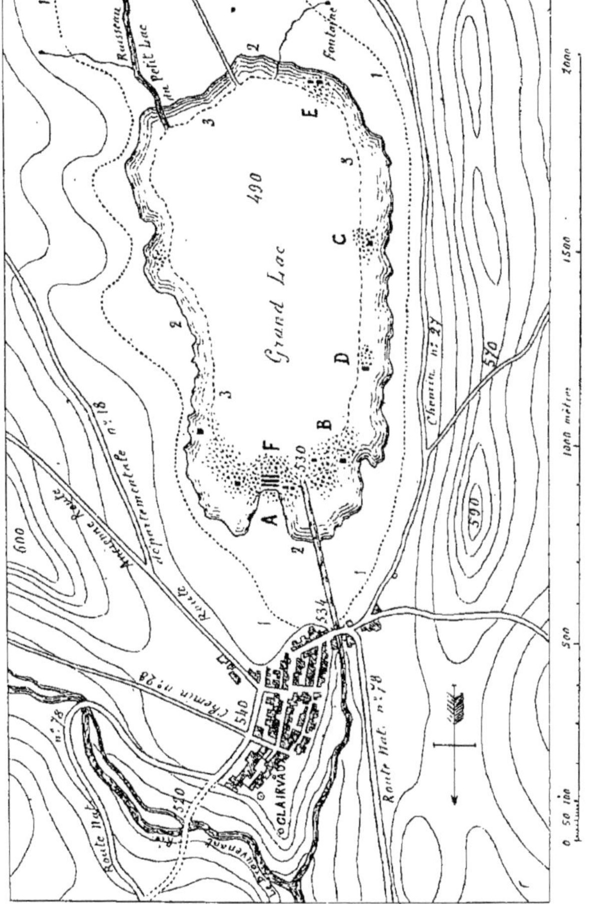

Fig. 16. — Plan du Grand Lac de Clairvaux.

1. Ancien rivage. — 2. Rivage actuel. — 3. Bord de l'eau en juillet 1870. — A. Motte aux Magnins. — B. C. Nombreux pilotis enfoncés dans le sol et visibles à la surface. — D. E. Fouilles improductives sur des emplacements de pilotis. — F. Emplacement des fouilles ayant donné des débris d'industrie.

Les chiffres indiquent en mètres l'élévation du terrain au-dessus du niveau de la mer.

or et des monnaies romaines. Dans le lac lui-même, on n'avait fait aucune découverte, en dehors d'un groupe de cinq pieux, connu des pêcheurs. Mais aucune de ces trouvailles n'avait jamais suggéré l'idée qu'il existait là des habitations lacustres; on croyait généralement que l'on avait affaire à des vestiges druidiques.

Le 27 juin 1870, à l'époque des basses eaux, Le Mire, se promenant sur le rivage, aperçut tout d'un coup la tête d'un pieu noir en chêne. Son attention se trouvant ainsi attirée vers un objet aussi étrange, il examina les environs et en découvrit un grand nombre d'autres qui faisaient saillie du fond du lac. Il voulut alors savoir à quoi s'en tenir à cet égard et fit pratiquer des fouilles en un endroit situé à 100 mètres à l'ouest de la Motte aux Magnins et à 20 mètres environ à l'est du canal servant de déversoir

Fig. 17. — CLAIRVAUX. Nos 5, 7, 15 : 1/4 grandeur ; le reste 1/2.

aux eaux du lac. On fit des tranchées d'un mètre de large et d'à peu près autant en profondeur. Pendant ces travaux, on rencontrait à chaque instant des pieux, mais rien autre; on remarqua alors que la terre extraite n'avait subi aucun changement, qu'elle était constituée par de la dolomie blanche analogue à celle qui forme la berge. Les pieux étaient en chêne, en sapin, en if, en tremble, en saule, en coudrier, et mesuraient de 10 à 15 centimètres de diamètre.

Le Mire abandonna alors cet endroit et fit opérer des fouilles dans la partie méridionale de la Motte aux Magnins. Après avoir traversé une couche de limon blanc de 15 à 20 centimètres d'épaisseur, il tomba sur une tourbe noirâtre, contenant des racines de plantes marines et d'autres débris organiques; c'était la véritable couche archéologique.

Pendant trois semaines, aidé seulement de quelques ouvriers, il pratiqua des fouilles sur une surface de 100 mètres carrés, ce qui, d'après lui, représente la vingtième partie de l'emplacement total de la palafitte. Les pieux n'arrivaient pas jusqu'à la surface; mais, en fouillant, on les rencontrait en très grand nombre, car on n'en compta pas moins de 150.

Parmi les trouvailles qui y ont été faites, les instruments en corne de cerf sont de beaucoup les plus nombreux. Des manches, des gaines pour armes en pierre atteignaient le chiffre de 49. Les deux qui sont représentées ici sont encore munies de leur hache (fig. 17, n°s 6, 8). Il y avait plusieurs marteaux perforés en corne, dont l'un avait conservé une partie de son manche en bois (n° 7) quand on le trouva; un autre avait 38 centimètres de long, il était taillé dans une base de merrain, de sorte qu'un côté, conservant encore la couronne ou meule, formait marteau, et l'autre, aiguisé en taillant, faisait l'office de hache. Un andouiller de 28 centimètres de long a été utilisé comme manche pour un petit ciseau en pierre. Signalons encore une pièce unique en son genre : c'est une plaque de corne de cerf, soigneusement amincie et polie, formant une sorte de coude ou crochet avec un bord aiguisé comme pour servir de tranchant (n° 5).

Les poignards et poinçons en os polis sont d'un beau travail et rappellent presque ceux de Laybach. 26 ont été exposés à Paris en 1889; nous en avons représenté trois, dont le plus grand et le plus petit (n°s 9, 13, 14).

Environ une demi-douzaine de pointes de flèches, triangulaires ou en feuille de laurier, et une ou deux pointes de lances en silex, dont une (n° 2) est remarquable par sa dimension et son élégance.

Des écuelles à fond arrondi, creusées dans un bloc de bois, ont été réunies au nombre de 15, en même temps que de grosses boules sphériques en bois, qui représentaient probablement la première ébauche de leur fabrication. L'une de ces écuelles est représentée ici (n° 15), munie d'une anse très nette. Il y avait aussi des maillets en bois avec un trou pour le manche. Trois fragments d'arc, dont l'un montre très nettement l'encoche à laquelle s'attache la corde. Un essieu de char présente un certain intérêt en ce qu'il prouve qu'à cette époque on connaissait la traction par roues.

Outre quelques haches et ciseaux en pierre, dont la plupart étaient encore dans leur gaine en corne, il y avait quelques couteaux en silex (n° 1), trois pierres coupantes ; deux objets bizarres et nouveaux en pierre polie, dont l'un est représenté ici (n° 10).

La poterie comprend 140 tessons d'écuelles avec des poignées de forme différente et des ornements linéaires.

En fait de bronze il n'y avait que deux objets : un petit poinçon ou ciseau et un poignard très usé (n°s 11, 12).

On ramena environ 150 kilog. d'ossements d'animaux, qui ne purent être déterminés, parce que personne n'avait la compétence nécessaire pour

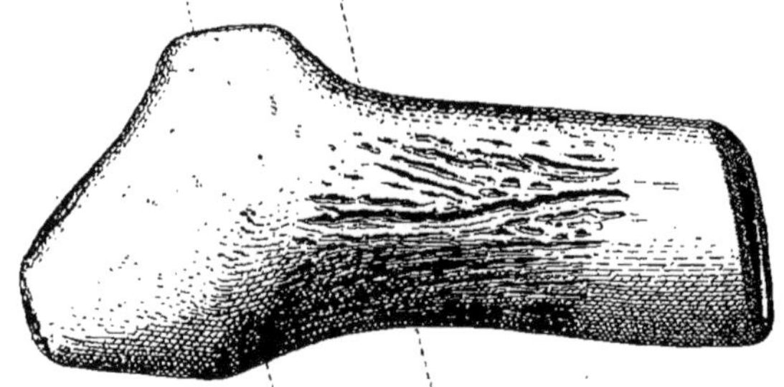

Fig. 18. — Gaine de hache à trou transversal, en bois de cerf. (Musée de l'École d'Anthropologie. 1/2 grandeur.)

cela. D'après Le Mire, ils appartiendraient aux espèces suivantes : bœuf, cerf, sanglier, cochon. On pouvait voir parmi ces ossements un beau spécimen de crâne d'ours.

Les autres substances organiques se composaient de glands et de quelques grains de blé.

En 1897, l'École d'Anthropologie de Paris fit exécuter des fouilles qui permirent de recueillir des débris de vases en bois, des meules et des molettes, quelques silex taillés, une hachette en pierre polie et des tessons de poterie. La pièce la plus intéressante était une gaine de hache, à trou transversal, en bois de cerf, de 165 millimètres de long. L'extrémité du talon porte des traces de percussion [1] (fig. 18).

En 1904, A. Stuer fit pratiquer, avec le concours de Grosjean, des fouilles assez importantes. A une profondeur de 60 centimètres on rencontra des pointes de flèches en silex. Mais il fallut en réalité arriver jusqu'à 1^m 50 pour tomber sur la couche archéologique.

1. Partie ajoutée par le traducteur d'après l'article publié par A. de Mortillet : Palafittes du lac de Clairvaux, *L'Homme préhistorique*, 1905, n° 2.

Voici les principaux objets qui ont été recueillis :

Pierre. — Des retouchoirs, grattoirs (fig. 19), scies. Une très belle lame terminée en pointe, de 14 centimètres de long (fig. 20). D'autres plus grandes sont en silex du Grand-Pressigny.

Fig. 19. — Grattoir en silex. Clairvaux. (Col. Bourdot. 2/3 grand.).

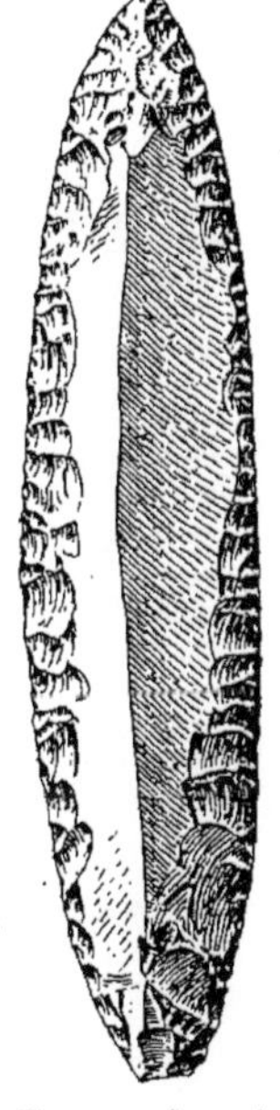

Fig. 20. — Lame de silex retouchée. Clairvaux. (Coll. Bourdot, 2/3 grand.)

Les pointes de flèches affectent la forme de triangles, d'amandes, de losanges.

Les haches, dont la longueur varie de 2 à 12 centimètres, sont en diorite, en éclogite, en jadéite, en chloromélanite, en saussurite. Quelques-unes sont encore dans leur gaine en corne (fig. 21).

Des meules en mollasse, une molette en granite, des percuteurs, des broyeurs en calcaire siliceux local du jurassique supérieur. Un disque aplati avec trou central, ayant pu être utilisé comme casse-tête. Deux pyrites, qui ont pu servir à produire du feu.

Corne. — Des manches d'outils, de nombreuses gaines de hache, dont la majorité appartient aux types à grosse soie carrée et à talon.

Fig. 21. — Hache ou ciseau en pierre polie, fixée dans une poignée en corne de cerf. Clairvaux. (Coll. L. Giraux. 1/2 grand.).

Des haches en corne à trou transversal, dont une emmanchée (fig. 22). Le manche, en bois de coudrier, a 49 centim. de long.

Des pics, des andouillers dont la pointe a été aiguisée, et un certain nombre d'instruments que l'on croit être des navettes. Deux cornes de chevreuil, dont les andouillers ont été détachés et dont les aspérités ont été polies et l'extrémité appointie, qui devaient être employées comme armes. L'une d'elles a 23 centimètres (fig. 23).

A. de Mortillet pense que la grande quantité d'objets en corne qu'on a trouvés à Clairvaux, particulièrement les gaines de hache, est tout à fait hors de proportion avec ce qui était nécessaire pour la consommation locale, et qu'il est probable qu'il y avait en cet endroit un atelier de fabrication d'objets en corne, dont les produits devaient être exportés au loin, dans des régions où le cerf était moins abondant.

Os. — Des ciseaux, des poinçons atteignant jusqu'à 18 centimètres de

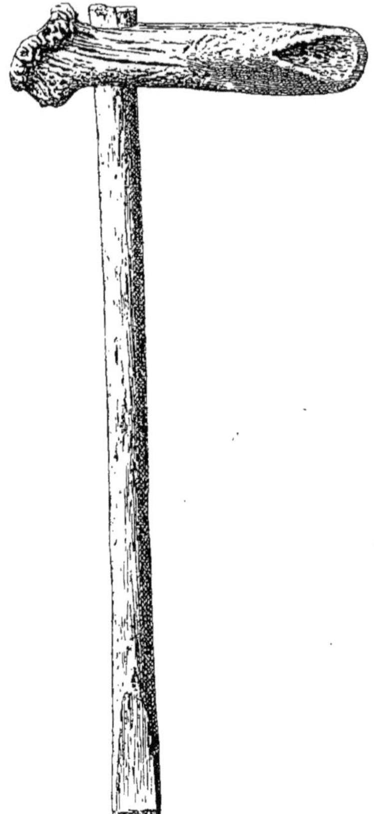

Fig. 22. — Hache en corne de cerf avec son manche en bois. Clairvaux. (Coll. Olivier Costa de Beauregard. 1/4 grand.)

Fig. 23. — Poignard en corne de chevreuil. Clairvaux. (Coll. L. Giraux. 1/2 grand.)

long. Des côtes de bœuf aiguisées. Des incisives de castor, dont le tranchant a été poli, ont pu être utilisées comme gouges.

Poterie. — La pâte en est grossière. On trouve de nombreux tessons, dont quelques-uns portent des mamelons.

Bois. — Des manches d'outils, des vases en bois ; d'énormes loupes qui semblent être des ébauches d'écuelles.

La pièce la plus curieuse est un petit arc ou archet avec entailles aux deux extrémités, d'une longueur de 435 millimètres (fig. 24). Cet instrument a servi probablement d'archet ou arçon pour imprimer un mouvement de rotation à un foret, soit pour percer des trous, soit pour produire du feu par friction.

Fig. 24. — Archet en coudrier. Clairvaux. (Coll. Olivier Costa de Beauregard. 1/4 grand.)

Quelques agitateurs faits d'un tronçon de tige médiane de jeune sapin, au bas duquel rayonnent les branches latérales. Ils servaient probablement à battre la crème.

Des plaques d'écorce de bouleau pour la fabrication de boîtes ou de seaux.

Un pilotis entier mesurait 2m 50 de long.

Parure. — Un boutoir supérieur de sanglier, percé de deux trous ; des canines d'ours avec trou de suspension ; des pendeloques en pierre. La fig. 25 représente trois pendants de collier, qui rappellent les types communs dans les dolmens du Midi de la France, mais qui n'avaient pas encore été trouvés dans les stations lacustres. Le premier a été taillé dans une pierre schisteuse grise, les deux autres dans du carbonate de chaux. On aurait aussi, paraît-il, trouvé un collier en callaïs.

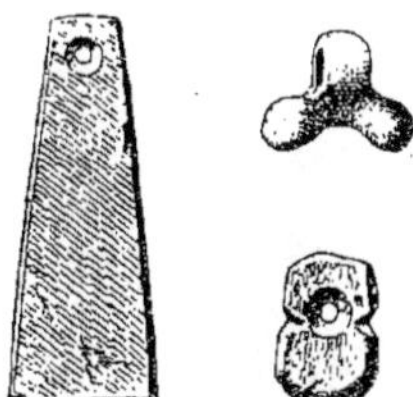

Fig. 25. — Pendeloques en pierre. Clairvaux. (Coll. Bourdot. Gr. naturelle.)

Aliments. — Fruits et graines cités plus haut, mais, en plus, des pommes sèches coupées en deux.

LAC DE CHALAIN (JURA) [1]

AGE DE LA PIERRE

Le lac de Chalain ou Châlin est situé sur le bord est de la Combe d'Ain, à un peu plus de 10 kilomètres de celui de Clairvaux, à une altitude de 525 mètres. Il déverse ses eaux dans l'Ain.

1. Cet article a été ajouté par le traducteur, d'après les données publiées par A. de Mortillet : Palafittes du lac de Chalain, in *L'Homme préhistorique*, 1906, nº 3.

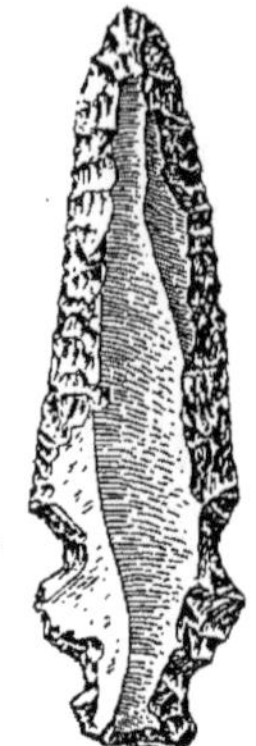

Fig. 26. — Lame de poignard ou pointe de lance en silex du Grand-Pressigny. Chalain. (Coll. Bourdot. 1/2 gr.)

L'existence d'habitations lacustres y fut soupçonnée par Girardot en 1889, mais ne fut constatée qu'en 1904, époque à laquelle, le niveau des eaux ayant été abaissé de 3 mètres, on put apercevoir les pilotis, qui dépassaient le blanc fond de plusieurs décimètres.

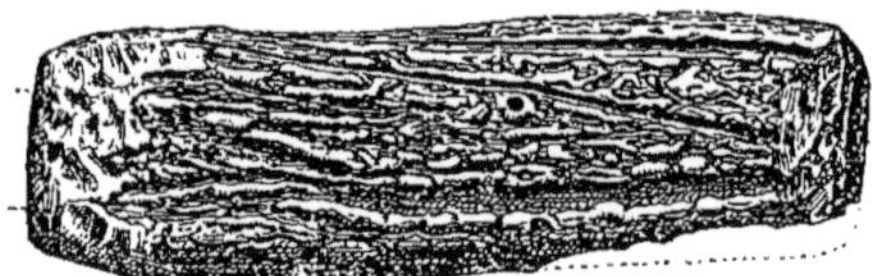

Fig. 27. — Poignée en corne de cerf. Chalain. (Coll. Bourdot. 1/2 gr.)

Pilotis. — La majorité des pieux est en chêne. Leur longueur est de 2 à 7 mètres. Ils sont répartis sur un espace de plus de 2 kilomètres de long, en formant des groupements, isolés les uns des autres, de manière à constituer de véritables îlots. Chacun d'eux portait une habitation. En différents endroits, des rangées de pieux, rejoignant le rivage, dénotent l'existence de passerelles. Certains pieux portent des mortaises.

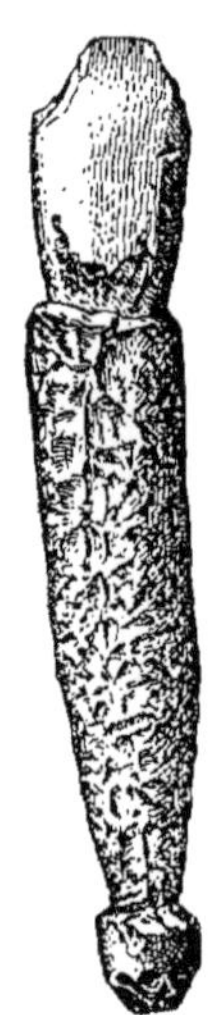

Fig. 28. — Poignée en corne de cerf avec hachette en pierre polie. Chalain. (Coll. Bourdot. 1/2 grand.)

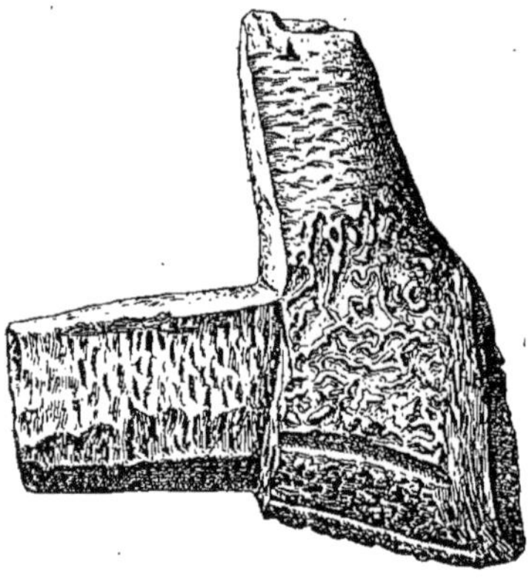

Fig. 29. — Ébauche de gaine à talon en corne de cerf. Chalain. (Coll. Bourdot. 1/2 gr.)

Couche archéologique. — Elle est située à une certaine profondeur ; sa couleur est noirâtre, son épaisseur de plusieurs décimètres. Elle est constituée par une agglomération de détritus de toute sorte.

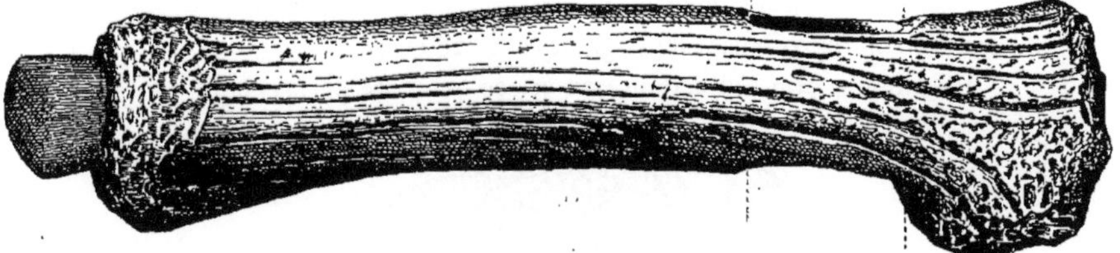

Fig. 30. — Gaine à trou transversal en corne de cerf, avec hache en pierre polie. Chalain. (Coll. Bourdot. 1/2 gr.)

Les objets recueillis ont été trouvés, les uns dans cette couche, les autres à la surface même de la craie lacustre.

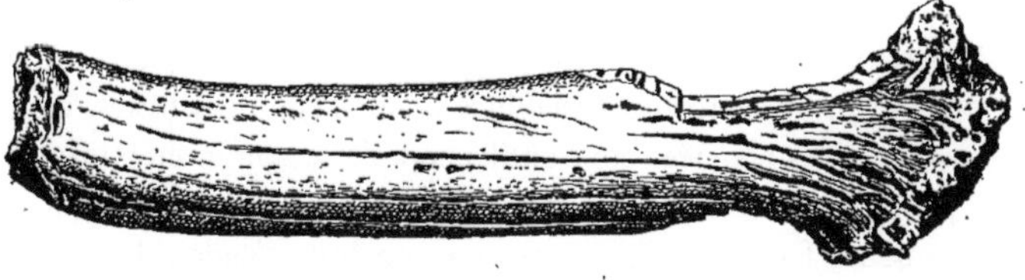

Fig. 31. — Ébauche de gaine à trou transversal en corne de cerf. Chalain. (Coll. Bourdot. 1/2 gr.)

Pierre. — Silex taillés : pointes de flèches, pointes de lances, poignards, scies, grattoirs, lames et éclats. Quelques pièces sont en silex du Grand-Pressigny, d'où elles ont été apportées toutes fabriquées. L'une d'elles est remarquable. C'est une lame de poignard ou pointe de lance de 115 millimètres de long, dont la base porte quatre coches destinées à faciliter son emmanchement (fig. 26).

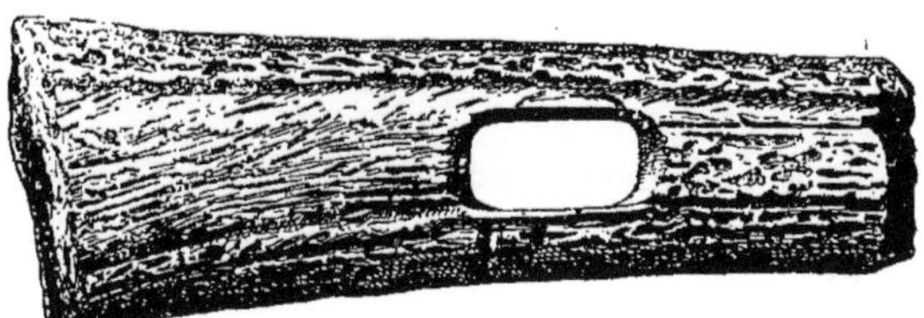

Fig. 32. — Gaine à trou transversal en corne de cerf. Chalain. (Coll. Bourdot. 1/2 gr.)

Haches polies en roches diverses. Celles trouvées sur le blanc fond sont seules de grande dimension.

Ciseaux en pierre polie. Un certain nombre de ceux-ci, ainsi que de haches, sont encore dans leurs gaines (fig. 28 et 29).

Percuteurs, dont un certain nombre en quartzite purbeckien.

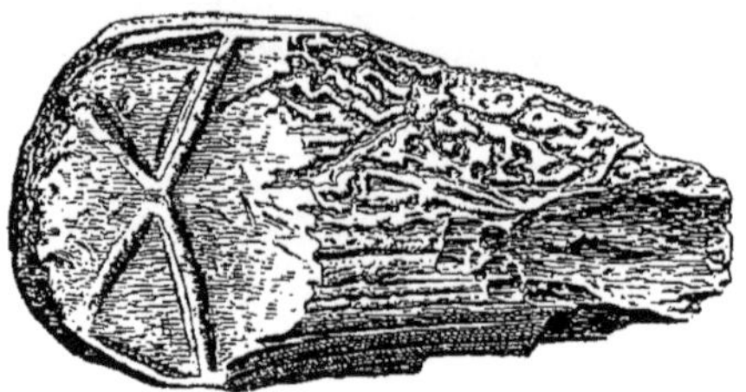

Fig. 33. — Côté.

Polissoirs, aiguisoirs, broyeurs, molettes, meules et pierres diverses, soit en grès, soit en roches cristallines (gneiss, chloritoschistes, etc...).

Corne. — Des poignées pour outils, dont deux sont intéressantes. L'une était perforée à ses deux extrémités, de façon à pouvoir insérer un outil à chaque bout (fig. 27). L'autre est un morceau d'andouiller, qui a été retaillé sur toute sa surface, il se termine par une sorte de pommeau,

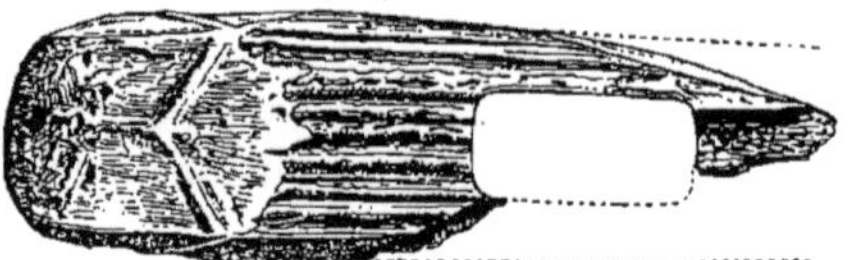

Fig. 34. — Dessous. Fragment de gaine à trou transversal, en corne de cerf, ornée. Chalain. (Coll. Bourdot. 1/2 gr.)

destiné soit à la suspension, soit à retenir la main. L'autre extrémité se termine par une douille, dans laquelle est insérée une petite hache en eclogite (fig. 28).

Des gaines de haches très nombreuses, de tous les types connus : à soie avec et sans talon (fig. 29), à fourchette, à trou transversal (fig. 30). Un spécimen de ces dernières est très remarquable. Il mesure 25 centimètres de long et porte une belle hachette en jadéite translucide (fig. 30). La fig. 31 nous montre une ébauche de gaine taillée dans un merrain d'un faible diamètre qui permet de se rendre compte de la façon dont le travail s'operait. A. de Mortillet nous en fait la description suivante : « Une des extrémités conserve les entailles à l'aide desquelles on a détaché la corne du frontal et enlevé l'andouiller basilaire. A l'autre bout, le merrain a été coupé, tout autour, puis cassé, mais on n'y a pas encore creusé la douille devant recevoir la hache, ce qui prouve que, dans le modèle à œil, comme dans celui à soie, ce travail se faisait tout à fait à la fin. Quant au forage du trou destiné au manche, s'il n'est pas terminé, il est du moins préparé, et c'est en cela que cette pièce est curieuse. Il y a, sur les deux côtés, enlèvement de matière. On observe au-dessus et au-dessous des traces successives de sciage, disposées en gradins. A la partie supérieure, des incisions, dessinant un rectangle, indiquent sur une surface plane, ménagée à cet effet, l'emplacement et la forme du trou ; le creusement du trou a même été commencé, mais, pour des raisons qui nous échappent, on a presque aussitôt renoncé à le continuer. »

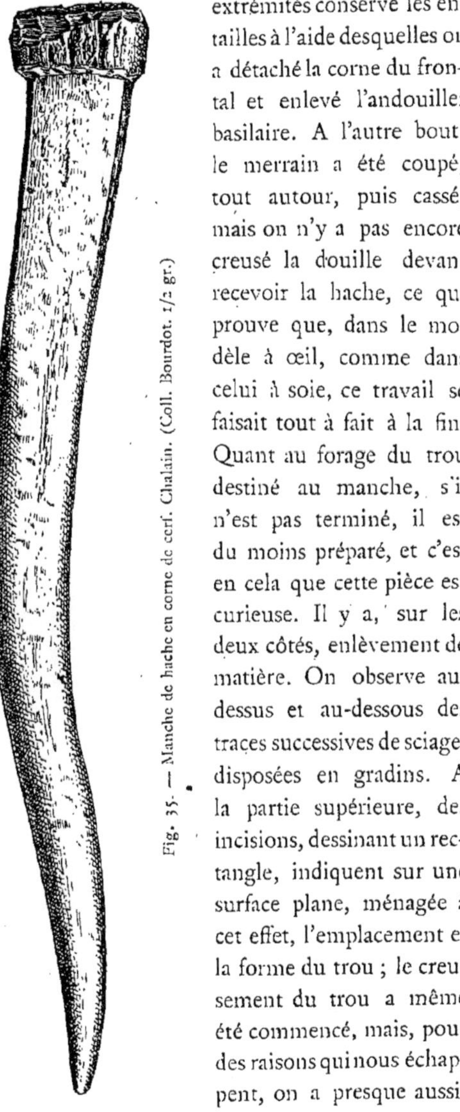
Fig. 35. — Manche de hache en corne de cerf. Chalain. (Coll. Bourdot. 1/2 gr.)

Fig. 36. — Gaine en corne de cerf avec son manche en bois. Chalain. (Coll. Bourdot 1/4 gr.)

La fig. 36 représente une gaine à trou transversal, qui offre cette particularité, c'est que la surface de la corne est lisse et polie au lieu d'être rugueuse. Son manche en bois blanc a 58 centimètres de long.

Fig. 37. — Pendeloque en cornillon de cerf.

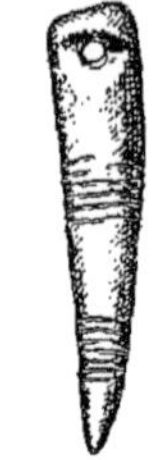

Fig. 38. — Pendeloque en cornillon de cerf.

Fig. 39. — Incisive de porc avec commencement de trou.

Chalain. (Coll. Bourdot. 1/2 gr.)

Une autre pièce du même type constitue un spécimen unique, c'est une gaine d'herminette dont l'instrument qu'elle portait n'avait pas son tranchant dans le même plan que l'axe du manche (fig. 32).

Des haches et des haches-marteaux à trou transversal.

Fig. 40. — Poinçon en os avec poignée en corne de cerf.

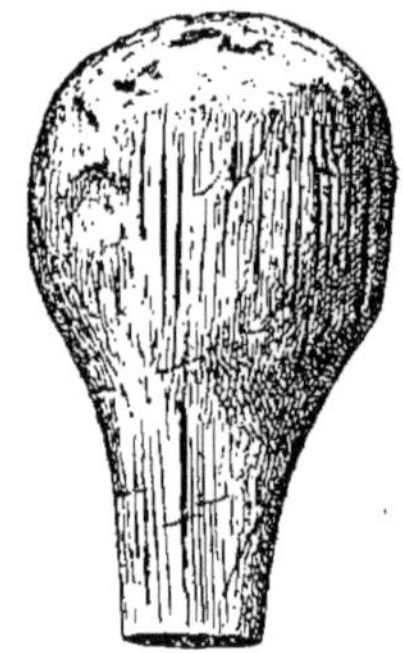

Fig. 41. — Tête de massue en bois.

Chalain. (Coll. Bourdot. 1/2 gr.)

On constate des traces de sculpture sur un fragment de gaine, ce qui est une rareté pour l'époque. Sur chacune des deux faces latérales, on voit une espèce de croix de Saint-André (fig. 33), et, sur la face inférieure, une figure du même genre, mais un peu plus compliquée, qui semble représenter un bonhomme avec les bras et les jambes écartés (fig. 34).

Des sommets de casse-têtes, des pioches.

Des manches, dont quelques-uns pouvaient recevoir une gaine de hache (fig. 35).

Des navettes. Des pointes d'andouillers taillées et polies à leur extrémité pour servir de poinçons et de ciseaux.

Des pendeloques, faites avec des pointes d'andouillers (fig. 37, 38).

Os. — Poinçons faits avec des canons de ruminants, l'un d'eux dans sa gaine en corne (fig. 40). Des ciseaux fabriqués avec des fragments d'os longs. Des côtes aiguisées pour former des dents de peignes.

Des pendeloques, percées de trous de suspension, formées de dents de divers animaux. Une incisive supérieure de porc ou de sanglier présente une dépression, indiquant le commencement d'un travail de perforation, qui n'a pas été achevé (fig. 39).

Bois. — Des manches d'outils et d'armes plus ou moins complets.

Le sommet d'un casse-tête globulaire (fig. 41). Des fragments d'arcs. Des vases.

Une pirogue, qui est au Musée de Lons-le-Saunier. Elle est en chêne et mesure 9^{m} 35 de long, 70 à 80 centimètres de largeur et 40 de profondeur.

Poterie. — Tessons en pâte grossière. Fusaïoles.

Tissus. Vannerie, etc. — Lambeaux d'étoffes en filasse et en cordelettes de lin, dont quelques-uns portent des franges. Des pelotes de fil de lin, des bouts de ficelle et de corde, des rondelles de sparterie.

Animaux. — On a pu déterminer les suivants : ours, blaireau, loutre, castor, sanglier, cerf, chevreuil et quelques oiseaux. Parmi les espèces domestiques : chien, cheval, bœuf, chèvre, peut-être le mouton et le porc.

On a constaté aussi la présence du grand bœuf quaternaire, le *Bos primigenius* [1]. Il est représenté par un axe osseux de corne avec portion du frontal.

Végétaux. — Noisettes, glands ; pommes et poires desséchées ; orge à 6 rangs et à 2 rangs ; pavot œillette, lin.

1. E. Hue, note dans *L'Homme préhistorique*, 1908, n° 5.

CHAPITRE III

STATIONS DE LA SUISSE ORIENTALE, DE LA VALLÉE DU DANUBE, DE LA CARNIOLE ET DE BOSNIE.

I. — SUISSE ORIENTALE

Les stations lacustres que nous venons de passer en revue étaient toutes situées, à une ou deux exceptions près, sur le bord de grands lacs, et les vestiges d'industrie, qu'on y a trouvés, étaient plus ou moins enfouis dans le limon du lac. Mais il n'en est pas toujours ainsi, comme nous l'avons vu pour Wauwyl et comme nous le verrons plus loin en étudiant les différentes conditions que l'on peut rencontrer.

Lorsqu'on examine attentivement les phénomènes de la nature on remarque que, sous l'influence de certaines causes bien déterminées, les parties peu profondes des lacs sont peu à peu envahies non seulement par l'accumulation des débris qui y sont apportés par les rivières et les grandes pluies, mais aussi par le développement des dépôts tourbeux qui se fait sur les bords. Ceci se voit surtout dans les petits lacs, si bien que plusieurs d'entre eux ont complètement disparu, parce que leur cuvette a été comblée. Bien que le développement de la tourbe soit lent et presque impossible à observer, car la vie d'un homme est généralement trop courte pour pouvoir suivre et constater la progression d'après laquelle se fait cette formation, néanmoins elle a été l'adversaire le plus terrible qu'aient rencontré les Lacustres, car elle a détruit précisément le caractère lacustre de leurs habitations et les a obligés à les abandonner. Dans quelques endroits, la tourbe a englouti des villages entiers par l'accumulation de débris organiques, qui englobaient dans leur masse les vestiges d'industrie, les mettant ainsi à l'abri de toute espèce de cause d'altération. Des cités, des empires puissants ont été fondés, ont été florissants, puis ont disparu sans laisser à la postérité la moindre trace de leur existence, comme des fleurs qui se sont épanouies sans que personne ait jamais pu en admirer l'éclat. Tel aurait pu être le destin de beaucoup de ces villages sur pilotis, malgré les conditions si favorables à leur conservation, si le hasard d'une exploitation de tourbe n'avait pas fait découvrir les trésors enfouis si depuis longtemps. Ces remarques peuvent s'appliquer à la station célèbre de Robenhausen, dont nous allons nous occuper.

LAC DE PFÄEFFIKON (Pfäfikersee)

(CANTON DE ZURICH)

AGE DE LA PIERRE

Stations : Robenhausen, Irgenhausen, Himmerich, Riedbühl.

Robenhausen. — Cette station si connue, qui a fourni des objets lacustres à presque tous les musées d'Europe, se trouve à peu près au milieu d'une vaste prairie située au sud du lac. Bien que son emplacement soit actuellement à plusieurs centaines de mètres du lac, il est évident qu'à l'origine il était complètement entouré par les eaux et séparé du rivage par une distance de 1.800 mètres à l'ouest et de 2.700 à l'est. Une passerelle, dont on a retrouvé les traces, reliait la station au rivage. L'herbe de la prairie recouvre un épais dépôt de tourbe, qui est utilisé comme combustible, et il suffit d'un simple coup d'œil pour reconnaître que tout le pâturage qui n'est aujourd'hui qu'une masse de tourbe était autrefois occupé par les eaux.

En 1857-58, Jacob Messikommer, qui était propriétaire d'une partie de cette tourbière, y découvrit des vestiges de pilotis. Quelques années après on fit des travaux de creusement qui permirent d'élucider certains points restés obscurs et de faire de superbes récoltes.

L'emplacement occupé par la station avait la forme d'un quadrilatère irrégulier, d'environ 42.000 mètres carrés. Les pieux étaient formés de tiges rondes ou refendues, provenant de différents arbres, principalement de chênes, de hêtres et de pins. En supposant qu'ils aient été tous plantés à égale distance, on a calculé qu'il aurait fallu employer 100.000 pieux pour construire le village.

Après avoir traversé une couche de tourbe de 1^m 50 à 1^m 80 on ne rencontra que les pieux, dont les extrémités atteignaient presque la surface. Les excavations, ainsi faites, se remplissaient immédiatement d'eau, la couche archéologique se trouvant au-dessous du niveau du lac.

A mesure que le travail de creusement s'avançait, Messikommer fit cette remarque très importante que l'on pouvait distinguer trois séries de pieux, correspondant à trois couches archéologiques distinctes.

La première série pénétrait dans le blanc fond de 3 mètres à 3^m 30 au-dessous du niveau actuel. Immédiatement au-dessus de ce calcaire, on arrivait sur un lit de tourbe grisâtre de 10 à 12 centimètres d'épais., contenant quelques objets. Puis venait une couche de charbon, avec du blé, de l'orge et des tissus carbonisés, indices de l'incendie général qui détruisit toute la cité. Après cette catastrophe, on éleva de nouvelles constructions, dont le pilotis était si serré qu'on pouvait compter trois ou quatre pieux par dix centimètres carrés. La nouvelle cité semble avoir été florissante pendant un temps assez long, car on peut en évaluer approximativement la durée en se basant sur l'épaisseur du dépôt de tourbe, qui a près de 90 centimètres d'épaisseur et qui renferme une grande variété d'objets, tels que poterie, ossements, portions de planchers en argile, etc... Puis venait une seconde couche de matières brûlées, telles que : blé, fruits, pain, et les instruments en pierre habituels ; ce qui prouvait qu'il y avait eu un second incendie. Malgré cela, les Lacustres ne s'étaient pas découragés et ils avaient reconstruit encore une fois leurs habitations. Cette troisième série de pilotis se distinguait des autres en ce qu'ils n'étaient pas aussi profondément enfoncés que les précédents. Tandis que les pieux des premières palafittes pénétraient jusque dans le calcaire lacustre, ceux de la troisième série s'arrêtaient dans la couche de débris, à 75 centimètres du fond. En revanche, leurs têtes s'élevaient beaucoup plus haut dans la tourbe et arrivaient presque jusqu'à la surface actuelle. En outre, on constata que seuls les pieux de la troisième série avaient été refendus, tandis que ceux des deux premières étaient ronds et beaucoup plus altérés. On remarqua également que le dépôt de tourbe d'une épaisseur de 75 centimètres, qui correspondait à la durée de la troisième cité lacustre, contenait des objets divers mais pas de traces d'incendie, tandis qu'au-dessus la tourbe ne renfermait aucun vestige d'industrie humaine. Il semblerait donc que les Lacustres ont volontairement abandonné leur cité, soit en raison de l'envahissement de la tourbe, soit parce qu'ils ont été chercher ailleurs des conditions d'habitation plus con-

Pl. 15. — Robenhausen. Nos 12, 13, 14, 16 à 22 et 24 : 1/4 gr. No 23 : 1/8. No 26 : 1/10
Le reste : 1/2.

fortables et plus en rapport avec l'état de leur civilisation, qui se développait de plus en plus.

D'après le groupement particulier des objets et leur distribution dans certaines zones, Messikommer conclut que, tandis que chaque cabane avait son aménagement spécial qui comprenait le foyer, les meules, les pierres à aiguiser, les matériaux de tissage; d'autres objets avaient leur place réservée ailleurs. C'est ainsi qu'on a trouvé de grandes quantités de blé réunies dans un endroit, des fruits secs dans un autre, du lin dans un troisième, etc... Il apprit également à reconnaître, d'après la nature de la litière employée et les excréments des animaux, le lieu exact où se trouvaient les étables pour le bétail, pour les moutons, et les soues à cochons, qui, selon lui, étaient placées dans les intervalles séparant les habitations humaines. On trouva une grande quantité d'arêtes et d'écailles de poissons, de fruits séchés, de châtaignes d'eau, de faînes, de noisettes, de glands et d'autres vestiges d'alimentation. Parmi les restes d'industrie les plus intéressants, nous citerons les suivants :

Bois. — Un arc, en bois d'if, d'une longueur de 1^{m} 50, portant à ses deux extrémités l'encoche pour la corde; un autre exemplaire n'a que 1 mètre de long. Une grande écuelle, en forme de *tub*, de près de 40 centimètres de diamètre, ainsi que des grandes cuillers de formes variées. Un joug pour le bétail, fait avec des branches de coudrier. Une grande porte disposée de façon à tourner sur un pivot, et mesurant 1^{m} 45 de long sur 75 centimètres de large et 37 millimètres d'épais. Un bateau de 3^{m} 60 de long, 75 centimètres de large et 125 millimètres de profondeur. Toute une collection de manches, de couteaux (pl. 15, n° 15), de casse-tête (n° 26), d'écuelles, de crochets de suspension, etc...

Corne et os. — Des emmanchures pour haches en pierre et ciseaux (n°s 8, 9); des poignards, ciseaux, haches-marteaux perforées (n° 12), pointes de flèches (n° 2), instruments aratoires, petite coupe (n° 7).

Pierre. — Les haches en néphrite sont rares, mais celles en d'autres substances sont très abondantes (n° 23), quelques-unes sont perforées; des scies en silex dans leur manche; des marteaux (n° 10); des pendeloques (n° 3); un disque poli et percé à son centre d'un trou rond (n° 13); des pointes de flèches et grattoirs en silex (n° 1); deux petits objets perforés en grès rouge, percés d'une série de trous.

Poterie. — Des coupes, des cuillers et différentes sortes de vases en terre (n°s 14, 16, 17). Le numéro 18, à base conique, exige une torche-sup-

Pl. 16. — Robenhausen. 2/3 gr.

port. Plusieurs creusets en pâte grossière, avec une poignée (n° 22). Les premiers qu'on trouva furent pris pour de grandes cuillers, mais ensuite on découvrit dans leur pâte des traces de cuivre, ce qui permit de reconnaître leur véritable destination. Ces creusets furent recueillis quelques années après la découverte des palafittes, et bien que Messikommer fût constamment à la recherche d'objets en métal, ce ne fut qu'en 1882 qu'il finit par trouver une petite hache plate en cuivre ; mais comme elle était au milieu des terres extraites, on ne put savoir à laquelle des trois stations elle appartenait. En 1884, Messikommer annonça qu'il venait de trouver dans la couche de débris correspondant à la seconde série de Robenhausen, un creuset, qui avait été utilisé.

Le 4 octobre 1884, en faisant une fouille dans la partie vierge de la palafitte, Messikommer trouva à la surface de la tourbe, près des têtes de pieux, une hache plate en bronze (n° 11). Il est évident d'après cela que la station de Robenhausen appartient à la fin de l'âge de la Pierre, juste avant que l'usage du bronze ne devînt général.

Matériel de tissage. — Une très grande quantité de cordes en fil de lin, de pelotes de fil, de bouts de rubans, d'étoffes de différents tissages, des filets de pêches, des filets pour la coiffure, des bordures plissées, des franges, des nattes (pl. 16). Des poids pour tendre le tissage sur le métier (pl. 15, n°s 20, 21), des bobines en argile, mais, fait bizarre, c'est tout juste si l'on trouva quelques fusaïoles.

On n'a pas pu déterminer d'une façon précise la couche où étaient enfouis tous ces objets. Mais, en 1882, quand le niveau des eaux baissa, on put explorer la couche archéologique inférieure et l'on y fit des trouvailles semblables aux précédentes. Messikommer s'appuya sur ces faits pour affirmer, en 1882, que tous les procédés de tissage étaient connus, dès le début des habitations lacustres de Robenhausen.

La troisième couche de la station a fourni très peu de tissus ou de fil, probablement parce que la cité de cette époque ne fut pas détruite par le feu, car alors la carbonisation des matières en question les aurait préservées de la destruction. D'autre part, on a recueilli des instruments en jade, une pointe de flèche en néphrite, 60 graines et fruits. Parmi ces derniers, nous citerons la châtaigne d'eau (*trapa natans*), parce qu'aujourd'hui elle ne pousse plus dans la région.

Irgenhausen. — Cette station est située à une demi-heure de marche, à l'est de Robenhausen. Elle suit le rivage sur une longueur d'environ 90 mètres et seulement sur une largeur de 10 mètres. Les objets qu'on y trouva présentent les mêmes caractères que ceux de Robenhausen; ce qu'on y voit de plus remarquable, ce sont des tissus brodés et de la mousseline à carreaux. Messikommer croit qu'il n'y avait à cet endroit qu'une seule rangée de cabanes. Presque tout l'emplacement de la station a disparu dans les profondeurs du lac et échappe désormais à toute investigation. Il ne reste plus maintenant qu'un trou béant à l'endroit où l'on voyait les vestiges de la palafitte. Ce phénomène est loin d'être rare dans les lacs suisses, ainsi qu'on l'a vu pour le lac de Zug, qui a englouti non seulement la palafitte préhistorique, mais aussi une grande partie de la ville moderne.

Himmerich. — Cette station est située sur le bord du marais tourbeux, au sud du lac. Son étendue est de 40.000 m². On y a trouvé des pieux de 1 à 2 mètres de long, des haches en pierre, des pointes de flèches en quartz et en silex, des meules, des pierres à aiguiser et de la poterie [1].

Riedbühl. — C'est un îlot d'une surface de 20.000 m², situé à l'ouest de Robenhausen. On y a trouvé de nombreux objets d'industrie, indiquant qu'il a été occupé par les Lacustres.

EGELSEE (PRÈS FRAUENFELD)

(CANTON DE THURGOVIE)

AGE DU BRONZE

Niederwyl. — Cette station est située dans un petit bassin, dont la superficie ne dépasse pas 24 mille mètres carrés environ. Bien qu'aujourd'hui il soit comblé par de la tourbe, il est évident qu'autrefois il était occupé par les eaux, ainsi que son nom l'indique. Immédiatement au sud s'ouvre une vallée dont il n'est séparé que par une étroite bande de terre, dans laquelle les propriétaires firent exécuter des travaux de creusement, pour assurer le drainage et faciliter l'extraction de la tourbe. A un moment donné les ouvriers arrivèrent vers le centre du bassin et constatèrent que l'épaisseur de la tourbe allait en diminuant de plus en plus, et à mesure qu'ils s'avançaient ils s'aperçurent qu'ils se trouvaient sur une éminence entièrement submergée dans la tourbe et formée d'argile, de poutres en bois, de pierres et de toutes sortes de débris. A son sommet, la tourbe n'avait pas plus de 60 à 90 centimètres d'épaisseur, tandis qu'au-

1. Articles ajoutés par le traducteur.

tour celle-ci atteignait 2^{m} 50 à 3 mètres. Les ouvriers se bornèrent à enlever la tourbe qui recouvrait cette éminence, qui resta ainsi dénudée jusqu'au jour où le hasard conduisit Pupikofer dans cet endroit et lui en fit reconnaître l'importance archéologique. La Société historique de Thurgovie chargea alors Messikommer d'y faire des fouilles. Celui-ci trouva une substruction formée de fagots placés transversalement au milieu de pieux verticaux, qui étaient enfoncés dans le fond primitif du lac. Heureusement l'éminence n'avait pas été tout à fait dépouillée de tourbe et Messikommer put choisir un endroit vierge pour y faire de nouvelles fouilles. Il en publia ensuite les résultats dans un Rapport, dont nous allons reproduire quelques extraits :

« Quand je commençai les fouilles, je fus surpris de trouver, sous un revêtement d'argile et de graviers de 5 à 10 centimètres d'épaisseur, une construction faite de fagots régulièrement disposés et très solides. La partie supérieure était formée de poutres refendues ou de planches de chêne, reposant sur des poutres rondes ou des fagots composés de rondins de 8 à 10 centimètres de diamètre, entourés de pieux. La partie postérieure de cet espace était recouverte de charbon ou de matières carbonisées ; on y trouvait aussi des dalles de pierre (pierres de foyer), dans leur position primitive. Ce qu'il y avait de plus intéressant à noter c'est que la partie inférieure de la paroi latérale était encore debout ; elle consistait en une sorte de clôture que l'on avait fait pénétrer entre les pieux verticaux, qui entouraient tout l'espace.

« On fit ensuite des fouilles dans un autre endroit, pour se rendre compte de la façon dont les substructions étaient construites. On fit encore là des constatations très intéressantes. A 30 centimètres au-dessous de la première plate-forme, on arrivait sur une seconde, puis sur une troisième, sur une quatrième et ainsi de suite, de sorte que leur disposition ressemblait tout à fait à celle de Wauwyl. Les cabanes étaient placées sur un amas de bois, formé de cinq ou six plates-formes, placées les unes au-dessus des autres et séparées par des branchages, des joncs, du gravier et de l'argile. Nous avons été assez étonnés de trouver, entre les plates-formes, des os, des cônes en terre à poterie et un grand maillet en bois ; sous la cinquième plate-forme, nous avons trouvé des matières tissées et du charbon tout à fait sur le fond du lac. Je conclus de ces faits que les plates-formes n'ont pas été construites à la même époque, mais à différents intervalles et l'une après l'autre, ou qu'elles ont été réparées partiellement à un moment donné, car nous avons trouvé des poutres carbonisées sous du bois intact. »

« Chaque construction paraît avoir été le support d'une seule cabane, car entre chacune d'elles était réservé un espace étroit, rempli de débris de toutes sortes, tels que haches cassées, étoffes, fruits carbonisés, etc.

« Il n'est pas possible d'admettre que la station ait été détruite par le

Fig. 42. — NIEDERWYL. N°s 5, 6, 7 : 1/6; n° 10 : 2/3 ; le reste : 1/3 gr.

feu ; car, bien qu'on ait rencontré quelques poutres brûlées, on ne peut relever aucune trace d'incendie sur les pieux verticaux, qui dépassaient le plancher de 75 centimètres, et qui même étaient encore pourvus de leur écorce en excellent état de conservation.

« La poterie était en général très grossière ; cependant nous avons trouvé quelques tessons, qui portaient des ornements, ainsi que des rebords de vases faits avec de l'argile lavée et débarrassée de toute trace de quartz. On a aussi trouvé des fragments de vases, à glacé noir, avec des anses de forme agréable. Pas de petits objets tels qu'épingles, ciseaux, etc... Il est assez bizarre qu'on ait rencontré aussi peu d'ossements ; les seuls animaux dont on ait trouvé des restes sont la vache, le cerf et le porc.

« Au fond d'un vase en terre cassé, on a recueilli des grains de blé, d'orge et des noisettes. Évidemment les aliments, végétaux ou animaux, étaient conservés dans des vases en terre. »

Messikommer s'est toujours attaché à essayer d'évaluer la dimension des cabanes et leur destination. Il est arrivé ainsi à établir que chacune avait 7^{m} 30 de long sur 5^{m} 50 de large. Sur le plancher de ces habitations, on trouvait encore des restes d'industrie et d'aliments en état de conservation aussi parfaite que s'ils venaient d'être abandonnés. D'après lui, chaque cabane possédait non seulement son mobilier domestique propre, mais aussi ses meules à moudre le grain et ses métiers à tisser etc...

La station couvrait une surface de 1.860 mètres carrés et, à l'époque où elle était entourée d'eau, elle était éloignée du rivage de 30 à 40 mètres.

Les vestiges d'aliments ou d'industrie qu'on a recueillis consistent en : blé, orge, lin, galettes de pain, outils en bois, poids en argile (fig. 42, n° 3), haches en pierre (n°s 7, 8), scies (n° 1) et grattoir en silex ; une très remarquable cruche, munie d'une anse (n° 6) ; une autre en terre noire avait été réparée avec de l'asphalte. Une plaque d'écorce de bouleau (n° 10) portait des traces très nettes de sciage. Elle est au Musée de Zurich ainsi qu'une hache-marteau perforée, en pierre, dont la forme rivalise d'élégance avec celles de Scandinavie (n° 9).

Messikommer conclut que le *fagotis* [1] de Niederwyl date des premiers temps de l'âge du Bronze, car il a trouvé un morceau de bois de chêne, qui porte des entailles qu'il aurait été impossible de faire avec des instruments en pierre. Il émet en outre l'opinion que, partout où l'on rencontre des pieux ou des poutres en chêne refendues, on peut affirmer que la station appartient à la première période de l'âge du Bronze.

1. Nous pensons que l'on aurait tout avantage à désigner ainsi ces constructions très spéciales, que les Allemands appellent *Packwerkbau*. (*Note du traducteur*.)

RIEDSEE (CANTON DE THURGOVIE)

AGE DE LA PIERRE

Près du bassin d'Egelsee, et, séparé de lui par une douzaine de pas environ, est située une autre petite tourbière, qu'on appelle Riedsee, dans laquelle on a trouvé des vestiges d'une palafitte. Depuis quelque temps, on retirait de la tourbe des tessons de poterie, des haches en pierre, des cornes et ossements de divers animaux. En août 1884, Messikommer découvrit le pilotis, en même temps que le mobilier habituel de l'âge de la Pierre. La superficie de cette palafitte était bien restreinte, car elle ne mesurait que 12 mètres sur 9. Elle se trouve en bordure de la tourbière et les objets gisent à 30 centimètres au-dessous de la surface. Parmi ceux-ci, on remarquait un petit plat ou couvercle en terre, orné de quatre saillies et de plusieurs lignes de pointillés (n° 2) ; plusieurs ustensiles en bois, à toutes les différentes étapes de leur fabrication ; des manches entiers pour haches en pierre, des cornes travaillées, etc... On trouva également un creuset semblable à ceux de Robenhausen.

Parmi les restes osseux, on recueillit des fragments d'un crâne d'urus, portant encore le noyau de chaque corne, puis du bison, du cerf, du bœuf, du porc, de la chèvre, etc...

GREIFENSEE (CANTON DE ZURICH)

AGE DE LA PIERRE

Pendant l'hiver de 1865-66, époque des basses eaux, Messikommer découvrit l'emplacement d'une palafitte dans le Greifensee, près de Riedikon. Il reconnut qu'elle était de peu d'importance, car il n'y trouva que peu d'objets : quelques haches en silex et en pierre, des tessons de poterie, des coquilles de noisettes et des grains d'orge. Elle était à 90 mètres du rivage, sous une couche d'eau de 90 centimètres à 1^{m} 20 de profondeur. Toute sa surface était recouverte de pierres cassées.

LAC DE CONSTANCE (BODENSEE OU BODMANSEE)
(GRAND-DUCHÉ DE BADE, WÜRTEMBERG, BAVIÈRE, AUTRICHE, SUISSE)

a. — *Stations de l'Age de la Pierre* : WANGEN, OBERSTAAD, MAMMERN, FELDBACH, STECKBORN, BERLINGEN, ERMATINGEN, HEGNE, ALLENSBACH, MARKELFINGEN, IZNANG, GUNDOLZEN, HORNSTAAD, GAIENHOFEN, HEMMENHOFEN, HINTERHAUSEN, LÜTZELSTETTEN, DINGELSDORF, WALLHAUSEN, BODMANN, SIPPLINGEN, NUSSDORF, IMMENSTAAD, FISCHBACH, MANZELL, ARBON, ROMANSHORN, KESWIL, MOOSBURG, ROTHFARB ALTNAU, LANDSCHLACHT, MÜNSTERLINGEN, BOTTIGHOFEN, KREUZLINGEN, BLEICHE ARBON.

b. — *Stations de Transition* : HOF BEI STEIN, DAS VEERD, FRAUENPFAHL, MAURACH.

c. — *Stations de l'Age du Bronze* : LANGENRAIN, RAUENEGG, BODMANN (SCHACHEN), HAGNAU.

d. — *Stations non déterminées* : LUDWIGSHAFEN, STAAD, EGG, SIPPLINGEN, UNTER UHLDINGEN.

Le lac de Constance se compose d'une sorte d'ovale, dont l'axe se dirige du S.-O. au N.-O. et de deux golfes résultant d'une bifurcation, qui le traverse à son extrémité N.-O. La partie principale porte le nom de *Bodensee*. Le plus septentrional des deux golfes est long et étroit et s'appelle *Ueberlingersee*, du nom de la ville badoise d'Ueberlingen, située sur ses bords. Le golfe méridional, séparé du Bodensee par un rétrécissement, sur lequel se trouve la ville de Constance, s'appelle *Untersee* ou *Lac Inférieur*.

La région, qui entoure le lac de Constance, semble avoir été tout particulièrement appréciée par les Lacustres. Cette prédilection s'explique facilement par ce fait que le lac leur offrait des conditions exceptionnellement favorables pour l'établissement de leurs cités lacustres ; à savoir : un talus allant en pente douce jusqu'au fond du lac et dominé par des prairies ou des champs. Dans toutes les baies abritées, qui se trouvent autour de l'Untersee, de l'Ueberlingersee et du Bodensee, on a trouvé des vestiges de ces établissements ; mais en raison des difficultés et des dépenses, que nécessitaient les fouilles, ils sont loin d'avoir fourni tout leur contingent archéologique.

Wangen. — Cette station est la première qui ait été découverte. Elle est située dans une petite baie, qui, en raison de sa situation abritée, était prédisposée à la formation de sédiments lacustres, de sorte qu'avec le temps les débris de la station furent recouverts de 1 mètre à 1m 20 de limon et de graviers. A mesure que ces dépôts augmentaient, chaque année, la profondeur du lac diminuait, si bien que, lors de la saison des basses eaux, la couche archéologique se trouvait à sec, et qu'on pouvait faire facilement des fouilles.

C'est ce que fit M. Löhle, qui constata que la station avait la forme d'un quadrilatère de 700 pas de long sur 120 de large. Les pieux étaient formés de tiges arrondies ou équarries de diverses essences forestières telles que le chêne, le hêtre, l'aune, le bouleau, l'orme, le frêne, le sapin, l'érable et le saule. Ils étaient très serrés, quelquefois groupés par trois ou quatre, ce qui représenterait pour l'ensemble un total de 40 à 50.000. Les récoltes ont été abondantes, mais dispersées de tous côtés. Parmi les collections publiques qui en renferment le plus grand nombre, nous citerons les Musées de Zurich, de Constance et de Sigmaringen. L'énumération ci-dessous et les gravures de la fig. 43 donnent une idée très exacte du caractère de cette station.

Pierre. — Des centaines de haches, de marteaux, de broyeurs, etc.., à toutes les étapes de la fabrication, mais en général assez mal faits. Les outils perforés étaient relativement rares (n°s 7, 8, 9, 20). Des scies en silex montées sur bois (n° 15); les pointes de flèches et de lances en silex étaient assez abondantes (n°s 1, 2, 3). Les haches et ciseaux étaient polis et fabriqués avec des roches du voisinage (n°s 6, 10), il n'y en avait que quelques exemplaires en néphrite et en jadéite. Un très petit nombre était muni de gaines en corne, le mode d'emmanchure qui était le plus usité consistait à introduire la hache dans un manche, formé d'une branche assez longue terminée à l'autre extrémité par un crochet. On rencontrait en assez grand nombre des blocs de pierre dont les uns avaient servi pour polir et aiguiser les instruments, et dont les autres, portant des traces de feu, avaient probablement servi de pierres de foyer.

Os et corne. — Des poignards, des poinçons, de petits ciseaux, des pointes de flèches se trouvaient en grand nombre. Plusieurs de ces dernières portaient encore l'asphalte qui avait servi à les fixer à leur tige. Il y avait aussi des sérançoirs de lin (n° 4) et une grande variété de hameçons.

Argile. — Les tessons de poterie décelaient les formes ordinaires, généralement cylindriques. On y voyait rarement des ornements, mais seulement un glacé noir fait à la suie. Des fusaïoles en terre cuite (n°s 12, 13) et de grosses boules trouées ayant probablement servi de poids pour métiers à tisser.

Bois. — Une planche en chêne de 2^m^ 10 à 2^m^ 40 de long sur 45 centimètres de large a servi probablement comme banc de travail. Une autre avait l'aspect d'une table ronde et mesurait 75 centimètres de diamètre et 62 millimètres d'épaisseur.

Fig. 43. — WANGEN. Nos 5, 17, 18, 19 : 1/4 le reste 1/2 gr.

Restes organiques. — Ce que la station de Wangen présentait de plus remarquable, c'est la grande quantité de blé carbonisé qu'on a retiré des débris. M. Löhle l'estime à 3.600 hectolitres, en y comprenant la totalité de ce qui a été recueilli. Tantôt on trouvait l'épi entier, tantôt seulement le grain, mais toujours à l'état carbonisé. On a pu déterminer l'orge à deux rangées d'épillets (*Hordeum distichum*) et deux variétés de froment. Des galettes de pain, faites avec du blé grossièrement écrasé, des pommes et des poires sauvages ont pu être conservées grâce à leur état de carbonisation. Dans certains endroits, on trouvait de grandes quantités d'écailles de cônes de pin, de trognons de pommes, des faînes, des noisettes, des graines de framboises, de ronces. D'après la quantité de trognons de pommes qu'on rencontra dans un endroit, on a supposé que les Lacustres fabriquaient une boisson fermentée avec ces fruits. Le lin se rencontrait sous tous ses états depuis la gerbe jusqu'au fil et aux étoffes admirablement tissées. On a recueilli aussi des quantités de mousses, de joncs, d'écorces d'arbres, de paille, etc... Toutes ces différentes productions n'étaient pas mélangées les unes avec les autres et disséminées sur toute la surface de la station, mais chacune d'elles ne se rencontrait qu'à un seul endroit, ce qui a fait admettre par M. Löhle que chaque industrie avait un local séparé.

Les ossements étaient peu nombreux, on a pu déterminer ceux des animaux suivants : urus, aurochs, cerf, chevreuil, sanglier, loup, renard, chien.

Dans un endroit, les pieux étaient tordus en S, évidemment par suite d'une pression exercée d'en haut ; on avait alors ajouté des pieux supplémentaires en guise de support.

On ne trouva ni objets en métal, ni torche-supports en argile, ni pierres discoïdes.

Oberstaad. — Partant de Wangen, nous allons faire le tour de l'Untersee, en notant au passage les différentes stations que nous rencontrerons. Leur nombre dépasse 20 et l'on peut se rendre compte de leur situation d'après la carte ci-jointe.

Au-dessous de Wangen, la première que nous rencontrons est située dans la baie qui s'étend d'Oberstaad à Kattenhorn. D'après l'étendue que couvrent ses vestiges, qui sont disséminés sur une large surface, la station a dû être très importante. On n'aperçoit que de très rares pieux et on y a fait des fouilles très insuffisantes. On n'a guère récolté que quelques haches en pierre et de la poterie.

Hof bei Stein. — Un peu au-dessous du pont, qui traverse le Rhin, à Stein, existe une partie peu profonde du fleuve, qu'on appelle « Aus

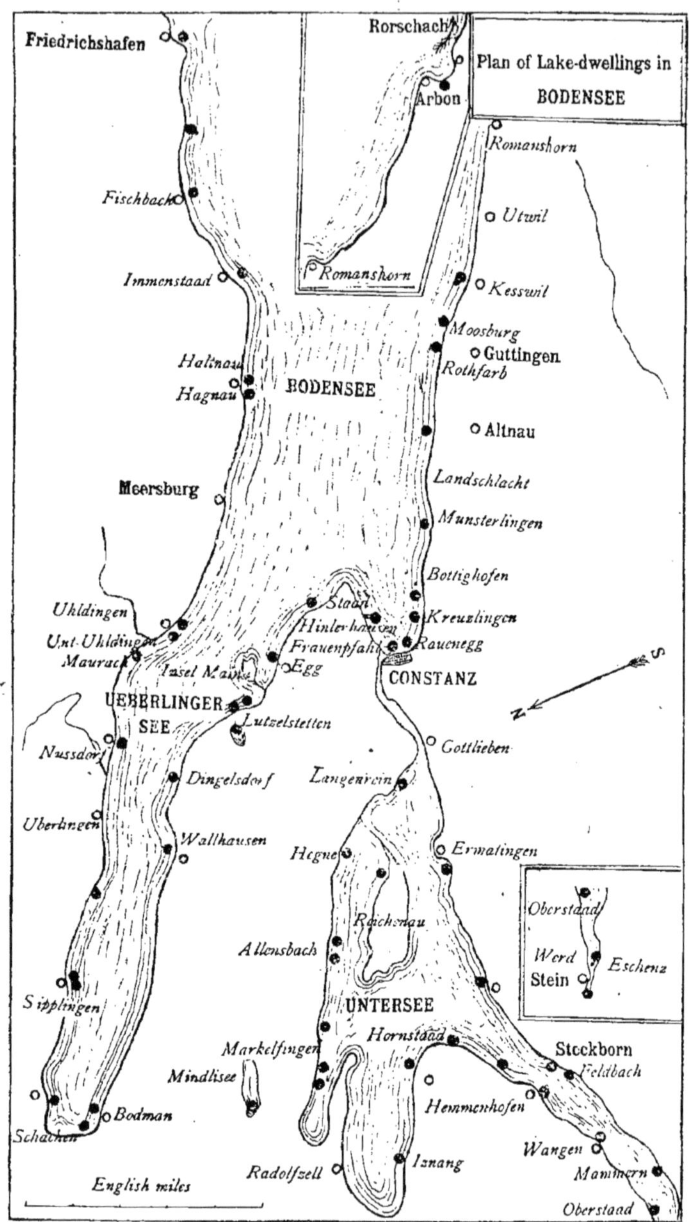

Pl. 17. — Carte des Stations lacustres du lac de Constance.

dem Hof », qui découvre de temps en temps, à l'époque des basses eaux. Cette circonstance se présenta deux fois, l'une en 1858, l'autre en 1883. A cette dernière date, M. Schenk, naturaliste à Stein, découvrit des vestiges de palafitte enfouis dans le limon. Les pieux étaient solides, fortement enfoncés ; au milieu d'eux on voyait des poutres, les unes transversales, les autres placées en biais, comme pour protéger la construction contre le courant. Malgré les difficultés qu'il a eu à vaincre, M. Schenk a pu réunir un grand nombre de vestiges d'industrie tels que : instruments en silex, environ 150 haches en pierre (dont trois en néphrite) ; un disque perforé en pierre, ressemblant à une fusaïole, mesurant 50 millimètres de diamètre et 37 d'épaisseur. Les haches perforées en pierre étaient rares, mais quelques-unes étaient intéressantes, en particulier l'une d'elles qui était en basalte, mais dont il ne subsistait qu'une partie. Il y avait également des objets travaillés, en corne et en os, des restes de tissus de lin. Nous signalerons, parmi les objets en os, l'omoplate d'un cervidé, percée d'un trou rond, dont les bords avaient été rendus mousses, comme pour servir de polissoir. Un vase en forme d'urne, de 30 centimètres de haut, est conservé au Musée de Zurich. On a trouvé aussi quelques objets en métal : une petite hache en cuivre, de 43 millimètres de long; un anneau et une hache en bronze. Parmi les ossements, on a déterminé ceux du bœuf, du porc, du cerf, du chevreuil, du castor.

Das Weerd. — La présence de restes de palafitte à l'extrémité orientale de l'île de Weerd était connue depuis longtemps, à l'endroit où un pont romain reliait Eschenz à Arach, mais les pieux étaient un peu dispersés sur les deux rives. En 1882, M. Schenk parvint à découvrir la couche archéologique qu'il a décrite comme étant composée de deux couches distinctes : la supérieure, de couleur foncée, résultant probablement de l'incendie qui détruisit la station ; l'inférieure jaunâtre, renfermant beaucoup de débris organiques. On a extrait environ 4 mètres cubes de la couche archéologique, et parmi les objets qu'on a recueillis, nous citerons : trois crânes humains, dont un complet et les autres en morceaux ; un couteau ; une épingle à cheveux ; des anneaux en bronze ; une hache en cuivre ; des haches polies, en pierre, dont une en jadéite. Le Musée de Rosgarten possède une épée en bronze, qui passe pour provenir de cette station, ainsi qu'une meule en pierre de 53 centimètres de diamètre, percée au centre d'un trou de 76 millimètres de diamètre. Mais il est peu probable que ces deux objets aient appartenu aux Lacustres. Le couteau en bronze, les trois épingles à cheveux et plusieurs instruments perforés, en pierre (fig. 44, 4 à 7), qui sont aussi dans ce Musée, sont étiquetés comme provenant de l'île de Weerd. Le crâne humain a été étudié par Kollmann, qui l'a décrit comme dolichocéphalique.

Mammern. — Dans la baie située au-dessus de Mammern, en un endroit appelé Neuenburgerhorn, se trouve un pilotis en assez mauvais état, qui recouvre une surface étendue. En 1861, la Société historique de Thurgovie chargea Messikommer d'y faire des fouilles. L'emplacement du pilotis se trouvait à 510 mètres du rivage et s'étendait sur une longueur de 120 mètres, couvrant une surface de 3.700 mètres carrés. Tous les objets furent recueillis à la surface ; ils consistaient surtout en haches en pierre, par centaines, en instruments en silex, en poterie et en ossements. Pas de petits outils en os, pas de traces d'industrie ni de restes alimentaires. Les dépôts sous-jacents ne renfermaient pas non plus de couche archéologique. D'après cela, Messikommer conclut que les plus beaux objets de la couche archéologique ont été emportés par le courant, qui est assez fort à cet endroit.

Feldbach. — On connaissait depuis longtemps, près de Feldbach, une station appelée « *Pfahlbau Turgi* », où de temps en temps on avait trouvé quelques objets préhistoriques. En 1882, le niveau des eaux ayant baissé, la Société historique de Thurgovie fit faire des fouilles méthodiques. D'après différentes indications qu'on recueillit, on reconnut que cette station ne rentrait pas dans la catégorie de celles qui avaient été détruites par le feu. Les objets recueillis appartenaient au plus pur âge de la Pierre ; nous citerons en particulier : des haches en pierre, des instruments en os et en corne, de l'orge, du froment, des tissus en filasse et des fragments de vannerie. D'après Schenk, il semblerait que ce pilotis aurait été protégé des vagues par une sorte de rempart en bois.

Steckborn. — Près de Steckborn, on voit une autre petite station, appelée « *der Pfahlbau Schanz* », où l'on avait trouvé quelques objets intéressants, tels qu'écuelles, harpons, etc. En 1855, Messikommer y fit de nouvelles fouilles et y recueillit les objets suivants : des haches en pierre (fig. 44, n° 13), des harpons en corne (n° 19), un sérançoir de lin et un instrument que l'on croit être un sifflet (n° 18), qui a été fabriqué avec un métacarpien de bovidé. D'après cet auteur, la station aurait été détruite deux fois par le feu, car on y a trouvé en très grande abondance les substances habituelles carbonisées.

Berlingen. — Dans la baie située au-dessus de cette ville, existent des pilotis, qu'il n'est pas facile de distinguer. On a trouvé des haches en pierre tout le long de la berge.

Ermatingen. — Cette station est située dans la baie qui se trouve au-dessous du village, et elle est particulièrement riche en instruments en silex et en éclats provenant de leur fabrication. Les haches en pierre y sont aussi abondantes et parmi elles on en compte quelques-unes en néphrite. On a signalé comme provenant de cette localité des tessons de poterie, dont la face intérieure portait des ornements, dont le dessin paraissait représenter un filet. La station semble avoir été abandonnée volontairement, car on n'a trouvé parmi les débris aucune matière carbonisée.

Langenrain. — Au-dessous de Gottlieben, au nord-est d'une petite île formée par un bras du Rhin, le Dr Nägeli a découvert, en 1882, une station lacustre de l'âge du Bronze. On apercevait plusieurs pieux qui émergeaient du limon, mais qui étaient enfouis surtout sous les sédiments charriés par la rivière (Wollmatinger Bach) qui se jette à cet endroit dans le Rhin. Ils étaient constitués par des tiges tantôt rondes, tantôt refendues, dont l'extrémité pointue avait été taillée à l'aide d'outils en métal; ils couvraient une surface d'environ 90 mètres de long sur 15 de large. La couche archéologique était recouverte d'une épaisseur de limon d'environ 30 à 75 centimètres. Parmi les objets qui ont été signalés comme venant de cette station, nous citerons une hache à ailerons, deux pointes de lances et deux épingles à cheveux en bronze, des tessons de poterie, dont quelques-uns sont ornés de dessins en méandres, et deux fragments de croissants en argile, ainsi que différents ossements d'animaux et des morceaux d'un crâne humain.

Hegne, Allensbach, Markelfingen. — M. Dehoff a fait, dans le cinquième Rapport de Keller, une étude des stations situées tout le long de la berge de Hegne. Puis on y a reconnu l'emplacement d'une autre station, mais on n'a jamais signalé de découverte importante comme venant de ces palafittes, qui appartiennent toutes à l'âge de la Pierre.

A Markelfingen, on a trouvé des pilotis autour d'un petit steinberg, à 30 pas du rivage, lequel se transformait en îlot, quand le niveau des eaux baissait. Aucun pieu n'existait sur l'îlot même; on y a trouvé seulement une grande quantité de haches en pierre, très grossièrement fabriquées. Parmi les objets venant de cette station, j'ai remarqué, au Musée de Friedrichshafen, un superbe ciseau poli en pierre, dans un manche en corne (fig. 44, n° 1), et un bracelet de métal (en cuivre ou en bronze).

Près d'Allensbach, le pilotis s'étendait, parallèlement à la berge, sous forme d'une large bande d'une longueur de 1.000 pas. A un endroit déterminé, on voyait deux rangées de pieux se diriger perpendiculairement au rivage, ce qui a fait penser qu'il y avait eu là un pont. Les pieux étaient constitués par des tiges rondes; parmi eux on en voyait plusieurs en chêne qui avaient été refendus et qui mesuraient jusqu'à 10 et 15 centimètres de diamètre. Ils ne dépassaient la surface du limon que de quelques centi-

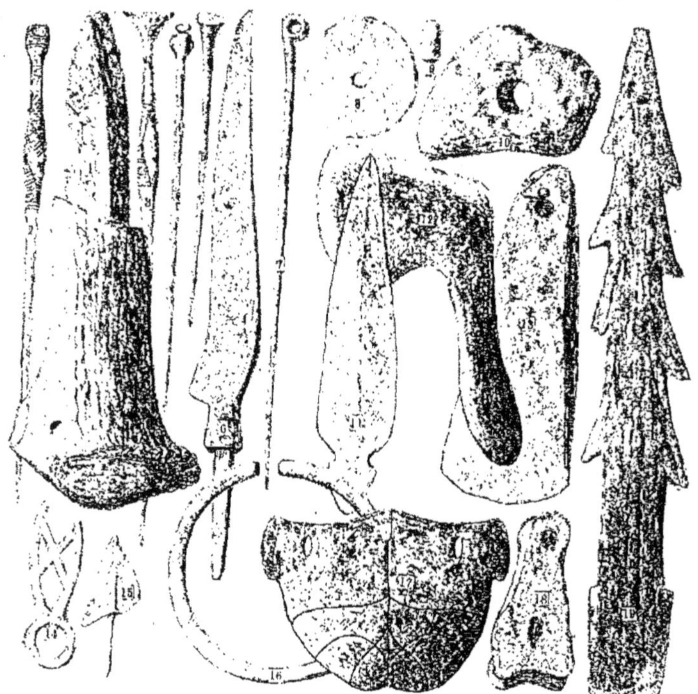

Fig. 44. — UNTERSEE (1, 4, 5, 6, 7, 13, 16, 18, 19). MINDLISEE (2, 3, 11, 12. 14, 15). BUSSENSEE. N°s 10 et 12 : 1/4 ; le reste : 1/2 gr.

mètres. Dans quelques endroits on trouva des traverses en chêne refendues, enfouies dans le limon, qui mesuraient 4^{m} 50 de long et 10 à 15 centimètres de diamètre.

Les instruments qu'on y a recueillis étaient surtout des instruments lourds, tels que des haches en pierre, dont la forme et la dimension variaient beaucoup, depuis 1 centimètre jusqu'à 52 centimètres de long. En fait de haches perforées, on n'en a trouvé que quelques fragments. Il y avait un grand nombre de broyeurs à blé, de scies en silex et d'autres objets en cette même roche.

Une autre station située juste en face d'Allensbach a fourni de nombreuses haches en pierre et un nombre considérable de haches-marteaux perforées.

A Hegne, la fabrication des haches en pierre est beaucoup plus soignée, et, parmi les récoltes qu'on y a faites, on remarque des scies, des poignards, des pointes de lances en silex jaune et noir, d'un travail admi-

Fig. 45. — Baie de Constance. N°s 6 à 10 : 1/4; le reste : 1/2 gr.

rable. Dehoff a signalé deux vases en terre, bombés, munis de trous pour permettre d'y introduire des cordes afin de les suspendre, qui contenaient une substance noire semblable à de la suie; un troisième était plein de noisettes.

Iznang, Gundolzen, Hornstaad, Gaienhofen, Hemmenhofen. — Ces différentes stations de l'âge de la Pierre présentent les mêmes caractères que les précédentes.

CONSTANCE. — Il existe, dans la baie de Constance, plusieurs stations lacustres, qui ont été étudiées par Leiner, conservateur du Musée de Rosgarten.

A **Rauenegg**, lorsqu'on fit des travaux pour agrandir le port, on trouva différents objets, enfouis dans le limon, juste sur le calcaire lacustre. Ils étaient disséminés au milieu de plusieurs rangées de pieux en chêne et de traverses, dont l'ensemble se dirigeait au sud vers la berge de Kreuzlingen. Il y avait en outre des poids de tisserand, des fusaïoles, des tessons de poterie ornée (fig. 45, n°s 4 à 10), des morceaux d'argile servant de revêtement pour les huttes, des haches en pierre, des haches-marteaux perforées, ainsi qu'une très grande quantité d'instruments en silex de toutes sortes. Leiner fait remarquer que, tandis que la poterie trouvée dans la plupart des stations du voisinage était grossière et faite à la main, celle de Rauenegg semblait avoir été fabriquée au tour. La terre en était cuite et avait une couleur grise, noire ou jaunâtre. Cette poterie appartenait donc à l'âge du Bronze, car elle se rencontrait avec d'autres objets en bronze (n°s 1 à 3) ainsi qu'avec un petit morceau d'ambre et plusieurs fragments d'une belle pâte de verre verte et bleue. L'un des objets en bronze (n° 1) est absolument unique, mais on ignore quelle était sa destination.

Frauenpfahl. — En 1882, on découvrit une station, juste en face le jardin public de ce nom. Sa superficie fut estimée à environ 120 mètres de long sur 90 de large. On y trouva des haches en serpentine et en chloromélanite, des tessons de vases, une grosse perle de verre bleu, une hache en bronze et un bateau.

Hinterhausen. — Dans la même saison, les eaux étant très basses, on découvrit une autre station, sur la berge nord de la baie, près d'Hinterhausen. Elle s'étendait sur une longueur d'environ 360 mètres et sur une largeur moyenne de 45 mètres. Au milieu du pilotis, on trouva des centaines de haches en pierre, des objets travaillés en os et en corne, de la poterie et une grande variété d'ossements d'animaux.

Staad, Egg. — En passant dans l'Ueberlingersee, la première station que l'on rencontre est Staad, juste au-dessous du village d'Allmannsdorff, et un peu plus loin on arrive à une seconde, qui est juste en face du village d'Egg.

Lützelstetten. — Au-dessus du pont qui réunit l'île de Mainau au continent, se voient les débris d'une vaste station, qui constituait au moins deux villages. Celui qui est le plus près de Lützelstetten est caractérisé par la présence des plus belles poteries de l'âge de la Pierre. On trouve des haches en pierre, tout le long de la berge, en allant vers le village de DINGELSDORF, en face duquel existe une station de l'âge de la Pierre.

Wallhausen. — Le nombre d'instruments en silex qu'on y a recueillis est si considérable que, dans le monde des collectionneurs, on désigne cet endroit sous le nom d' « *Ile des silex* ». Parmi les haches qu'on y a récoltées, il y en avait quelques-unes en néphrite et une en silex poli.

Bodmann. — Au niveau de cette ville, les montagnes s'écartent pour circonscrire une vallée qui s'étend vers l'ouest, au fond de laquelle coule la Stockach, qui vient se jeter dans le lac. Il y avait là deux stations, qui ont fourni une énorme quantité de vestiges d'industrie, dont la majeure partie est au Musée de Rosgarten, ainsi qu'à Friedrichshafen, au Musée Steinhaus, à Ueberlingen et à Bodmann même, chez M. Ley.

La première station était tout contre le débarcadère actuel du bateau et suivait la berge sur une longueur de plusieurs centaines de mètres. A un certain endroit, qui mesurait 30 mètres sur 10, les instruments en silex, avec des éclats de toutes formes, existaient en telle abondance qu'on a pensé qu'il y avait eu là un atelier de fabrication. M. Dehoff raconte qu'avant l'invention des allumettes, tous les gens du voisinage venaient s'approvisionner là de pierres à feu. M. Ley a décrit la couche archéologique comme composée de deux couches, séparées par un mince dépôt de limon et enfouies sous un amas de graviers de 45 à 60 centimètres d'épaisseur. La couche inférieure avait une épaisseur de 15 à 30 centimètres et gisait juste au-dessous du premier sédiment lacustre. Dans certains endroits, elle semblait recouverte d'un mince dépôt de matières carbonisées.

La couche supérieure était moitié moins épaisse que la précédente. C'est elle seule qui a fourni des haches perforées, et, parmi les autres objets, tels que la poterie, on y voit des signes évidents de progrès et de perfectionnement dans le mode de fabrication.

Parmi les objets les plus intéressants nous citerons des harpons en corne à deux et quatre dents (pl. 18, n°s 3, 5), des hameçons et autres instruments en os (n°s 1, 2, 4, 6, 7, 8, 10, 14, 19) ; un arc en bois d'if ; une hache et une faucille en silex ; un vase ne contenant pas moins de 600 perles perforées en calcaire jurassique ; des gobelets en terre noirâtre à base conique (n° 21) ; des vases à ornements bizarres (n° 20) ; une scie encastrée dans son manche, fait probablement avec une corne de renne (n° 17) ; des fusaïoles en argile (n° 18). Les n°s 7, 8, 14, 15, 17, 18 représentent des objets qui ont été découverts postérieurement.

A environ 500 à 600 mètres au nord, tout contre la pointe extrême de l'Ueberlingersee, Ley a découvert l'emplacement d'une seconde station, qu'il croit appartenir à l'âge du Bronze. Non seulement on y a trouvé des objets en bronze et en fer, mais les pilotis sont en bien moins mauvais état que dans la station précédente. En outre il a relevé sur quelques-uns des entailles qui ne peuvent avoir été faites qu'avec des instruments tranchants. On lui a donné le nom de SCHACHEN, mais il est difficile de dire de laquelle des deux stations provenaient les nombreux objets qui sont dans les Musées, car ils sont tous étiquetés « Bodmann ». D'après Ley, cette station aurait une grande étendue, mais la moyenne partie serait recouverte de limon et très difficile à explorer. Les objets en bronze qu'il a décrits sont les suivants : trois haches, dont deux plates (n°s 12 et 13) et une à ailerons (n° 11), et une épingle. Ceux en fer sont : un couteau, deux pointes de flèches, et un fragment d'hameçon. Le Musée de Rosgarten possède une fibule étiquetée « Bodmann », qui est romaine (n° 9), mais cela n'a rien de surprenant, car on a trouvé beaucoup de vestiges romains dans le voisinage. On a retiré de là des poutres refendues en chêne et d'autres percées d'ouvertures carrées (comme celles de Zurich, pl. 2, n°s 13, 14), ce qui vient confirmer la théorie de Keller que ces poutres n'étaient employées que dans le cas où le limon constituait une assise molle. On a signalé aussi des vases élégants, ornés comme ceux de Schussenried (n° 20), ainsi que des objets en corne. Le Musée d'Ueberlingen possède quelques objets en bronze, venant de cette station, ce sont : un bracelet en fil de bronze, des épingles, des aiguilles, un anneau, une pointe de lance et deux petites figurines (fig. 80, n°s 15, 16).

Ludwigshafen. — On y a découvert deux emplacements de pilotis dont l'un renfermait une telle abondance d'instruments en corne de cerf que l'on a supposé qu'il avait été le siège d'un atelier de fabrication. La station était située à 25 mètres du rivage et, depuis longtemps, on ramassait dans le voisinage des tuiles romaines disséminées de tous les côtés.

Sipplingen. — Il existe deux stations : l'une à l'extrémité orientale du village, couvrant une superficie de 12 hectares ; l'autre, dont la surface ne dépasse pas 16.000 mètres carrés, n'a pas été explorée convenablement. Son principal intérêt réside dans ce fait que l'on a constaté la présence d'une grande quantité de bois, enfoui dans le limon, et qu'on a trouvé, au milieu des poutres, une épée en fer d'origine probablement romaine. Tout près de cet endroit, on a recueilli les débris d'un bateau mal construit, dont les planches, au lieu d'être réunies par des clous, étaient maintenues assemblées par des fils de cuivre.

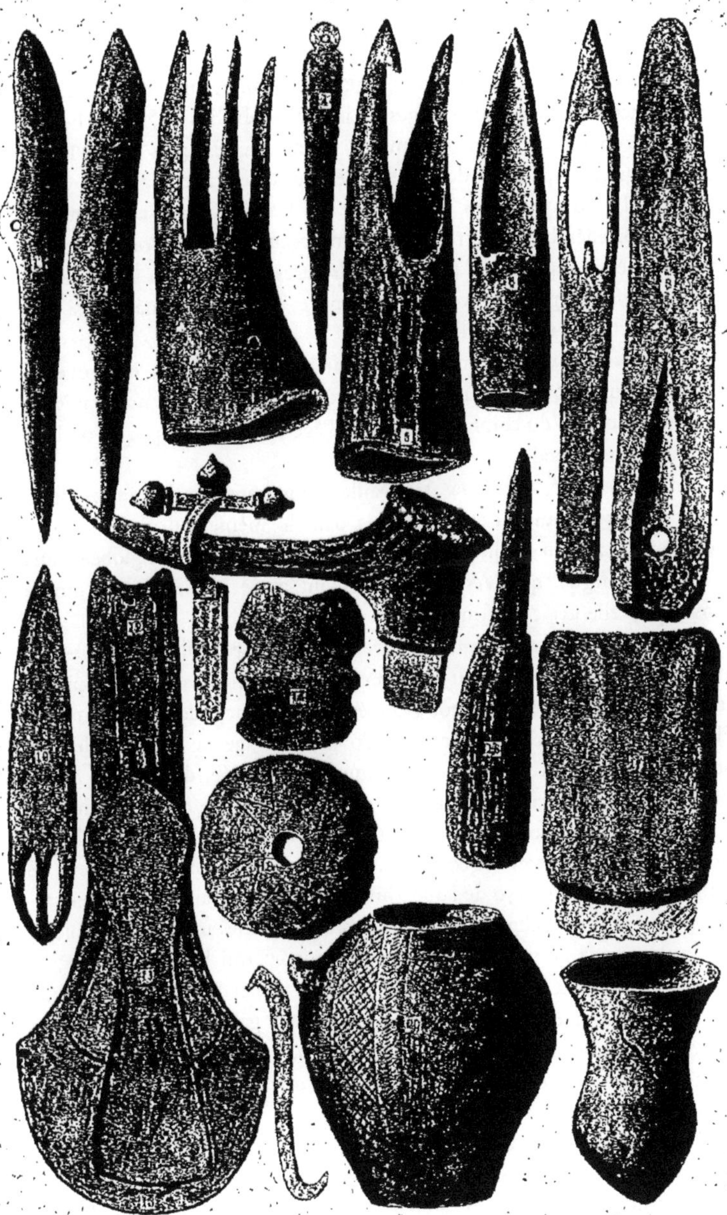

Pl. 18. — Bodmann. Nos 20, 21 : 1/4 ; le reste : 1/2 gr.

La première station est beaucoup plus intéressante, car elle a fourni des objets caractéristiques des trois âges de la Pierre, du Bronze, et du Fer, et même des époques romaine, germaine et franque. D'après le Dr Lachmann, la grande majorité des trouvailles appartiendraient à l'âge de la Pierre, et il y en aurait très peu de l'âge du Bronze. On y a récolté une quantité considérable de verre, dont un morceau était orné d'or et d'émail. La poterie était représentée par de grands vases à rebords et à mamelons latéraux perforés, pour pouvoir les suspendre. On y remarquait aussi une énorme hache en silex pesant 1 kil. 500.

On a aussi trouvé là, comme à Bodmann (pl. 18, n° 21), des gobelets à base conique, que l'on a supposé être des creusets. A mon avis ils seraient les indices du commencement de l'âge du Bronze, époque où leur usage devient général.

Signalons encore, parmi les trouvailles, une centaine de pierres de la forme d'un œuf, qui ont été ramassées dans le même endroit ; quelques haches et ciseaux en néphrite ; une petite hache en cuivre englobée dans une masse d'argile, qui n'était probablement autre chose que le moule dans lequel elle avait été fondue.

Nussdorf. — Cette station, découverte en 1862 par Ullesberger, est de forme quadrilatère, couvrant environ 12.000 mètres carrés. Les pieux, généralement ronds, sont tantôt groupés, tantôt espacés de 60 centimètres. Elle a fourni un très grand nombre d'objets de l'âge de la Pierre le plus pur. Lachmann en a fait une description très détaillée, dont nous allons citer les parties principales. Parmi les objets en silex, on comptait environ 100 pointes de flèches et de lances (fig. 46, nos 1 à 5) de toutes dimensions ; 80 scies, perçoirs et couteaux. Les scies avaient habituellement 78 millimètres de long et 50 de large ; huit d'entre elles étaient encore encastrées dans leur manche. Les haches, ciseaux, haches-marteaux en pierre (n° 20) étaient au nombre de 1.000 environ, parmi lesquels 50 haches étaient en néphrite. Le mode d'emmanchure variait beaucoup : certaines haches étaient fixées au manche à l'aide d'une gaine en corne, d'autres directement dans une fente du manche en bois. Les haches perforées étaient relativement rares, on n'en a guère récolté que 50. Leur trou était soit rond, soit ovale.

Il y avait une certaine quantité de fusaïoles en argile et de poids de tisserand, mais la poterie était plutôt rare et d'une qualité quelconque. On comptait des centaines d'objets en corne et en os tels que ciseaux (n° 8), poinçons, poignards (nos 11 à 13), différentes sortes d'épingles (n° 10) ;

trois peignes (n°s 6 et 7) ; seize marteaux perforés en corne de cerf (n° 23),

Fig. 46. — NUSSDORF, MAURACH, LÜTZELSTETTEN, etc. N° 24 : 1/4 ; n°s 26, 27 : 1/8 ; le reste : 1/2 gr.

une dent perforée, un hameçon fait avec une défense de sanglier (n° 22), etc...

Maurach. — A environ moitié chemin entre Nussdorf et Unter-Uhldingen se trouve l'emplacement de la fameuse station de Maurach. Elle a

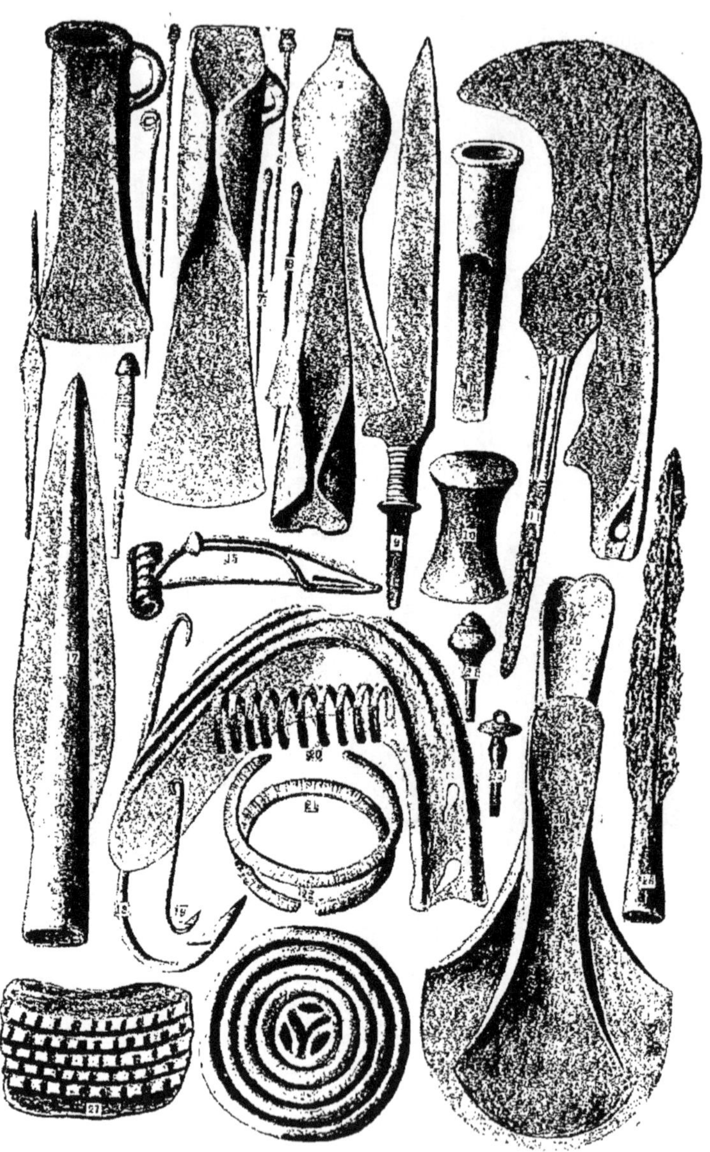

Pl. 19. — UNTER-UHLDINGEN. Nos 20, 26 : 1/4 ; le reste : 1/2 gr.

été découverte pendant l'hiver de 1862-63 et explorée par Ullersberger. Il paraît qu'en 1839 on a construit à cet endroit une digue, qui aurait recouvert une partie de la surface occupée par la station, ce qui explique que celle-ci n'a pu être fouillée que partiellement. Le pilotis était tout contre le rivage, mais s'étendait sur une distance de 300 mètres vers le centre du lac, couvrant une surface de 32.000 mètres carrés. D'après Lachmann, les objets qu'on recueillit au nombre de 600 étaient semblables à ceux de Nussdorf. On trouva des haches en pierre à toutes les étapes de leur fabrication, mais à peine quelques poteries. Les seuls objets à signaler sont : une perle aplatie en ambre, et quatre haches en cuivre (fig. 46, n°s 16 à 19).

Ce n'est guère qu'en 1880, époque où l'on répara la digue, que l'on put se rendre compte de la caractéristique spéciale de cette station. Parmi les haches en pierre qui furent récoltées, on en compte près de 500 en néphrite, dont les deux tiers étaient assez bien fabriqués. Mais ce qu'il y a de plus intéressant c'est que la néphrite s'y trouvait à l'état de roche, sous forme de morceaux et d'éclats bruts, dont les uns étaient gros comme un ongle et les autres atteignaient jusqu'à 50 et 75 millimètres de largeur ; de sorte qu'il était bien évident que cette roche était travaillée sur place. Ces derniers objets sont en grande partie au Musée de Rosgarten. M. Leiner écrivait, en 1882, qu'il avait reçu des différentes stations de l'Ueberlingersee, tant en fait de haches que de ciseaux : 800 en néphrite, 12 en jadéite, 11 en chloromélanite, 1 en saussurite.

Unter-Uhldingen. — Le Dr Lachmann a décrit deux stations, dont les restes sont situés près de ce village, à environ 300 mètres du rivage, couvrant environ 32.000 à 40.000 mètres carrés, et séparées l'une de l'autre de 1.600 mètres.

D'autre part, M. Böll ne signale qu'une seule station qu'il considère comme la plus étendue de toutes celles du lac de Constance, puisqu'elle couvrirait une surface de 12 hectares. Les deux stations renfermaient plusieurs steinbergs bien limités : trois dans l'une et quatre dans l'autre, dans lesquels on voyait des traverses, qui reliaient les pieux entre eux, comme à Nidau. Les trouvailles appartenaient à tous les âges et indiquaient ainsi que la station avait continué à être habitée depuis l'âge de la Pierre jusqu'à la période romaine, peut-être même pendant plusieurs siècles après. Les objets de l'âge de la Pierre sont semblables à ceux trouvés dans les autres stations de l'Ueberlingersee. Parmi les scies en silex, Lachmann en signale une de 24 centimètres de long. Les haches et ciseaux s'élevaient au nombre de 300; les fusaïoles à celui de 40. La poterie était en beaucoup plus grande abondance et beaucoup mieux faite que partout ailleurs. Des fragments au nombre de 130 et des objets entiers révélaient une très grande variété d'ustensiles tels que jarres, coupes, vases, couvercles, etc..., dont quelques-uns seulement avaient des anses; certains d'entre eux portaient des ornements variés (pl. 19, n° 27). Outre la poterie de l'âge du Bronze, on trouvait des morceaux de terre rouge bien connue sous le nom de poterie samienne, la *terra sigillata* des Romains.

Mais ce qui caractérise particulièrement cette station, c'est le grand nombre d'objets en bronze qu'elle a fournis. La collection Ullersberger renferme les objets suivants : 6 pointes de lances (n° 17); 16 haches à ailerons (n°s 2 et 3); 2 à douille (n° 1); quelques haches plates (n°s 29, 30); 25 lames de couteaux (n°s 9, 12); 4 bracelets, dont deux ornés (n°s 21, 22); plusieurs faucilles (n° 23); des hameçons (n°s 18, 19); des anneaux, plus de 100 épingles à cheveux (n°s 4 à 8, 14, 24, 25). Environ 40 objets en fer : quelques lances (n° 26); des pointes de flèches, une hache, plusieurs couteaux, deux serpettes (n° 11); plusieurs anneaux, une fibule (n° 15); un tronçon d'épée à deux tranchants, une épée courte à poignée en bois, un instrument ressemblant à une fourche, une paire de pinces, etc... Le Musée de Friedrichshafen possède également une collection d'instruments en bronze et en fer, venant de cette station.

Comme à Sipplingen, on a trouvé une grande quantité de verre grossièrement fabriqué, consistant surtout en deux fonds de gobelets de couleur verdâtre qui, d'après Klemm, de Dresde, seraient du VIe ou VIIe siècle de notre ère.

La station n'a fourni que très peu d'objets en os et en corne.

Les collections provenant des stations de Nussdorf, de Maurach, d'Unter-Uhldingen et de Sipplingen, recueillies par Ullersberger et Lachmann, avant 1865, ont été achetées par le Gouvernement de Würtemberg et sont au Musée de Stuttgard. Depuis cette époque, on a récolté un nombre considérable d'objets qui ont été dispersés dans les collections particulières et les Musées locaux, tels que ceux de Constance, Ueberlingen, Friedrichshafen, Bregenz et Bodmann.

En quittant la partie nord du lac de Constance et en continuant à suivre la côte, on arrive un peu au-dessus de Meersburg à deux stations : Haltnau et Hagnau, qui datent de la première période de l'âge du Bronze.

Haltnau. — On y a fait des récoltes très variées; nous citerons : une pointe de lance et une hache en bronze ; deux grands vases ; de superbes ciseaux en pierre et des haches perforées de même matière, des instruments en néphrite, etc... Le Musée de Rosgarten possède quelques objets en bronze, tels qu'un couteau, un petit ciseau ou poinçon, comme celui de la pl. 19, n° 13, une hache plate (fig. 47, n° 3), une pendeloque (n° 13).

Hagnau. — Cette station a fourni un grand nombre d'objets en bronze, à savoir : des couteaux (n° 9) ; des faucilles, des spirales, des bracelets (n° 6) ; des haches plates (n° 1, 2, 4) ; deux haches à ailerons, des pen-

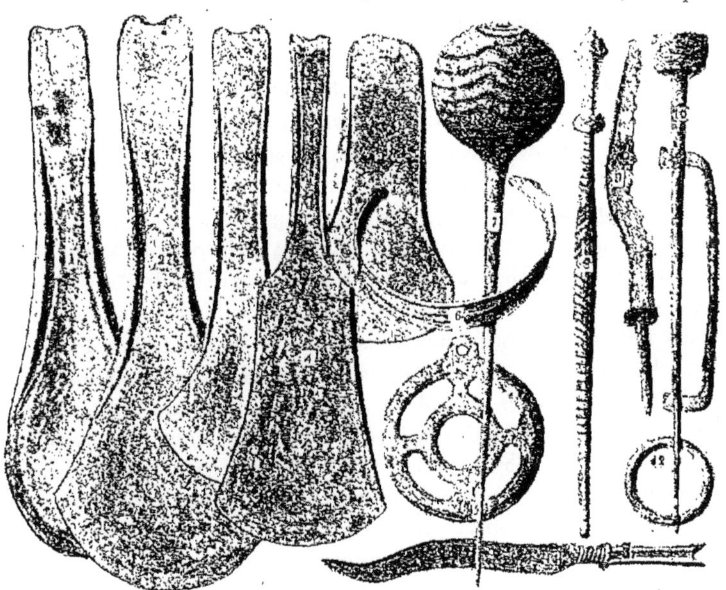

Fig. 47. — Haltnau (3, 5, 13) et Hagnau, n° 14 : 1/4 ; le reste : 1/2 gr.

deloques, des pointes de lances, un tronçon d'épée et environ 200 épingles à cheveux (n°s 7, 8, 10). Les objets représentés à la figure 47 sont aux Musées de Constance et de Friedrichshafen.

Immenstaad, Fischbach, Manzell. — Ces stations sont très riches en beaux exemplaires d'instruments en jade. Manzell a fourni une des plus belles haches en chloromélanite qui aient été trouvées dans les environs, ainsi qu'une autre petite en jadéite. Toutes deux sont au Musée de Friedrichshafen.

Près de Lindau, entre la Villa Amsee et Aeschbach, il y aurait eu, paraît-il, une station, d'où quelques objets auraient été recueillis et seraient aux Musées de Munich et de Bregenz.

Les stations situées sur la rive méridionale du Bodensee n'ont pas fourni des récoltes aussi abondantes que celles plus abritées de l'Untersee et de l'Ueberlingersee; néanmoins leur existence ne fait aucun doute. Entre Rorsbach et la ville de Constance, on rencontre successivement : **Arbon, Romanshorn, Kesswill, Moosburg, Rothfarb** près de Güttingen, **Altnau, Landschlacht, Münsterlingen Bottighofen Kreuzlingen.** A l'exception de la station d'Arbon, ce qui reste des autres consiste en un nombre plus ou moins grand de pieux et en instruments de pierre et de silex éparpillés de tous côtés. En 1882, on a découvert que la berge, qui s'étend de Kreuzlingen à Constance, était garnie de pilotis, au milieu desquels on a fait un grand nombre de trouvailles, parmi lesquelles il y avait plusieurs instruments en néphrite et jadéite, une perle en ambre, une grande hache en silex. Les deux fragments de haches en pierre qui sont figurés aux n°s 14 et 15 de la fig. 45, viennent de cette partie du lac.

Bleiche-Arbon. — En 1885, dans la campagne qui s'étend entre Arbon et Steinach, à 1 kilomètre d'Arbon et tout près de la route de Saint-Gall, des ouvriers, qui faisaient une tranchée pour l'adduction de l'eau, tombèrent sur des traverses et des pilotis, au milieu desquels étaient disséminés des vestiges d'industries humaines. La coupe de la tranchée donnait les couches suivantes : 15 centimètres de terre végétale, 30 centimètres d'argile ; 90 centimètres de sable et de graviers, contenant des coquilles d'eau douce. La couche archéologique avait 30 à 45 centimètres d'épaisseur. Elle a fourni les objets suivants : des haches en pierre ; des fragments de scies, probablement des déchets de fabrication ; des broyeurs à blé ; quatre marteaux perforés en corne ; plusieurs objets en os tels que : aiguilles, ciseaux, poinçons, poignards ; un instrument fabriqué avec une défense de sanglier et ressemblant à un couteau, ainsi qu'un autre en bois d'if ; un aviron ; des fragments de poterie ornée, etc... Il y avait également de l'orge, des graines et des fruits en grande quantité ; des coquilles de noisettes, un crâne de chien et de nombreux ossements provenant de l'urus, du bison, du cerf, du cochon, de la vache, de l'ours, etc...

BUSSENSEE

(Grand-duché de Bade)

Ce petit lac et le suivant sont situés dans la plaine qui s'étend entre l'Untersee et l'Ueberlingersee. Il est proche de Lützelstetten et, sur ses bords tourbeux, on a trouvé les objets suivants : une écuelle en bois, creusée dans un tronc d'aune, mesurant 33 centimètres de diamètre ; deux perles en ambre, dont l'une représentait un disque perforé de 37 millimètres de diamètre (fig. 44, n° 8), semblable à celle d'Ober-Meilen ; plusieurs objets en pierre, corne, cuivre et bronze ; un crâne de femme du type dolichocéphale. A titre de curiosité, nous signalerons une carapace de tortue, percée de deux trous pour la suspension (n° 17).

MINDLISEE

(Grand-duché de Bade)

Ce petit lac est situé près de Möggingen. Son pilotis est bien plus difficile à explorer en raison de l'état marécageux de la tourbe dans laquelle il est enfoui. Les récoltes qu'on y a faites sont au Musée de Constance. Elles consistent en fragments de poterie, deux épingles ornées, un poignard en cuivre (nos 2, 3, 11) ; des objets en bronze (nos 14, 15), et un instrument en pierre d'une forme bizarre, ayant l'aspect d'une hache avec son manche, le tout d'une seule pièce.

LAC FEDER (FEDERSEE)

(Würtemberg, cercle du Danube)

AGE DE LA PIERRE

Schussenried. — Cette station a été fouillée par Oberstöfer, de Schussenried, en 1876. Elle était située à l'extrémité sud-est d'une vaste surface de tourbe occupant l'ancienne cuvette du lac Feder, qui est éloignée de près de 5 kilomètres du petit lac actuel. La couche archéologique se rencontre à une profondeur de 2 mètres ; mais il est impossible de se faire une idée exacte de l'importance de la station, car on n'a pu en déblayer qu'une partie. Au-dessous d'une épaisseur de tourbe de 2 mètres, on rencontre des plates-formes en bois, constituées par des couches de poutres rondes ou refendues, placées transversalement l'une par rapport à l'autre et formant une construction qui rappellerait un fagotis. Entre les couches de bois, on trouve toujours une couche d'argile. Le nombre de celles-ci varie de trois à huit, de sorte que l'épaisseur de ces constructions n'est pas toujours uniforme.

Au milieu de cette masse solide d'argile et de bois, à des intervalles de 75 centimètres, étaient enfoncées des poutres verticales, dont quelques-unes seulement pénétraient à travers la craie blanche du fond du lac. Ces pieux étaient minces; ils n'avaient que 10 centimètres de diamètre et ne portaient aucune trace de mortaises ou de tenons, qui auraient permis de les assembler avec les poutres horizontales.

On a trouvé des objets non seulement à la surface de cette construction, mais aussi dans l'argile qui séparait les différentes couches ou plates-formes, même dans la dernière et jusque sur la craie blanche du fond, mais jamais dans celle-ci. Entre les couches inférieures de la construction et la craie blanche, il y avait quelquefois un espace de 1^{m} 20 à 1^{m} 50, dans lequel on a recueilli des ossements brisés, des objets en corne, etc... ; mais c'est au-dessus et entre les couches horizontales de poutres, surtout dans le voisinage immédiat des pieux verticaux, que l'on a trouvé des instruments de toutes sortes en silex, en pierre, en corne, en bois, ainsi que des vases en terre et des cuillers, d'une fabrication parfaite.

En 1879, M. Frank eut la bonne fortune de trouver une cabane de l'époque de la pierre. Les parties qui en ont été conservées : le plancher et une portion des parois, ont permis de la reconstituer d'une façon exacte.

Aucun indice ne pouvait permettre de penser que cette station avait été incendiée, car les couches supérieures de la construction étaient intactes et l'on ne voyait pas traces de fagots brûlés.

Les trouvailles appartenaient exclusivement à l'âge de la Pierre, car jusqu'à présent on n'a récolté aucun objet en métal (pl. 20 et fig. 48).

Pierre. — Les instruments en silex, au nombre de 40, tels que scies, pointes de flèches et grattoirs, étaient très bien travaillés (pl. 20, n°s 1 à 8). Nous signalerons, comme particulièrement intéressante, une scie convexe, parce qu'elle représente un modèle originaire du nord (n° 20). Elle est actuellement au Musée d'Histoire naturelle de Stuttgard. Les haches en pierre sont parfaitement polies; quelques-unes sont perforées (n°s 9 à 14); d'autres sont encore dans leur gaine en corne (n° 19). Les roches qui ont servi à leur fabrication sont en général le granite et la serpentine ; une seule hache est en jadéite. On a recueilli un petit morceau de grès rouge percé de trois trous, qui ressemble à des objets de même nature trouvés à Robenhausen (pl. 15, n°s 5 et 6).

Corne, os, etc. — En fait d'objets en corne, nous citerons deux écopes (fig. 48, n° 6), plusieurs marteaux perforés (n° 7), dont l'un porte encore une partie de son manche en bois; des cuillers. Comme instruments en os,

Pl. 20. — Schussenried. 1/2 gr.

ce sont des ciseaux, des poignards, des épingles, etc... (pl. 20, n°s 15, 16), des dents perforées et des instruments tranchants faits avec des défenses de sanglier. Une portion de manche de hache en pierre, encore dans sa gaine, présente cette particularité intéressante qu'on y voit encore le coin, qui a été enfoncé pour maintenir solidement l'arme dans son manche, absolument comme on le ferait aujourd'hui.

Poterie. — Une grande quantité d'ustensiles soit brisés, soit intacts. Leur couleur est tantôt grisâtre, tantôt noire, comme s'ils avaient été polis à la suie ou au graphite. La pâte est tantôt fine et lisse, tantôt grossière et mélangée de grains de sable. C'est en général cette dernière qui a servi à fabriquer les vases de grandes dimensions. Sur 140 exemplaires qui sont dans la collection Frank, le plus grand a 30 centimètres de haut. Les uns portent des poignées, d'autres des mamelons perforés. Quelques morceaux en pâte jaune sont couverts d'ornements (pl. 20, n°s 17, 24, 25). La poterie noire en pâte fine se compose de jarres, de bols, de cuillers, etc.., dont les formes sont très jolies et qui sont souvent ornées de lignes, de points, de quadrillages, etc... Il est assez bizarre que l'on n'ait point trouvé de fusaïoles, pas plus que de poids de tisserand, car un seul objet pourrait être considéré comme tel.

Restes organiques et autres. — On a trouvé des morceaux de corde et de nattes grossières faites avec de la filasse, mais aucune matière tissée. Cependant, dans une masse noirâtre constituée par une accumulation de grains de blé, on voyait très distinctement imprimé le dessin d'un tissu qui devait être celui du sac, dans lequel était renfermé le blé. Comme autre chose curieuse, on trouva de petites masses d'asphalte, dont l'une pesait 270 grammes, et une écuelle toute pleine d'écorce de bouleau en petits rouleaux. Le Dr Dom, de Tübingen, pense que la substance qu'on désigne sous le nom d'asphalte était un produit retiré de l'écorce de bouleau, mélangé avec une poudre noire pour vernir les ustensiles de cuisine.

Fraas, de Stuttgard, a déterminé les ossements des animaux suivants : cerf, chevreuil, sanglier, ours, loup, renard, lynx, lièvre, bison, et comme animaux domestiques ceux du chien, du bœuf, du cochon de marais, du mouton. Il est à noter que l'on ne trouve signalés ni le cheval ni la chèvre.

On a recueilli de grandes quantités de froment, qui ont été déterminés par Hegelmaier, comme étant une variété à gros grains du *triticum vulgare.* Parmi les autres fruits ou graines, nous citerons la graine de lin, le gland, la faîne, la noisette.

Parmi les essences forestières, on notait le pin.

On trouva dans une jarre une poudre gris noirâtre que l'analyse révéla comme étant du carbonate de chaux mélangé à une substance bitumineuse.

Une petite perle d'un rouge brillant, comme du corail, fait actuellement partie de la collection de Schussenried.

Fig. 48. — SCHUSSENRIED. 1/3 gr.

Les objets suivants font complètement défaut : torche-supports en argile, cuir, tissus, pain, pommes et poires, que l'on trouve habituellement dans les habitations lacustres.

D'après les faits rapportés par Frank, il semblerait que les Lacustres de

Schussenried ont établi leur village à l'époque où le dépôt de tourbe, qui recouvre maintenant l'ancien lit du lac Feder, était limité à la cuvette du lac, qui s'était formée par suite du retrait des glaciers, et que, depuis qu'ils ont abandonné leur premier établissement, le dépôt de tourbe a dépassé ses limites primitives de 1m 80 à 2m 15.

LAC D'OLZREUTHE (Olzreuthersee)

(Würtemberg, cercle du Danube)

AGE DE LA PIERRE

A environ deux kilomètres au nord-est de Schussenried est situé le petit lac d'Olzreuthe, dans lequel M. Frank a découvert les vestiges d'une palafitte, analogue à la précédente.

Ayant appris qu'on avait trouvé des instruments en silex et en corne de cerf dans un champ, en bordure du lac, il alla visiter l'endroit et reconnut l'emplacement d'une habitation lacustre, située dans une presqu'île d'une superficie de 670 mètres carrés, qui se trouvait à 45 centimètres au-dessus du niveau de l'eau du lac, qui l'entourait sur trois côtés. On reconnut la couche archéologique, dont l'épaisseur n'atteignait pas 30 centimètres ; elle contenait des débris de toute sorte, vestiges d'une occupation humaine. La poterie ne se rencontrait guère qu'à l'état de tessons. Elle ressemblait à celle de Schussenried, tant par la qualité que par le style ornemental. De même que dans cette station, on ne trouva ni fusaïoles ni poids de filets. Sur 784 éclats de silex qu'on a recueillis, 178 étaient travaillés. On les a rangés dans les catégories suivantes : 47 pointes de flèches, 57 grattoirs, 38 couteaux, 16 scies, 20 objets non déterminés. Plusieurs pointes de flèches et scies sont particulièrement bien taillées. Comme instruments en pierre, on comptait : 11 haches, en roches de la localité (quelques-unes perforées), 4 ciseaux et 3 haches en néphrite, celles-ci étaient petites, car la plus grande ne mesurait pas plus de 37 millimètres. Les ciseaux avaient de 5 à 7 centimètres de long, sur 6 à 25 millimètres de large. Il y avait en outre quelques aiguilles et poinçons, plusieurs broyeurs à blé, 28 instruments en corne de cerf, dont plusieurs perforés, des rouleaux d'écorce de bouleau, etc..., mais aucune trace de métal.

Frank fait remarquer qu'ici on trouvait des instruments en néphrite, tandis qu'il n'y en avait aucun en jadéite, et qu'à Schussenried c'est l'inverse que l'on a constaté.

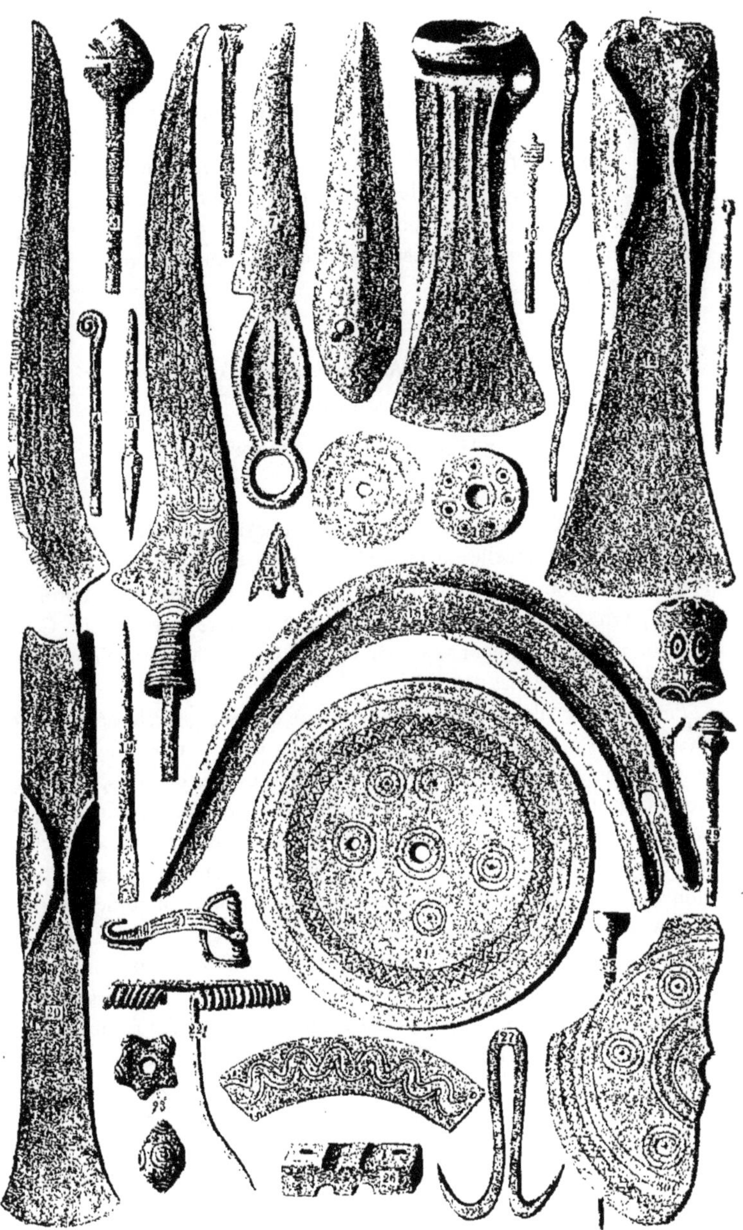

Pl. 21. — Starnberg. 1/2 gr.

II. — BASSIN DU DANUBE

Après avoir traversé le grand plateau de Bavière, qui domine les sources du Danube, on rencontre sur le versant nord de la chaîne des Alpes une série de lacs, dont un grand nombre a fourni des vestiges d'habitations lacustres. Nous ne nous occuperons que des suivants, qui ont été explorés convenablement.

LAC DE STARNBERG (WÜRMSEE)

(Haute-Bavière)

AGES DE LA PIERRE ET DU BRONZE

Ce lac est situé à environ 30 kilomètres au sud de Munich, tout contre les contreforts des Alpes. On y remarque une île, appelée Rosen Insel, sur les bords de laquelle on recueillit en 1874 des objets des âges de la Pierre et du Bronze. On en comptait 187 en corne de cerf, 158 en bronze, 69 en pierre, 48 en os, 7 en bois, 6 en fer, 3 en verre, 1 en ambre. Cette collection est actuellement au Musée ethnologique de Munich. Nous allons l'étudier avec quelques détails :

Pierre. — Le silex de cette station a une couleur gris bleuâtre, qui ne ressemble en rien à celui qu'on rencontre en France. On s'en était servi pour fabriquer des pointes de flèches et de lances, des grattoirs, des scies, etc... (fig. 49, n°s 14 et 15). Il n'existait qu'un ou deux exemplaires en néphrite, sous forme de petits instruments tranchants. En fait de haches en pierre, du type ordinaire, il n'y en avait que quelques-unes plus ou moins parfaites (n° 17) ; l'une d'elles est dans sa gaine en corne (n° 12). Plusieurs polissoirs et pierres à aiguiser.

Corne et os. — Différentes variétés d'emmanchures ; environ 12 montants de mors, dont quelques-uns sont entiers (n°s 2, 3) ; plusieurs haches-marteaux perforées (n°s 11, 13). Des poignards en os, des poinçons, des défenses de sanglier perforées. Ce qu'il y avait de plus intéressant, c'étaient deux ou trois grands disques en os avec des ornements (pl. 21, n°s 24, 30).

Bronze. — Un fragment d'un bracelet massif, orné de lignes et de cercles concentriques ; des poinçons et des ciseaux (n°s 5 et 19) ; des couteaux (n°s 1, 2, 7) ; des poignards (n° 8) ; des haches (n°s 9, 12, 20) ; des épingles ornées (n°s 3, 4, 6, etc...) ; des fibules (n°s 21, 22) ; des aiguilles (nº 13); des pointes de flèches (nº 14); des hameçons (nº 27); une faucille (nº 18); un fragment de plaque ornée (nº 25).

Fer. — Un grand couteau (fig. 49, nº 1); un fer à cheval; deux pointes de lances.

Poterie. — Les tessons de poterie étaient très nombreux et pouvaient représenter un total de 100 vases environ; mais aucun de ces ustensiles n'est entier. Les motifs ornementaux sont variés et consistent parfois en

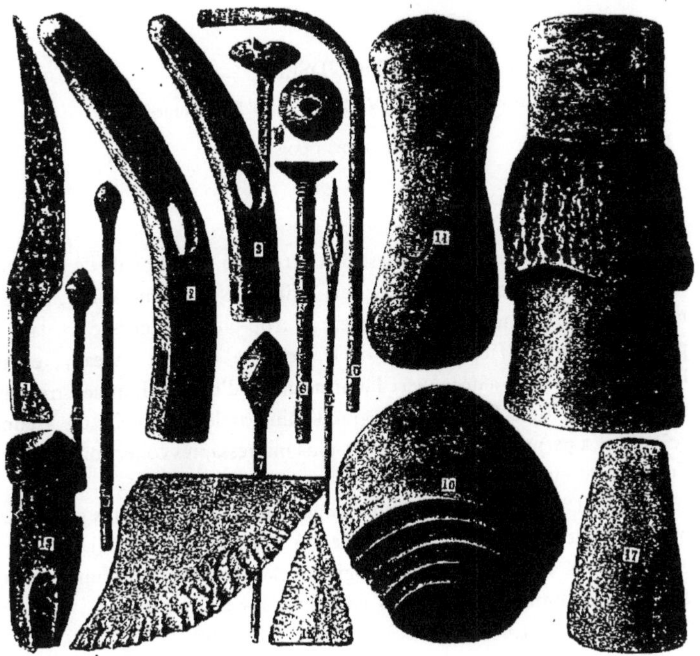

Fig. 49. — STARNBERG. Nº 1 : 1/6; nº 13 : 1/4; le reste, 1/2 gr.

lignes creuses parallèles (fig. 49, nº 16). La qualité de la pâte employée était également très variable. Les fusaïoles étaient en très grand nombre, de toutes formes et de toutes dimensions. Les torche-supports étaient les unes coniques, les autres quadrangulaires. On y voyait également de grosses perles en terre cuite de couleur orange, ornées de cercles concentriques bleus et blancs (pl. 21, nº 17).

Verre. Ambre. — Quelques perles en verre, de diverses couleurs, et une en ambre.

Bois. — Des coins, des cuillers, un morceau de vannerie, etc...

Restes organiques. — Des noisettes, du blé brûlé et diverses autres graines. Parmi les ossements, ceux des animaux domestiques étaient deux fois aussi nombreux que ceux des espèces sauvages. Il est intéressant de noter que, parmi ces derniers, on trouvait du renne (un morceau de corne) ; du chat (une mâchoire inférieure très grande) ; du castor ; deux espèces de chiens : le *canis familiaris* et *matris opt.*

MONDSEE

(Autriche, district de Vöcklabruck. — Salzkammergut)

PÉRIODE DE TRANSITION

Stations : SEE, SCHARFLING.

A quelques kilomètres à l'ouest de l'extrémité méridionale de l'Attersee se trouve le Mondsee et un peu plus loin, dans la même vallée, le petit lac de Fuschl, qui tous deux déversent le trop-plein de leurs eaux dans le premier. Juste en face l'endroit où le Mondsee déverse ses eaux, en un lieu appelé See, on a découvert l'emplacement d'une station lacustre, qui, depuis 1872, a été fouillée avec grand soin par le Dr Much, de Vienne, ce qui lui a permis de réunir une des plus intéressantes collections lacustres qui existent en Europe.

See. — La station couvrait une superficie de 2.900 mètres carrés. Les pieux étaient ronds, d'un diamètre de 9 à 20 centimètres, et disposés irrégulièrement. La couche archéologique était recouverte d'une grande épaisseur de limon. Nous allons énumérer les trouvailles qui y ont été faites, en les classant d'après les catégories suivantes :

Pierre. — Les pointes de flèches sont en très grand nombre, leur forme est triangulaire et leur fabrication très soignée. Une ou deux portent encore des traces de l'asphalte qui les faisait adhérer au bois (pl. 22, nos 10, 12). Plusieurs sont restées à l'état d'ébauche. L'une est en quartz translucide. Parmi les scies en silex, on en rencontre plusieurs qui ont une forme convexe, semblable à celle des scies scandinaves (nos 2, 3, 4). D'autres ont une sorte de manche, qui rappelle ceux des instruments dont on se sert aujourd'hui pour couper le cuir. Les pointes de lances et les grattoirs sont également très nombreux et d'une fabrication parfaite. Si l'on en juge d'après la quantité d'éclats et de débris de silex qu'on a trouvés, il est

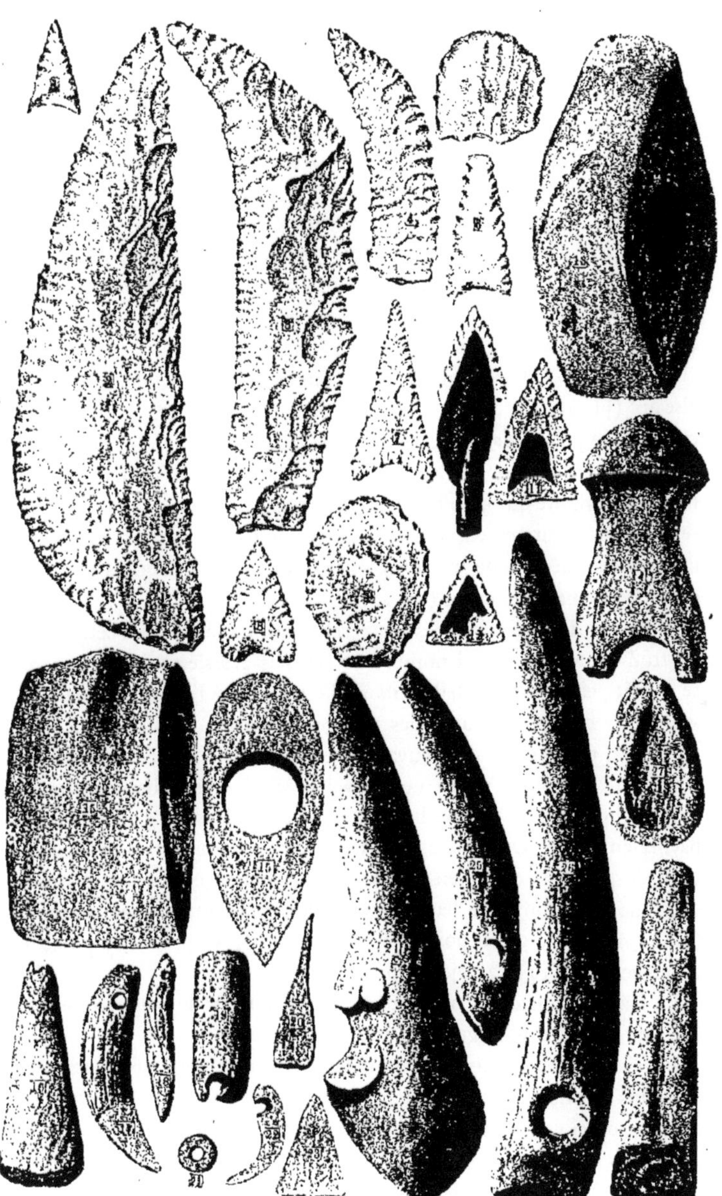

Pl. 22. — Mondsee. 1/2 gr.

évident que tous ces instruments étaient fabriqués *in situ*. On peut en dire autant des couteaux courbes, de type danois, qui étaient fabriqués avec la même espèce de silex qui se trouve communément dans le gravier des rivières des environs. Les haches-marteaux étaient au nombre de deux douzaines; elles étaient perforées et très bien finies (n°s 13 à 15). Il y en avait beaucoup en serpentine. Les haches polies étaient représentées par une centaine d'exemplaires. Les plus grandes avaient 17 centimètres de long, et les plus petites 37 millimètres. Parmi ces trouvailles, on remarquait une pierre circulaire, perforée au centre, que l'on pense avoir pu être employée comme casse-tête (pl.. 24, n° 9).

Corne et os. — Cette catégorie présente une remarquable collection de ciseaux (pl. 22, n°s 16, 17, 28), de poinçons, etc.., et, ce qui est assez curieux, de poignards à deux pointes (pl. 23, n°s 9, 12). Ces instruments sont d'une fabrication parfaite, d'un poli admirable et portent fréquemment une rainure qui permet d'y attacher une corde. On n'a trouvé qu'une seule emmanchure en corne de cerf pour une hache, mais en revanche un nombre considérable de marteaux en corne. Nous signalerons une pointe de flèche triangulaire en os (pl. 22, n° 23).

Métal. — Dès le début des recherches qui furent faites à cette station, on trouva un assez grand nombre de creusets grossiers à longue poignée, ce qui fit penser que les habitants avaient pratiqué l'art du fondeur. Non seulement on put retrouver des vestiges de cuivre dans le creux de ces ustensiles, mais encore on trouva des petits blocs de bois à extrémité fourchue (pl. 31, n° 14), qui ne pouvaient avoir été utilisés que comme emmanchures pour des haches plates, comme le sont généralement les haches en cuivre. Dans la suite, ces idées ont été confirmées par la découverte de plusieurs objets en métal, principalement en cuivre, parmi lesquels nous citerons : 14 haches plates (dont plusieurs sont en morceaux) (pl. 23, n°s 1, 2, 5); 6 poignards (n°s 3, 4, 6); 3 spirales; 3 poinçons; 1 hameçon (n° 14); 2 objets indéterminés.

En fait de bronze, on n'a trouvé qu'un fragment de poignard avec des trous de rivets et un fragment d'une tige d'épingle.

Poterie. — Les grands vases sont faits avec de l'argile grossière, mêlée de grains de sable. Ils sont massifs et ne portent pas d'ornements, à l'exception toutefois d'empreintes de clous tout autour de leur bord. Au lieu d'anse, ils ont des mamelons perforés, au niveau de la panse ou près de leur bord. A côté de ces ustensiles grossiers, on trouvait des pots ou d'autres petits vases avec ou sans anses, mais couverts d'ornements. Ceux-ci con-

Pl. 23. — Mondsee et Attersee (17, 18, 20, 21, 22). 1/2 gr.

sistaient en lignes larges et creusées profondément, disposées en dessins variés. Le fond de ces sillons présentait une surface rugueuse qui permettait de maintenir en place la substance calcaire qu'on y introduisait (pl. 24, n° 6). La couleur actuelle de cette poterie était grisâtre, mais on croit qu'elle avait été primitivement noire, de sorte que les ornements qui ressortaient en blanc sur fond noir produisaient un effet de contraste très frappant. Nous signalerons encore quelques objets en argile, qui affectaient la forme de figurines grossières, représentant assez vaguement un quadrupède tel que chien, cochon ou vache (pl. 23, n° 15).

Autres objets. — Il est assez bizarre que, dans toute la vaste collection d'objets qu'on a réunis, il n'y en avait que trois perforés, que l'on aurait pu prendre pour des fusaïoles en pierre, et seulement un poids en argile. En fait de vestiges de l'industrie du tissage on n'a trouvé que quelques cordes à nœuds et une natte en filasse très bien tressée.

Les objets de parure sont très variés : dents perforées, griffes d'oiseaux en marbre blanc (pl. 22, n° 22); plaques circulaires en marbre, revêtant les formes de boutons, perles, etc... (pl. 23, n°s 13, 16). Dans un endroit, la dragueuse ramena d'un seul coup 48 de ces perles, qui, réunies ensuite, permirent de reconstituer un bracelet (n° 16).

En 1874, le Dr Much découvrit une seconde station à **Scharfling** sur la rive sud du Mondsee. Mais il fut impossible de la fouiller, étant données la profondeur de l'eau et l'accumulation des dépôts que venait y apporter la Kienbach.

ATTERSEE

(Haute-Autriche, cercle de Hausruch. — Salzkammergut)

AGE DE LA PIERRE

Stations : Seewalchen, Weyeregg, Puschacher.

Seewalchen. — Cette station avait la forme d'un quadrilatère irrégulier de 150 mètres sur 55, qui se trouvait à une distance de 60 à 90 mètres du rivage. L'eau avait une profondeur de 1[m] 50, et, bien qu'elle fût très claire, il était impossible d'apercevoir soit des pieux, soit des objets, parce que ceux-ci étaient recouverts d'une couche de graviers, qu'il fallut enlever par le dragage. Les pieux étaient constitués par des tiges rondes de 15 à 20 centimètres de diamètre, espacés à environ 1 mètre les uns des autres. Ils étaient enfoncés si profondément dans la craie lacustre, qu'on avait beaucoup de peine à les extraire. La couche archéologique était formée

Pl. 24. — Mondsee. N°s 6, 8, 9 : 1/4 ; le reste, 1/2 gr.

d'une agglomération noirâtre de débris organiques, d'environ 30 centimètres d'épaisseur, fortement comprimée par la couche de graviers sous laquelle elle se trouvait. Il est peu probable que la station ait été détruite par le feu, car on ne voyait aucune trace d'incendie. Malgré la présence de quelques objets de métal, les trouvailles qui y ont été faites sont caractéristiques de l'âge de la Pierre. Nous signalerons les suivantes, comme étant les plus intéressantes :

Pierre. — Les pointes de flèches en silex ont toutes une forme triangulaire, il n'en existait pas une seule à pédoncule. Les haches (dont quelques-unes perforées et la plupart cassées) étaient en diorite, diorite verte, granite, hornblende, etc.., mais il n'y en avait pas en néphrite. Beaucoup d'aiguisoirs et de polissoirs. Comme curiosité, nous citerons un petit éclat d'obsidienne qui pouvait servir de couteau.

Corne et os. — Ces substances ont servi à fabriquer des poinçons (don quelques-uns à tige fourchue), des ciseaux, des grattoirs ; mais on ne rencontrait aucune emmanchure de hache, comme cela arrivait si fréquemment en Suisse. Quelques anneaux en os, qui devaient probablement faire partie d'un collier, et d'autres en jais.

Poterie. — La poterie était plutôt rare. Elle semblait avoir été vernie extérieurement avec du graphite ou une autre matière colorante et avoir été cuite à feu libre. L'ornementation consistait simplement en empreintes faites soit avec l'ongle, soit avec une pointe. Plusieurs tessons portaient des anses, d'autres des mamelons perforés.

Métal. — Deux petites épingles en bronze, dont l'une à tête conique, surmontaient une tige, qui était perforée un peu au-dessous de la tête. Dans ses deux tiers inférieurs, elle était carrée et ornée de pointillés. Il y avait en outre un poinçon pointu aux deux extrémités, un petit bloc de bronze et deux petits morceaux de fer.

Autres restes. — Les restes d'animaux appartenaient au cochon, à l'ours, au castor, au bœuf, au cerf.

Parmi les essences de bois, on trouvait les suivantes : sapin, tilleul, chêne, noisetier, hêtre, bouleau et cornouiller.

Weyeregg. — Cette station a fourni des instruments en os d'une fabrication parfaite, des andouillers travaillés, des dents de sanglier perforées et plusieurs haches en pierre parfaitement polies. L'une est d'une couleur vert de mer, comme le jade. Une autre est d'une forme très élégante (pl. 39, n° 22). On a trouvé également quelques objets de métal, parmi lesquels les deux poignards représentés ici (n°s 17, 18).

Quant aux autres stations, elles n'ont fourni que quelques objets en pierre et de la poterie, mais en quantité suffisante pour que l'on puisse se rendre compte que ces trouvailles présentaient les mêmes caractères que les précédentes.

A **Puschacher,** on a trouvé deux couteaux en silex en forme de croissant et une boule perforée en serpentine, que l'on suppose avoir formé l'extrémité d'un sceptre.

LAC DE NEUSIEDEL (Neusiedlersee) (en hongrois : Ferto)

(Hongrie, entre les comitats d'Oedenbourg, de Wieselbourg et de Raab)

AGE DE LA PIERRE

Ce lac se continue à son extrémité sud-est avec une plaine marécageuse, dans laquelle on fit quelques fouilles qui donnèrent les résultats suivants :

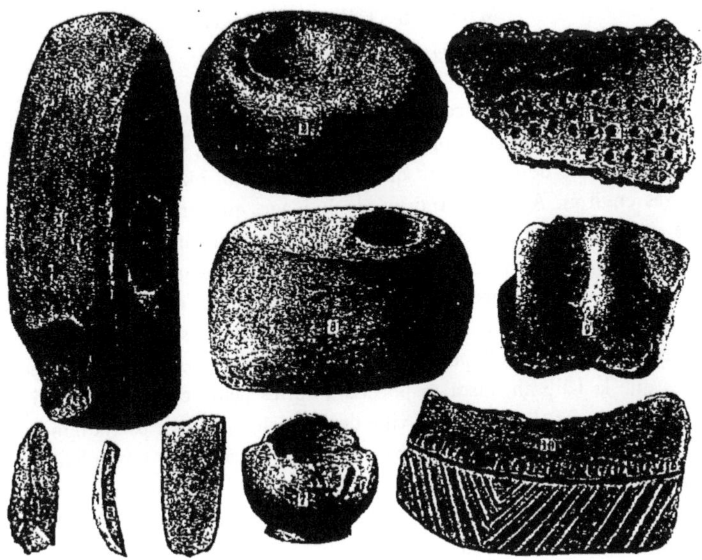

Fig. 50. — Lacs de Neusiedel et de Keutschach (10). 1/2 gr.

31 haches-marteaux perforées, dont deux seulement sont entières ; 96 haches en pierre dont environ les deux tiers étaient intacts, les autres étant plus ou moins en morceaux ; 6 ciseaux en pierre et 14 pierres façonnées en

forme de polissoirs, des broyeurs à blé, etc. ; 1 poids de filet ; 2 petites perles ; quelques grattoirs et quelques lames en silex ; 200 à 300 tessons de poterie ; 3 vases intacts (fig. 50, nos 1 à 9).

Les ossements étaient très altérés ; cependant on a pu déterminer : le cerf, l'urus, le bœuf, le cochon, le cheval.

Parmi les roches ayant servi à la fabrication des instruments on trouvait peu de silex, mais surtout la serpentine, la diorite, le basalte, le schiste.

La poterie, bien que grossière, semblait avoir été faite en partie au tour, et présentait comme ornements des empreintes d'ongles. En fait d'anses, il en existait de toutes sortes, depuis le simple trou de suspension, jusqu'aux formes les plus parfaites. La pâte était mélangée de matériaux grossiers.

III. — CARNIOLE

MARAIS DE LAIBACH

PÉRIODE DE TRANSITION

Ce que l'on appelle encore aujourd'hui le Marais de Laibach n'est plus un marais mais bien une plaine cultivée qui s'étend, dans la direction du sud, de la ville de Laibach jusqu'à Ober Laibach, qui en est à 20 kilomètres environ. Avant les travaux de drainage, qui furent exécutés il y a une cinquantaine d'années, cette plaine n'était qu'une immense tourbière ; laquelle, aux temps préhistoriques, était complètement immergée et présentait une vaste surface navigable. Sa superficie est de 220 kilomètres carrés environ. On y aperçoit six ou sept monticules rocheux qui formaient autant d'îlots à l'époque lacustre. Elle est traversée par des rivières telles que la Laibach, l'Isca et plusieurs autres petits cours d'eau, qui se réunissent avant d'arriver à la ville de Laibach, ainsi que par la ligne du chemin de fer de Trieste. En 1875, lors des travaux qui furent exécutés pour construire la route de Laibach à Brunndorf, les ouvriers mirent à jour divers instruments en os et des tessons de poterie. Le Dr Deschmann, conservateur du Landesmuseum, de Laibach, en ayant été informé, fit exécuter des fouilles, qui furent continuées pendant plusieurs années. Le baron van Sacken publia alors un mémoire, avec gravures, dans lequel il exposa les résultats obtenus pendant la première année des recherches, et Deschmann publia ceux obtenus pendant les deux années suivantes.

Pl. 25. — Laibach. Nos 19 à 24 : 1/4 ; le reste, 1/2 gr.

Pendant la première année, on extraya de la tourbe sur une surface de 2.500 mètres carrés, et l'on découvrit alors une véritable forêt de pilotis.

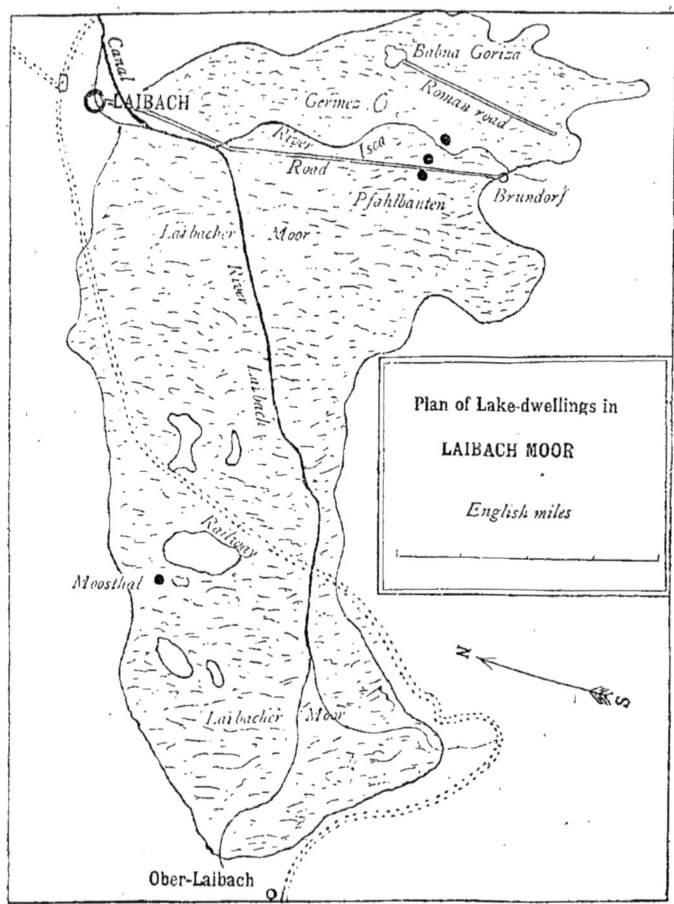

Fig. 51. — Carte du Marais de Laibach.

Les pieux étaient disposés d'une façon irrégulière, mais on en comptait en moyenne trois ou quatre par dix mètres carrés. Ils avaient été fabriqués avec les essences suivantes : tremble, peuplier, orme, sapin. La tourbe avait environ 2 mètres d'épaisseur et au-dessous d'elle on trouvait l'an-

Pl. 26. — Laibach. 1/3 gr.

cien dépôt lacustre dans lequel les pieux avaient été enfoncés. Entre la tourbe et le sédiment lacustre, on voyait une mince couche de débris organiques de 10 à 12 centimètres d'épaisseur, qui, seule, contenait les vestiges provenant des anciens habitants lacustres. L'année suivante on enleva la tourbe sur une surface de 1.700 mètres carrés environ, et l'on fit des constatations analogues aux précédentes.

Pendant l'automne de 1877, on découvrit l'emplacement d'un troisième pilotis, à environ 270 mètres des précédents, sur l'autre rive de l'Isca.

Les trouvailles faites, lors de ces fouilles, à l'exception de quelques objets qui sont au Musée de Vienne, ont été déposées à Laibach, dans un nouveau Musée. Nous allons signaler les plus intéressantes :

Poterie. — Les vases à usage domestique sont extrêmement abondants et présentent une ornementation et des formes très variées. Tous sont faits à la main, et la pâte qui a servi à les confectionner est de bonne qualité ; celle qui était employée pour les grands vases était mélangée de sable rouge. Toute la poterie a un aspect noirâtre, et la plupart des petits vases sont recouverts d'un vernis noir. Un certain nombre de ces vases étaient absolument intacts, ce qui permit de juger de la diversité de leurs formes et de leur utilisation. On put ainsi reconnaître des jarres, des pots, des coupes, des assiettes, des cruches, des bols, des bouteilles, des cuillers, etc..., qui portaient indistinctement des anses ordinaires, des mamelons perforés, des mamelons tubulaires.

Plusieurs des petits ustensiles présentaient quatre ou cinq saillies qui pouvaient passer pour des pieds rudimentaires; d'autres avaient une base en forme de piédestal, renflée un peu en bas et portant à sa face inférieure une large croix imprimée dans la pâte (pl. 25, n° 20).

L'ornementation, ramenée à ses éléments primitifs, peut être dissociée de la façon suivante :

1° Des sillons droits ou sinueux, parfois entrecoupés d'encoches, dirigés soit verticalement, soit transversalement ; 2° des empreintes de doigts ou d'ongles ; 3° des quadrillages ; 4° des espaces en forme de losanges alternativement unis et parsemés de lignes ; 5° des dessins en forme d'arêtes de poisson ; 6° des triangles, des croix, des roues, des rhomboïdes et d'autres figures géométriques ; 7° des empreintes de cordes, de pointes, etc... L'aspect des vases les plus richement ornés était très artistique et quand les creux étaient remplis de matière blanche, comme cela a dû se faire très probablement, ces dessins ressortaient très bien sur le fond noir du vase. Dans certains cas l'intérieur du vase portait aussi une ornementation (pl. 26, n° 8). Le Dr Deschmann trouve qu'il y a une ressemblance frappante, comme facture et comme ornementation, entre la poterie de Laibach et celle de Troie, que le Dr Schliemann a représentée dans son ouvrage.

Outre les ustensiles ordinaires, il nous faut mentionner encore 200 à 300 fusaïoles, un ou deux poids cylindriques, des cônes perforés (pl. 26, n° 5); quelques creusets d'une fabrication tout à fait supérieure (fig. 53, n° 14); un moule pour une tête de hache (pl. 25, n° 22) et plusieurs autres petits objets, qui sont probablement des jouets (pl. 25, n° 21). Parmi les objets les plus intéressants en même temps que les plus mystérieux, nous citerons des figurines ornées, plus ou moins intactes, représentant des animaux ou des êtres humains dont les têtes affectent les formes les plus bizarres (pl. 25, nos 11, 23, 24, et fig. 80, nos 5 à 8).

Pierre. — A l'exception des broyeurs, des marteaux et des aiguisoirs, les instruments en pierre sont plutôt rares. Les aiguisoirs sont représentés par une extrême variété de spécimens, depuis l'affiloir portatif avec un trou pour le suspendre, jusqu'à un énorme bloc creux pesant 220 livres. En fait de haches et de ciseaux, on compte une douzaine de bons exemplaires, mais parmi ceux-ci il s'en trouve deux qui sont de véritables objets précieux : l'un est une hachette en néphrite (pl. 25, n° 12), l'autre un petit ciseau en diorite verte (pl. 25, n° 9). Deux douzaines environ de haches-marteaux perforées (pl. 26, n° 10) ; la plupart sont en serpentine, très bien fabriquées et le trou est extrêmement régulier. Les objets en silex, au nombre de cinquante environ, consistent surtout en pointes de lances, très belles; il y a bien aussi quelques grattoirs et lames, dont une pourrait être considérée comme une pointe de flèche (pl. 25, nos 1 à 5). Comme spécimens uniques, deux enclumes coniques, dont l'une (n° 18) porte des particules de cuivre ou de bronze sur sa surface plane. Il y avait également un disque poli, en pierre, qui présentait un commencement de perforation à son centre.

Os et Corne. — Une des caractéristiques de la station de Laibach, c'est l'abondance des instruments en os et en corne qu'elle a fournis et que l'on peut cataloguer ainsi qu'il suit :

1° 300 à 400 haches-marteaux perforées, en corne de cerf, à toutes les étapes de leur fabrication. La figure 52 représente les formes les plus typiques.

2° Des poignards, des poinçons, des ciseaux, etc..., polis, de 10 à 25 centimètres de long, au nombre de plusieurs centaines. Les petites pointes, les épingles et les petits poinçons étaient faits avec des éclats d'os. Les plus beaux poignards étaient faits avec des canons de cervidés. Il semble qu'on les fabriquait en coupant ou en sciant l'os dans sa longueur et légèrement en diagonale, de façon à obtenir deux armes en un seul os, et en ayant soin de conserver à chacune des extrémités l'articulation, qui servait de poignée. On a trouvé un ou deux os sur lesquels on pouvait constater les détails de l'opération, qui n'avait pas été achevée. Plusieurs de ces poignards portaient, près de la poignée, des trous de suspension.

3° Des andouillers étaient taillés en pointe grossière et employés probablement dans la fabrication des filets. On a recueilli environ une vingtaine de ces instruments (pl. 25, n° 13).

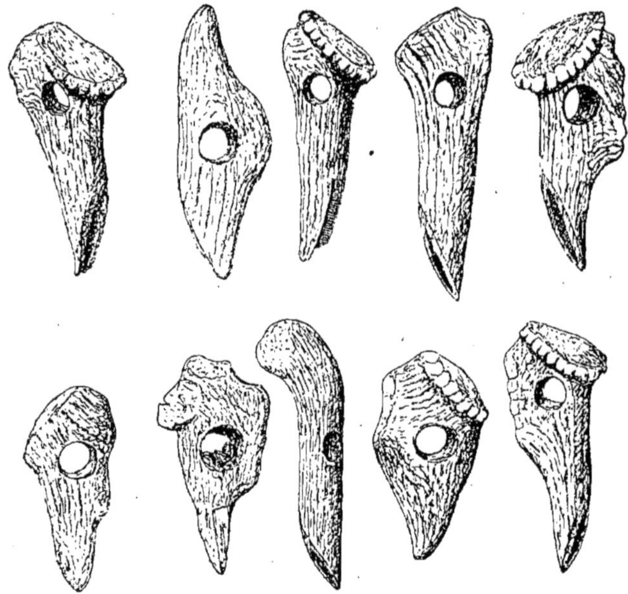

Fig. 52. — LAIBACH. 1/5 gr.

4° Quelques objets très finement polis ont été considérés comme des grafes pour les vêtements (nos 6 et 16).

5° Une autre série d'objets assez curieux, dont on a recueilli une vingtaine. On les considère comme des appâts artificiels destinés à attraper de gros poissons, de la même façon qu'aujourd'hui nous faisons usage de vérons artificiels. On les fabriquait avec des andouillers et leur longueur variait de 5 à 12 centimètres.

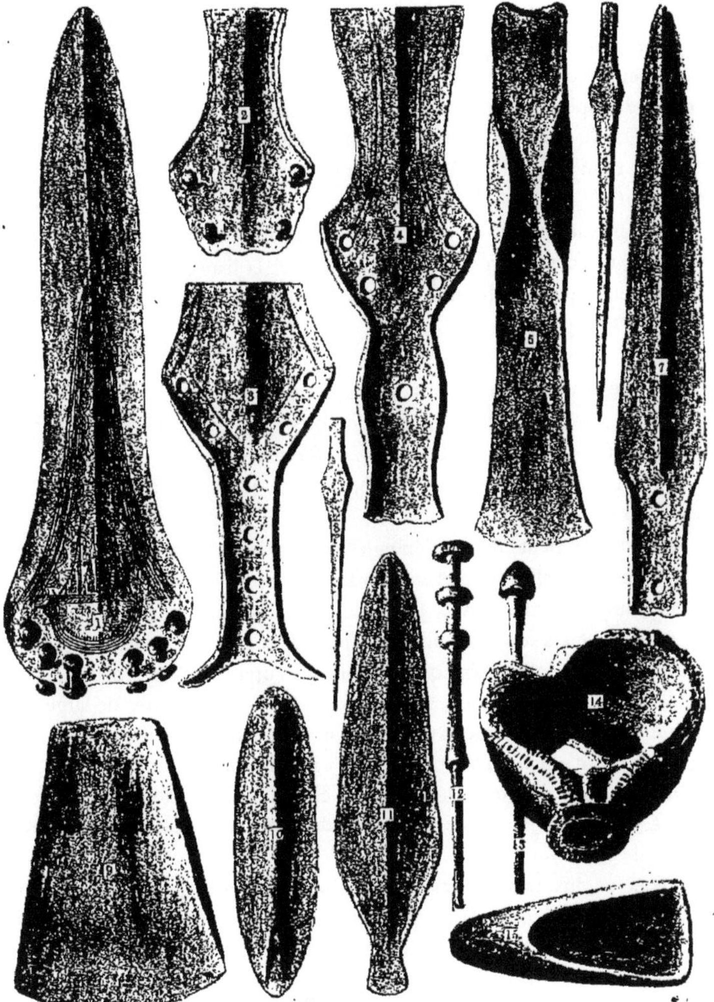

Fig. 53. — LAIBACH. Nos 14, 15 : 1/4 ; le reste, 1/2 gr.

6° Environ une douzaine ou à peu près d'aiguilles très pointues et très lisses, faites avec des esquilles détachées de la surface externe d'une côte.

Le chas, qui est placé à l'extrémité, a une forme soit ronde, soit allongée (n° 15).

7° Plusieurs os creux (dont quelques-uns de cygne sauvage), d'une longueur variant de 12 à 25 centimètres, portent dans leur canal des traces qui semblent avoir été produites par le frottement de fils. On suppose qu'ils ont été employés dans la fabrication des fils.

8° Des fragments de cornes d'élans ainsi que des maxillaires inférieurs de bœufs, dont on avait enlevé les dents, étaient utilisés comme polissoirs.

Métal (fig. 53). — Les objets en métal, actuellement au Musée de Laibach, sont au nombre de 24. Ils sont en bronze ou en cuivre. Jusqu'à présent on n'a pas trouvé trace de fer. En voici la liste :

1° Deux épées en bronze, à poignée plate, de 38 à 53 centimètres de long (n°s 3, 4).

2° Trois poignards en bronze de 19, 20, 29 centimètres de long (n°s 1, 2, 7). Le plus grand est fixé à la poignée par quatre rivets; le second par six, et sa lame est magnifiquement décorée ; le troisième par deux rivets dont la disposition diffère de celle des précédents.

3° Une hache en bronze à ailerons (n° 5) et une plate, qui passe pour être en cuivre (n° 9).

4° Des fragments de trois épingles en bronze (n°s 12, 13).

5° Deux bracelets minces en bronze, très usés.

6° Cinq objets en cuivre, paraissant être des poinçons (n°s 6, 8).

7° Sept objets tels que poignards, pointes de lances, couteaux, marteaux grossiers, sont considérés comme étant en cuivre pur (n°s 10, 11).

Bois. — Un bateau de 4m 50 de long sur 75 centimètres de large, terminé en pointe à chaque extrémité. Un autre bateau, mais qui n'est autre qu'un jouet d'enfant. Des fragments d'ustensiles tels qu'un grand plat, une cuiller en bois d'if, quelques bols. Quelques cailloux allongés roulés dans de l'écorce de bouleau. Des morceaux de corde en filasse et plusieurs rouleaux de fil de lin carbonisé.

Deux engins très intéressants, des pièges à castor, construits chacun d'un seul morceau de bois, portant à son centre deux valves mobiles. Celui qui est représenté à la figure 54 mesure 9m 60 de long, 30 centimètres de large et 10 centimètres de profondeur. Quand les valves sont ouvertes, l'orifice qu'elles découvrent mesure 22 centimètres sur 12. En les considérant comme des pièges à castor, j'ai basé mon opinion sur ce fait que l'on a trouvé dans leur voisinage des quantités considérables d'ossements de ces animaux parmi les restes alimentaires des Lacustres.

On a trouvé des appareils semblables dans des contrées très éloignées les unes des autres : en Irlande, dans l'Allemagne septentrionale, en Styrie, en Italie. Si rien ne prouve d'une façon péremptoire qu'elles étaient vraiment des pièges pour les animaux amphibies tels que la loutre et le castor, cependant cette hypothèse paraît la plus admissible, car on ne rencontre ces engins uniquement que dans des tourbières, qui primitivement étaient des lacs.

Restes organiques. — On a trouvé des ossements d'un grand nombre d'animaux, dont les espèces ont pu être déterminées. La liste suivante indique la fréquence relative de chacun d'eux :

	Nombre d'individus.
Mouton (espèce à cornes)	147
Chèvre	31
Bœuf domestique	35
Chien	16
Cochon de marais	35
Sanglier	28
Ours	18
Bison	17
Loup	2 à 3
Élan	3 à 4
Cerf	131
Chevreuil	12
Blaireau	31
Castor	52

Le *Bos primigenius* est représenté par un fragment de corne de 53 centimètres de long. La présence de coquilles de noisettes rongées révélait l'existence de petits rongeurs tels que le loir. Deux os (un métacarpien de cervidé et un cubitus d'ours) sont couverts de stries, comme s'ils avaient été limés. Celles-ci sont-elles l'œuvre intentionnelle de l'homme ou ont-elles été faites par un rongeur quelconque, il est difficile de le dire.

Il y a aussi une quantité considérable d'os d'oiseaux, de colonnes vertébrales de poissons, de mâchoires de carpes, de gros brochets, etc.., ainsi qu'un morceau de carapace de tortue (*Emis lutaria*).

Comme ossements humains, on ne trouva que deux crânes d'adultes, auxquels il manquait la face ; un autre d'enfant ; une mâchoire inférieure et quelques os des extrémités.

Malgré les recherches les plus minutieuses, on ne trouva pas trace de blé ; mais cela ne veut pas dire que les Lacustres ne connaissaient pas les céréales, car celles-ci s'altèrent très facilement, à moins qu'elles ne soient carbonisées. Cependant il est probable que l'agriculture n'était pas la principale industrie de la colonie, car les meules, qui existaient en grandes

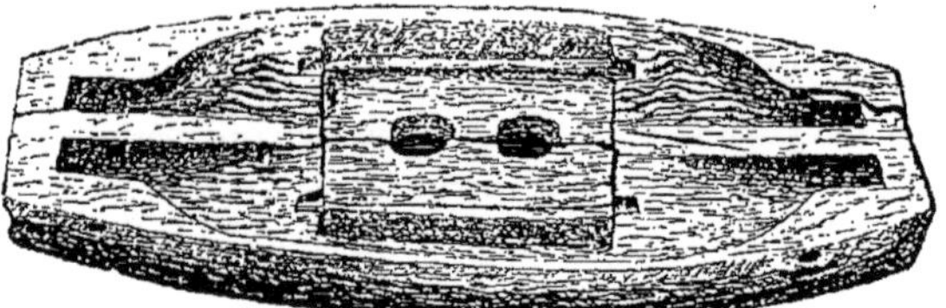

Fig. 54. — LAIBACH. *Machine en bois considérée comme étant un piège à castor.*

quantités, ont dû servir à broyer d'autres éléments que le blé, par exemple les noisettes, les châtaignes d'eau.

Parmi la grande quantité d'ossements d'animaux, on ne trouva pas un seul os de cheval, tandis que les cervidés sont au nombre d'au moins 500 et les castors de 140. Ce dernier chiffre est énorme, et montre que cette station est de beaucoup plus riche en ossements de castors que les stations de Suisse, telle que Moosseedorf par exemple où l'on n'a trouvé que huit de ces animaux. Leur espèce est maintenant éteinte dans le pays.

IV. — BOSNIE

AGES DE LA PIERRE ET DU BRONZE

Stations : RIPACH, DOLINE.

Ripach[1]. — Dans plusieurs endroits de la rivière d'Una (ou Oumna), on a découvert plusieurs couches de pilotis, dont les têtes étaient carbonisées, ce qui prouverait que la station a été occupée pendant un temps très long, qui irait de l'époque néolithique jusqu'à l'âge du Fer inclusivement. Il existe en effet plusieurs couches archéologiques distinctes, dans lesquelles les différentes époques sont nettement caractérisées par la nature des objets qu'on y trouve. Nous ne relaterons en fait de trouvailles que celles qui se rapportent aux âges du Bronze et de la Pierre.

1. Article ajouté par le traducteur d'après RADIMSKY, La station lacustre préhistorique de Ripac, Sârajevo, 1895.

Bronze. — Une hache à douille, abîmée pendant le moulage. Il existait très probablement en cet endroit un atelier de fonte, car on y a trouvé 13 moules pour haches à douille et autres objets, ainsi que des morceaux de bronze brut qui servaient probablement de matière première.

Pierre. — Un fragment d'herminette en gris verdâtre, quelques lames en jaspe rouge ou autre couleur, plusieurs pointes de flèches et quelques burins (?) en pierre polie. Des poids de filets, des polissoirs, un broyeur à grains.

Céramique. — Fusaïoles, bobines, etc... et une petite statuette, en terre cuite, représentant une femme.

Ossements [1]. — Une calotte cranienne mensurée nous révèle un crâne nettement dolichocéphale.

Parmi les ossements d'animaux [2] on note seulement des mammifères et des oiseaux. Les premiers sont : le porc, la chèvre, le mouton et divers bovidés. Les restes du cheval et du chien sont rares, ceux de l'ours encore plus. On a trouvé du dromadaire et peut-être de la poule. L'aurochs et le bison manquent complètement.

Cette station daterait de la fin du néolithique, mais serait surtout de l'âge du Bronze.

Dônje (Doline). — La station a existé pendant toute l'époque du Bronze et une partie de celle du Fer. Les pilotis étaient en chêne et les cabanes en chêne et en pierre.

Bronze. — Un poignard intéressant en ce qu'il montre le passage de la forme triangulaire à la forme ordinaire avec poignée en bronze à cinq rivets ; une épée ; des fibules de formes diverses. Des moules en grès et en terre, qui ont servi à cette fabrication, se trouvent en assez grand nombre.

Os. — Haches, haches-marteaux en bois de cerf, des bobines, des dents perforées.

Poterie. — Il y en a de deux sortes : l'une grossière, ayant servi à faire des écuelles et des pots avec trou de suspension ; l'autre en pâte fine, ayant servi à fabriquer des vases décorés de lignes droites, courbes et spirales. Les anses de quelques vases sont modelées en formes un peu stylisées de têtes de taureaux, etc... Des poids de filets ; des fusaïoles en terre cuite très richement ornées, des bobines, des plaques en terre cuite très ornées, dont le décor reproduit le swastica, sous différents motifs.

Ossements. — On a trouvé les restes des animaux suivants : sanglier, chamois, cerf, castor, *Bos primigenius*.

1. Gülck, Les ossements humains de la station de Ripac, Sarajevo, 1896.
2. Woldrich, La faune des vertébrés de la station lacustre de Ripac, Sarajevo, 1896.

Plantes. — Blé, orge, millet, pois, noisettes. Les céréales étaient écrasées à l'aide de meules dont on a trouvé un exemplaire de 40 centimètres de diamètre [1].

POLOGNE (GALICIE) [2]

Kwaczala [3]. — On a reconnu l'existence d'une palafitte, qui a donné un nombre considérable de tessons de poterie appartenant aux époques les plus primitives, fabriqués à la main. Le nombre des silex taillés, qu'on a recueillis, dépasse 300.

LAC DE CZESKEW

Le Dr Liebelt a découvert dans ce lac, situé près de Posen, des palafittes qui ont été habitées par l'homme à une époque très reculée. On y a recueilli de nombreux produits de l'industrie humaine, mais aucun objet en métal.

1. TRUHELKA, Village lacustre dans le lit de Sava, près de la vallée de Donje, Sarajevo, 1901.
2. Ajouté par le traducteur.
3. KOHN et MELLIS, Materialen zur Vorgeschichte der Menschen in östlichen Europa.

CHAPITRE IV

ITALIE

En dehors de la découverte de quelques instruments isolés faite dans la tourbière de Mercurago, dans le lac de Garde et dans le port de Peschiera, aucune exploration sérieuse n'avait été faite jusqu'en 1863. A cette époque, G. de Mortillet, Desor et Stoppani firent des fouilles dans le lac Varese et dans d'autres lacs de Lombardie. C'est à partir de ce moment que la question des palafittes prit immédiatement un essor considérable et que l'on vit s'accroître d'une façon rapide le nombre des stations lacustres du sud des Alpes, en même temps que le nombre des chercheurs s'augmentait dans les mêmes proportions. Si bien qu'on peut dire qu'il n'est pas de lac, si petit soit-il, qui n'ait fourni sa contribution.

LAC DE VARESE

(Lombardie)

AGES DE LA PIERRE ET DU BRONZE

Stations : Ile Virginia, Bodio, Cazaggo-Brabbia, Bardello, Biandrono, La Brabbia, Pustenga.

Le lac de Varese a une forme très irrégulière : sa longueur, qui est de 9 kilomètres environ, représente à peu près le double de sa plus grande largeur. Il occupe une cuvette dont la plus grande profondeur est de 25 mètres, et, bien que bordé par de hautes montagnes, ses rives sont plutôt plates ou en pente légère. Il est situé à une altitude de 230 mètres et à 40 mètres au-dessus du lac Majeur, dans lequel il déverse son trop-plein par l'intermédiaire du Bardello, cours d'eau qui sort du lac à son extrémité nord.

La campagne environnante est fertile et bien cultivée, excepté dans sa partie sud où le lac se continue avec la tourbière de la Brabbia.

Ile Virginia (Isola Virginia ou Camilla). — Cette île est petite, de forme ovale, et située près de la rive occidentale, dont elle est distante de 75 mètres. Sa longueur est de 220 mètres et sa largeur maximum de 90

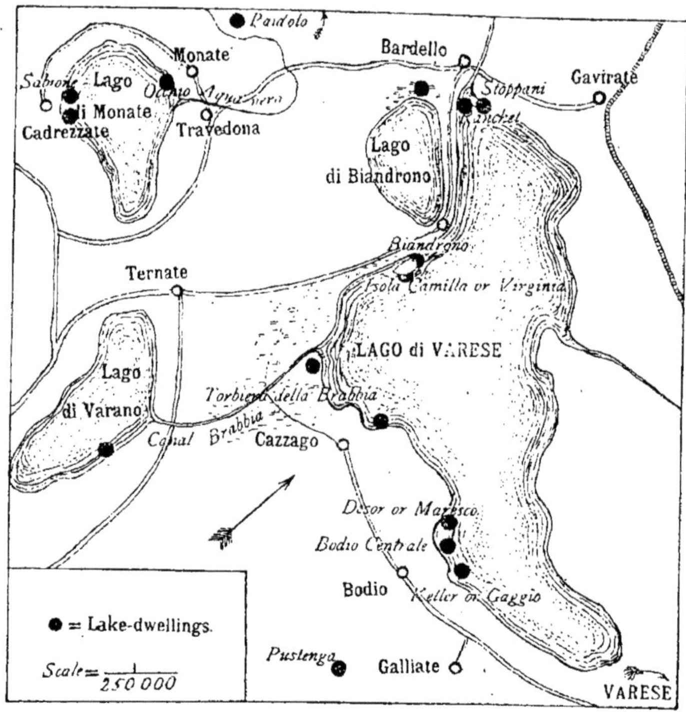

Fig. 55. — Carte des lacs de Varese, de Monate et de Varano.

mètres. Sa superficie est de 12 mille mètres carrés. Son point le plus élevé est à peine à 2 mètres au-dessus du niveau moyen du lac. Il existe, dans cette île, une petite construction de deux étages qui a été convertie en Musée archéologique.

On a découvert des pilotis au sud-est de l'île sur une longueur de 90 mètres, ainsi qu'au nord-est. Des fouilles faites dans différentes parties de l'île démontrèrent d'une façon indiscutable que celle-ci était artificielle,

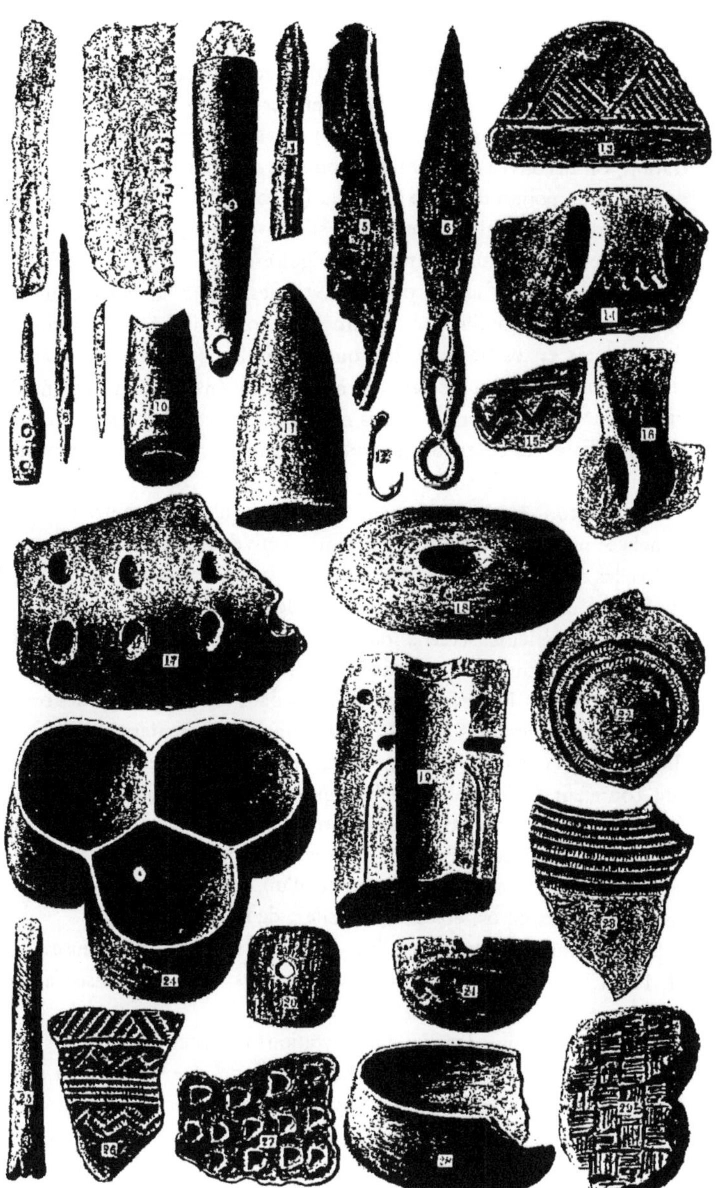

Pl. 27. — Ile Virginia. N° 25 : 1/4 ; le reste, 1/2 gr.

que son sol reposait sur une construction en pilotis, pour l'édification de laquelle on estima qu'il avait fallu employer 40.000 pieux environ.

Dans le cours des fouilles, qui furent faites pour arriver à cette démonstration, on découvrit une monnaie romaine de Marc-Aurèle, un fragment de moule de pointe de lance à douille (pl. 27, n° 19) ; deux haches polies et deux poids en argile ; une scie en silex avec une poignée en bois, deux épingles en os, et plusieurs pierres à aiguiser.

Dans une autre fouille, on découvrit les objets suivants : un silex monté sur un andouiller (n° 3) ; un petit poids piriforme en terre ; plusieurs objets en os travaillé, tels que : aiguilles (nos 7 à 9), poinçons, ciseaux (n° 25), manches, etc... ; un couteau (n° 5) et un poignard en bronze (n° 6) ; deux perles ovales en verre coloré, avec des sillons transversaux. Tous ces objets ont été trouvés dans la couche de terrain située juste au-dessous de la surface du sol.

D'une façon générale, les têtes de pieux qu'on rencontrait dans les tranchées pratiquées dans l'île, étaient au niveau de l'eau du lac, tandis que celles qui étaient dans le lac même se trouvaient à un mètre ou plus au-dessous de ce niveau, selon la profondeur de l'eau. On a constaté que la couche supérieure seule a fourni des monnaies romaines, à côté desquelles on trouvait des objets des âges de la Pierre et du Bronze, ce qui s'explique par les bouleversements opérés dans le sol par suite des travaux agricoles pratiqués dans l'île. La seule couche qui renfermait des ustensiles entiers, était celle qui était située juste sur l'ancien dépôt lacustre ; elle contenait également les débris que l'on a l'habitude de rencontrer dans les couches archéologiques lacustres, c'est-à-dire des coquilles de noisettes, de glands, des morceaux de bois carbonisés, des ossements de différents animaux (entre autres le crâne d'un énorme sanglier), ainsi que des instruments en os, en corne, en silex, de la poterie, etc...

Les trouvailles faites dans l'île Virginia sont si nombreuses, que M. Ponti leur a consacré deux salles spéciales dans son Musée archéologique.

Poterie. — Comme dans les autres stations lacustres de ce lac, on trouve deux sortes de poterie : l'une noire, faite d'une pâte fine, qui a servi à confectionner la plupart des vases ; l'autre, grisâtre, parfois rougeâtre, dans laquelle on voit des grains de sable, qui lui donnent une apparence grossière. Les ustensiles entiers ou à l'état de fragments, qui sont au Musée Ponti, témoignent d'une habileté considérable dans l'art de la céramique. Outre les mamelons perforés, les mamelons tubulaires pour le passage des cordes de suspension (n° 17), on observe plusieurs formes d'anses, comme on le voit aux nos 14 et 16. Cette dernière est particulièrement intéressante en ce qu'elle montre la première ébauche de l'anse lunulée, qui constitue la caractéristique de la poterie de toute la partie orientale de la vallée du Pô.

La diversité des décors est aussi à noter : ce sont principalement des pointillés en relief, des empreintes d'ongles et de cordes, des bords perforés, des rainures hachurées, qui forment des combinaisons très variées (nos 13, 15, 22, 23, 26, 27). Le n° 29 représente un fragment sur lequel se voit l'empreinte d'une natte. Le n° 24 nous montre un ustensile entier bien curieux : il est constitué par trois coupes réunies, qui communiquent entre elles grâce à un petit trou placé dans chacune des cloisons qui les séparent. La pâte grossière n'était employée que pour la fabrication des vases de grande dimension. Il y avait encore des poids de tisserand, des fusaïoles (n° 21), des objets coniques percés verticalement (n° 10) ; des clayonnages que l'on suppose être les débris des parois des huttes.

Os et corne. — Les objets en os et en corne sont très nombreux, entre autres les poignards polis, les poinçons, les ciseaux (n° 25), les aiguilles (nos 7 à 9), ainsi que quelques dents perforées.

Pierre. — Les haches et les ciseaux en pierre sont extrêmement nombreux, il n'y en a guère qu'un ou deux en jade. Bien que je n'aie remarqué qu'un seul fragment de hache perforée, néanmoins l'art de forer la pierre était connu et pratiqué avec une grande habileté, car on a trouve des fusaïoles et d'autres instruments, qui présentaient des perforations très nettes (n° 18). Il y avait également des marteaux en pierre (quelques-uns portaient des dépressions pour la place des doigts), des broyeurs à blé, des polissoirs. Ceux-ci étaient représentés par deux modèles différents : les uns étaient constitués par de grandes plaques en pierre, les autres étaient des polissoirs à main, dont la forme rappelait celle d'une hache (n° 11) et qui sont spéciaux sinon aux palafittes de Varese, tout au moins au nord de l'Italie, car je n'en connais guère qu'un seul qui ait été trouvé en dehors de cette région, à Viadana.

Parmi les objets en silex, ce sont des couteaux, des grattoirs, des scies, des pointes de flèche, des ciseaux (fig. 68, nos 8, 14, 15), et une grande quantité de nucleus, de lames et d'éclats. En ce qui concerne les petits instruments tranchants, le silex n'était pas la seule roche employée par les

Lacustres, car on a trouvé 36 belles lames en obsidienne (n° 4) et plusieurs pointes de flèches en quartz.

Bronze. — En fait de bronze, le Musée ne renferme guère que 15 objets, en y comprenant ceux qui sont à l'état de fragments, ce sont des couteaux, des hameçons, etc... (n°s 5, 6, 12).

Ambre. — Il existe un morceau d'ambre qui semble avoir été utilisé comme parure.

On a recueilli aussi de petits morceaux de bois perforés, ayant une forme carrée ou ovale, que l'on croit avoir été employés comme flotteurs pour les filets.

Parmi les restes de graines ou de fruits, Sordelli a pu déterminer : le millet (*panicum miliaceum*), le blé (*triticum vulgare*), la ronce (*rubus fructicosus*), la vigne (*vitis vinifera*).

Les ossements déterminés ont été ceux des animaux suivants : ours, loup, blaireau, castor, sanglier, cerf, chevreuil, etc... Les animaux domestiques étaient également représentés. On a trouvé aussi deux mâchoires humaines.

M. Castelfranco, qui a étudié avec soin les différentes fouilles faites à cet endroit, est arrivé à formuler la théorie suivante, qui explique bien la succession des événements, qui se sont produits dans l'évolution de l'Isola Virginia, si toutefois on peut employer ce terme :

1° La première palafitte a été détruite par l'incendie vers la fin de l'âge du Bronze ou le commencement de l'âge du Fer.

2° Ses habitants se livraient à la chasse, à la pêche, à l'élevage et à l'agriculture.

3° Peu après la destruction de la cité lacustre, les nouveaux occupants transformèrent la plus grande partie de son emplacement en une véritable île, en entassant les terres qu'ils avaient extraites sur la berge, à l'endroit où il existe maintenant un canal qui sépare l'île de la terre ferme. C'est ce qui explique que, dans les couches supérieures, on trouve mélangés à du sable, des graviers et de la vase, les vestiges provenant des premiers habitants.

4° Les nouveaux occupants auxquels Castelfranco attribue la transformation de la palafitte en île, étaient les Ligures, dont les sépultures à incinération ont été trouvées en très grand nombre dans le voisinage.

[1] En 1904, Castelfranco fit une nouvelle fouille qui lui donna une lame

1. Ajouté par le traducteur d'après CASTELFRANCO, Abbozzi di ascie metalliche rinvenuti nell' Isola Virginia (*Bolletino di Paletnologia italiana*, 1905, série IV, t. I, 195).

Pl. 28. — Bodio, Cazzago, Bardello. Nos 24, 31, 39, 43, 44 : 1/4 ; le reste : 1 2 gr.

de poignard en silex de 75 millimètres de large ainsi que des fragments d'une autre semblable. Plus profondément il trouva des ébauches d'instruments en silex, des fusaïoles en terre cuite, et des fragments ornés de figures géométriques, provenant d'un ou deux vases à ouverture quadrangulaire. Sa découverte la plus importante fut celle de cinq haches en bronze, à l'état d'ébauche, dont la plus grande avait 169 millimètres de long sur 61,5 millimètres de large et pesait 300 grammes. L'analyse du métal donna :

Cuivre	97,23
Argent	0,59
Nickel, étain, plomb	2,18
	100,00

La forme des haches est intermédiaire entre les haches plates et celles à ailerons. Elles ressemblent tout à fait à celles qu'on a trouvées dans la cachette de Pieve Albignola, près de Pavie, ainsi qu'à Saint-Prex et dans le bassin du Rhône. C'est ce type que Gross range dans la troisième époque de l'âge de la Pierre.

Castelfranco considère que cette trouvaille vient combler une lacune et qu'elle est une nouvelle preuve que les Lacustres occidentaux connaissaient toute la technique de la fabrication du bronze; qu'ils fondaient ce métal et qu'il est probable qu'ils devaient se servir du marteau pour travailler le bronze et le cuivre.

Bodio. — La baie qui est en face de ce village renferme les restes de trois stations : celle de « *Keller* » ou *del Gaggio*, au sud ; celle de *Bodio centrale* ou *delle Monete*, et enfin celle de *Desor* ou *delle Moresco*. Elles ne sont éloignées du rivage guère de plus de 30 mètres et la station du centre est à peu près à égale distance des deux autres, soit environ 800 mètres. Celle-ci semble avoir été un véritable steinberg, car sa surface était couverte de pierres. Du reste Stopani fait remarquer à ce sujet que ces steinbergs étaient beaucoup plus nombreux, mais que l'on savait d'une façon certaine qu'un certain nombre d'entre eux avaient disparu, parce que l'on en avait enlevé les pierres pour en faire des constructions. Tout d'abord on recueillit des objets en bronze, surtout à la station Keller; de la poterie, surtout à la station Desor, tandis que la station centrale avait fourni un véritable trésor de monnaies romaines. Mais des recherches subséquentes n'ont pas permis de conserver cette classification basée sur la nature des trouvailles et l'on sait maintenant que toutes ces stations appartiennent à la même époque.

Pl. 29. — Tourbière de Cazzago-Brabbia (excepté le n° 1). Nos 18, 35 : 1/5 ; le reste : 1/2 gr.

La pl. 28 représente un certain nombre d'objets trouvés dans ces stations.

Cazzago-Brabbia. — La station est située en face du village du même nom. Elle s'étend parallèlement à la berge sur une longueur de 150 mètres environ. Dans sa largeur, elle présente une forme un peu irrégulière, et, à en juger d'après la disposition de son pilotis, il semblerait qu'il y a eu deux stations de forme rectangulaire, qui se touchaient presque. Parmi les objets en bronze qu'on y a trouvés, nous citerons : 4 pointes de lances, 1 ciseau, 1 poinçon, 10 hameçons, 4 épingles à cheveux, 1 fibule, etc... Il y avait aussi quelques belles pointes de flèches en silex.

Bardello. — Près de l'embouchure de la rivière, se trouvent deux stations : l'une sur la rive gauche, l'autre sur la rive droite. La première, appelée *Ranchet*, du nom de celui qui l'a découverte, est une petite station située à environ 200 mètres de l'embouchure et à 5 ou 6 du rivage. Elle mesure environ 50 mètres de long et 40 de large. On y a trouvé une grande quantité d'ossements d'animaux domestiques, ainsi que des pointes de flèches en silex et en os, des fusaïoles et des tessons de poterie. Ranchet signale également une petite pointe de lance en bronze, un fragment de vase contenant une matière noire adhérente à la paroi (on croit que ce sont des restes d'aliments), et des morceaux d'une autre pâte noire très fine.

La station de la rive nord, à laquelle Regazzoni a donné le nom du professeur *Stopani*, est à environ 100 mètres de l'embouchure du Bardello, dans la direction de Gavirate. Elle a la forme d'un parallélogramme, de 60 mètres sur 40, et, comme dans la précédente, ses pieux sont disposés en lignes parallèles. Parmi les objets trouvés, nous citerons : des ossements de bœuf, de chèvre, de cerf, de cochon ; des pointes de flèches, des grattoirs, etc.., plusieurs instruments en os. La présence de deux épingles en bronze et d'une hache à ailerons suffit à montrer que la station est de la même époque que les autres du lac de Varese.

Marinoni a parlé d'une autre station, qui serait située en face de Gavirate, mais ni Regazzoni ni Ranchet n'ont pu en déceler les moindres vestiges.

TOURBIÈRE DE BIANDRONO

(LOMBARDIE)

AGES DE LA PIERRE ET DU BRONZE

Le lac de Biandrono, qui primitivement couvrait une surface beaucoup plus grande qu'aujourd'hui, se continue, à son extrémité nord-ouest, par une vaste tourbière, dans laquelle le Dr B. Quaglia a découvert les restes d'une véritable palafitte, située sous une couche marécageuse de 2 mètres. Cette station est à environ 200 mètres du lac, elle a la forme d'un parallélogramme et renferme des pieux massifs disséminés sur toute sa surface. Elle présente ce fait très curieux, qu'elle a fourni des objets caractéristiques de toutes les périodes, depuis le néolithique le plus ancien jusqu'à l'âge du Fer inclusivement. Parmi les objets signalés comme provenant de cette station, nous citerons en particulier : des haches en pierre polie, des pointes de flèches et de lances en silex jaune et en silex noir ; des tessons de poterie, dont quelques-uns en pâte fine avaient été faits au tour, et dont les formes étaient extrêmement élégantes ; deux hameçons en os et deux rames, qui sont actuellement au Musée de Varese. Quatre objets assez curieux semblables à celui trouvé à la tourbière de Cazzago-Brabbia (pl. 29, nº 18). Tous ces objets ont été dispersés de tous les côtés, en particulier dans les Musées de Pavie, Milan, Varese et Côme.

TOURBIÈRE DE LA BRABBIA

(LOMBARDIE)

AGES DE LA PIERRE ET DU BRONZE

La station se trouve à l'embouchure de la Brabbia, sur la rive orientale. A côté des objets habituels en silex (nos 2 à 8), on en a trouvé d'autres qui méritent une mention spéciale : plusieurs fibules d'une forme particulière (nos 9 à 15), dont une (nº 12) est en fer. Un objet est assez curieux, il est fait d'une série d'anneaux en bronze que l'on suppose être une épaulette. Comme autres objets en bronze, nous citerons des épingles à cheveux (nos 22 à 28), une pendeloque (nº 17), une hache à ailerons (nº 21) et un anneau (nº 19). Il y avait également une hache plate en cuivre. Parmi les haches et ciseaux en pierre, il y en avait plusieurs en jade. Le nº 33 représente une hache en chloromélanite. Quaglia a recueilli une pierre plate assez curieuse, qui a la forme d'une roue, avec un grand trou au centre et qui se termine par un bord tranchant. On a trouvé aussi des fusaïoles en terre cuite, beaucoup de poteries (nos 34 et 35), et deux pendeloques en ambre ainsi que deux magnifiques harpons en corne de cerf (nº 32). Des morceaux de bois, de forme carrée, perforés au centre, ont été considérés comme ayant servi de flotteurs pour des filets de pêche.

Parmi les ossements, nous citerons un crâne de cervidé avec une partie des bois encore attachée au frontal.

PUSTENGA

Entre Golliate et Doverio, se trouve une plaine, appelée Pustenga, qui n'est qu'une tourbière, dans laquelle on a fait quelques trouvailles qui n'ont rien de particulier.

LAC DE MONATE

(LOMBARDIE)

AGES DE LA PIERRE ET DU BRONZE

Stations : SABIONE, POZZOLO, OCCHIO.

Ce lac renferme deux stations situées près du village de Cadrezzate.

Sabione. — Cette station est la plus vaste et celle qui est placée le plus au nord. Elle est à 50 mètres du rivage et occupe un espace rectangulaire d'environ 100 mètres de long et de 60 mètres de large. Sur toute cette surface sont disséminées d'énormes buttes de pierres, distantes de 3 ou 4 mètres les unes des autres. On a trouvé des pilotis aussi bien sur ces steinbergs que dans les intervalles qui les séparaient. Ces derniers devaient très probablement servir de voies de communication, pour permettre aux habitants de circuler entre les huttes qui étaient construites sur les pieux maintenus par les pierres.

Les trouvailles sont semblables à celles de Varese. Parmi les principaux objets, nous citerons : une hachette en bronze de 12 centimètres de long sur 5 de large ; des tessons de poterie avec des anses de formes diverses ; des ustensiles de cuisine contenant une sorte de croûte noire, dans laquelle l'analyse permit de reconnaître des moitiés de glands, ce qui fit penser que ces restes étaient ceux d'une purée faite avec ces fruits. Une fusaïole mince, de 5 centimètres de diamètre, portait sur sa surface des pointillés, qui y avaient été faits dans un but ornemental. Une pointe de flèche en silex et une hache en pierre, qui avait été transformée en polissoir. Des coquilles de noix et des noyaux de cornouilles.

Pozzolo. — Cette station renferme comme la précédente des monticules de pierres, mais leurs dimensions sont moitié moindres. Les principales trouvailles qui y ont été faites sont les suivantes :

Bronze. — Une pointe de lance ou poignard triangulaire de 8 centimètres de long et de 25 millimètres de large à sa base, sur laquelle l'on voyait deux trous de rivets; une épingle à cheveux avec une tête en anneau; un hameçon.

Pierre. — Quelques éclats, des pointes de flèches et un ciseau en silex noir, un marteau et un polissoir en forme de hache.

Poterie. — Des tessons de pâte fine et grossière. Des vases contenant la substance décrite plus haut.

Occhio. — Cette station est située près de Monate. Elle consiste en un amas de pierres immergées à 3 ou 4 mètres de profondeur. On a pu à grand'peine en ramener les objets suivants : des éclats de silex, du charbon de bois, des tessons de poterie, des coquilles de noisettes, un hameçon en bronze. Cela suffit à montrer qu'elle est de la même époque que les précédentes.

LAC DE VARANO (DE TERNATE OU DE COMABBIO)

Castelfranco a pu reconnaître l'emplacement de huit stations, situées surtout sur la rive orientale. Mais les récoltes qu'il a pu faire sont trop peu importantes pour qu'on en fasse mention. On peut dire toutefois qu'elles sont de même ordre que celles des lacs précédents. On a noté l'absence absolue d'ossements, ce qui paraît inexplicable.

TOURBIÈRE DE MOMBELLO

(LOMBARDIE)

Entre les villages de Mombello et Cerro, sur la rive orientale du lac Majeur, à plusieurs kilomètres au sud de Laveno, existe une petite tourbière dans laquelle le Dr Carlo Tinelli a découvert les restes d'une palafitte.

On y a recueilli les objets suivants : des silex en quantité considérable, en particulier deux scies, une pointe de lance et un magnifique éclat, formant couteau (pl. 29, n° 1), qui est au Musée de Varese; des fragments d'ustensiles grossiers sans anse ni ornementation. Trois bateaux, d'une construction grossière et semblables à ceux de Mercurago, ont été trouvés à une profondeur de 2m 50. L'un d'eux a 2m 15 de long; il est au Musée de Varese.

Il y avait en outre des ossements de cerf, de chèvre, de chevreuil.

TOURBIÈRE DE VALCUVIA

(LOMBARDIE)

Entre Santa-Maria di Cuveglio et Cavona se trouve un bassin tourbeux, qui fut autrefois un lac. En faisant une coupe du sol, on rencontre à la surface une couche de terre végétale de 25 centimètres d'épaisseur, puis une tourbe spongieuse d'une épaisseur de près d'un mètre, enfin une couche de tourbe solide de 1^{m} 10 d'épaisseur. Au-dessous, on voit un dépôt vaseux noirâtre, dont la profondeur est inconnue et dans lequel les pieux étaient enfoncés. Ceux-ci avaient de 1^{m} 50 à 3 mètres de long et de 20 à 25 centimètres de diamètre. Ils étaient très serrés les uns contre les autres et au-dessus d'eux on voyait plusieurs poutres horizontales.

Les objets recueillis consistaient en poterie, couteaux en bronze et en fer, charbon de bois, etc... Tout a été dispersé.

TOURBIÈRE DE BRENNO

(LOMBARDIE)

Elle est située le long du chemin de Varese à Porto-Ceresio, sur le lac de Lugano. On y a trouvé un bateau, des épées en bronze et en fer, des fibules, des bracelets (fig. 56, n° 14), des ossements d'hommes et d'animaux domestiques, mais aucun objet en silex.

LAC DE LECCO

(LOMBARDIE)

On y a découvert des pilotis qu'on a cru tout d'abord être l'emplacement d'une palafitte, mais qui sont vraisemblablement modernes.

LAC D'ANNONE

(LOMBARDIE)

On avait cru y voir des pieux pouvant indiquer l'existence d'une palafitte, mais on a reconnu que c'était simplement les débris d'un pont.

LAC DE PUSIANO

(LOMBARDIE)

A l'extrémité nord de l'*île des Cyprès* on a reconnu l'emplacement d'une station lacustre. Les trouvailles qu'on y a faites se bornent à quelques objets en silex : scies, grattoirs, lames et pointes de flèches, un fragment de fusaïole en terre cuite, plusieurs os et dents d'animaux.

TOURBIÈRE DE BOSISIO

(LOMBARDIE)

Elle est située à l'est du lac de Pusiano. On y a trouvé, à une profondeur de 3 mètres, une superbe épée en bronze (fig. 56, n° 10). On y a fait également d'autres trouvailles, qui ont été dispersées de tous côtés. Villa

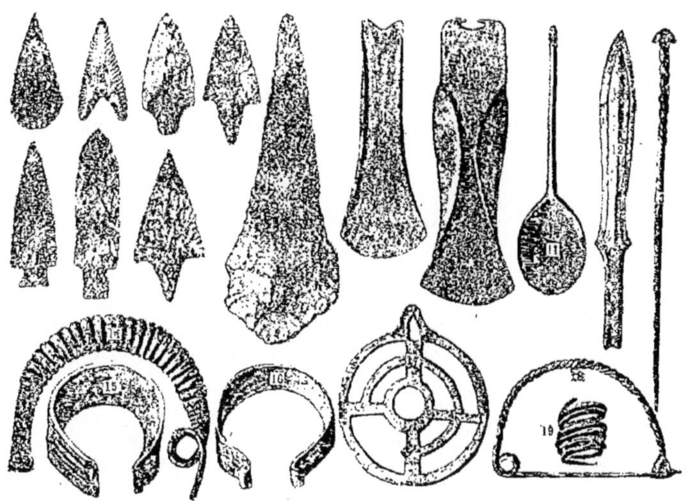

Fig. 56. — Bosisio (1 à 7, 10, 11). Capriano (13 et 15 à 19). Brenno (14). N°s 9 à 12 : 1/4 ; le reste : 1/2 gr.

parle de pointes de flèches, de bois brûlé, de troncs d'arbres, de débris de paille, etc... Parmi les objets, qu'on peut voir dans différents Musées, nous citerons : une cuiller en bronze (n° 11) (qui est probablement moins ancienne que le reste), de très belles pointes de flèches (nos 1 à 7) et une pointe de lance en silex. Un crochet en fer, de forme moderne, a été trouvé à 3 mètres de profondeur.

TOURBIÈRE DE CAPRIANO

(LOMBARDIE)

Cette tourbière se trouve près de Renate. A une profondeur de 2 mètres on a recueilli plusieurs objets en bronze assez remarquables, entre autres : une épingle à cheveux (fig. 56, n° 13), une fibule (n° 18), trois bracelets (n°s 15, 16), une pendeloque (n° 17), une spirale (n° 19).

Si l'on compare ces trouvailles à celles du même ordre faites en Suisse, on peut les classer dans la première période de l'âge du Fer.

TOURBIÈRE DE MAGGIOLINO

(LOMBARDIE)

On y a trouvé des pieux, des os, des tessons de poterie, des couteaux et pointes de flèches en silex, etc., qui provenaient évidemment d'une ancienne palafitte.

TOURBIÈRE DE MERCURAGO

(LOMBARDIE)

Cette tourbière a une forme ovale, mais ce n'est que dans un espace circonscrit à son extrémité nord-est et à 40 mètres du rivage, que se trouvent les pilotis et la couche archéologique. Sur un espace de 3 mètres carrés environ, on a compté 22 pieux, réunis ensemble par des traverses (fig. 57). Le dépôt superficiel de tourbe avait une épaisseur d'environ 2 mètres et les têtes des pieux traversaient la moitié de cette épaisseur, tandis que leur extrémité inférieure s'enfonçait d'environ 90 centimètres à 1 m 20 dans le limon lacustre situé au-dessous. Entre ce limon et la tourbe sus-jacente, il y avait un lit de fougères, au-dessus duquel on trouva trois ustensiles en terre en bon

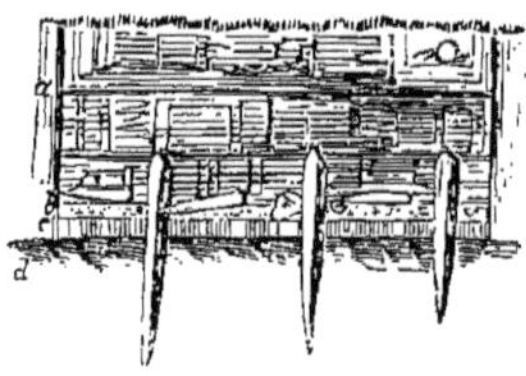

Fig. 57. — Coupe d'une portion de la Tourbière de Mercurago, montrant la distribution des piliers.

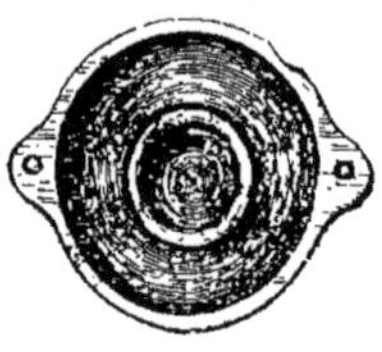

Fig. 58. — Couvercle d'un vase en terre. 1/3 gr.

état, dont l'un semblait être un couvercle (fig. 58), en même temps qu'une grande quantité de tessons, une épingle en bronze (fig. 64, n° 6), des grattoirs (n° 8), dont un de 12 centimètres de long (n° 7), plusieurs

Fig. 59. — POINTES DE FLÈCHES. 2/3 gr.

pointes de flèches (fig. 59) et un véritable lit de lames en silex, plusieurs coquilles de noisettes et des noyaux de cornouilles.

La poterie était faite d'une pâte noirâtre mélangée de grains de sable ou de quartz. Quelques ustensiles étaient ornés de dessins en zig-zag, séparés par des lignes parallèles (fig. 64, n° 13). Plusieurs étaient munis d'anses,

Fig. 60. — VASE EN TERRE AVEC DES RESTES DE CORDE ATTACHÉE AUX ANSES.

de petites oreilles ou de mamelons perforés ; deux d'entre eux portaient encore un morceau de la corde qui avait servi à les suspendre (fig. 60 et 61).

Parmi les autres objets de cette station, nous citerons : deux poignards en bronze, dont l'un avait conservé les rivets qui servaient à fixer la poignée (fig. 64, 1) ; deux épingles en bronze (nos 2 et 4) ; une ancre en bois de 1 mètre de long, se terminant à une extrémité par deux crochets et à l'autre par un trou pour le passage d'une corde ; un bateau de 2 mètres

Fig. 61. — Vase en terre. 1/2 gr.

de long, d'un mètre de large, et de 30 centimètres de profondeur (fig. 62); près de ce bateau, un foret en bronze (fig. 64, n° 5) ; une fusaïole bien polie,

Fig. 62. — Portion d'un bateau.

en terre cuite, de 37 millimètres de diamètre (n° 22) ; une autre en pierre ollaire, un ustensile en bois et des flotteurs pour filets ; des ustensiles en terre de toutes formes (n° 12) et 16 perles coniques en pâte vitreuse, qui,

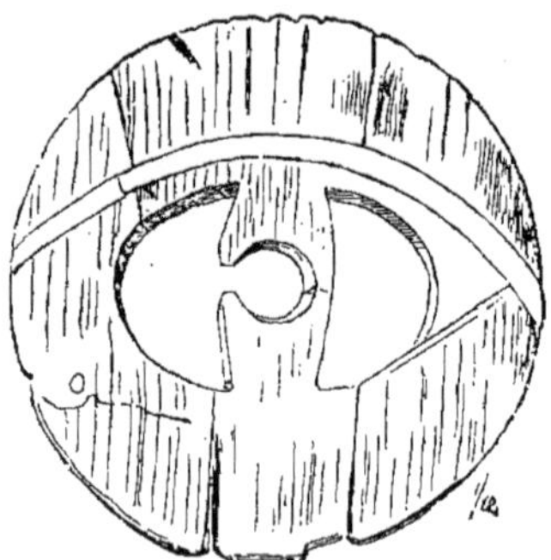

Fig. 63. — Roue en bois.

réunies, formaient un très beau collier (n° 9); un gros gâteau en terre cuite, perforé au centre (n° 18).

Mais ce qu'il y a de plus intéressant c'était deux roues en bois. L'une (fig. 63) était faite de trois planches réunies par deux traverses, assemblées en queue d'aronde; au centre était un trou rond qui sur chaque face avait l'aspect d'un croissant. Cette roue, qui n'était pas tout à fait cir-

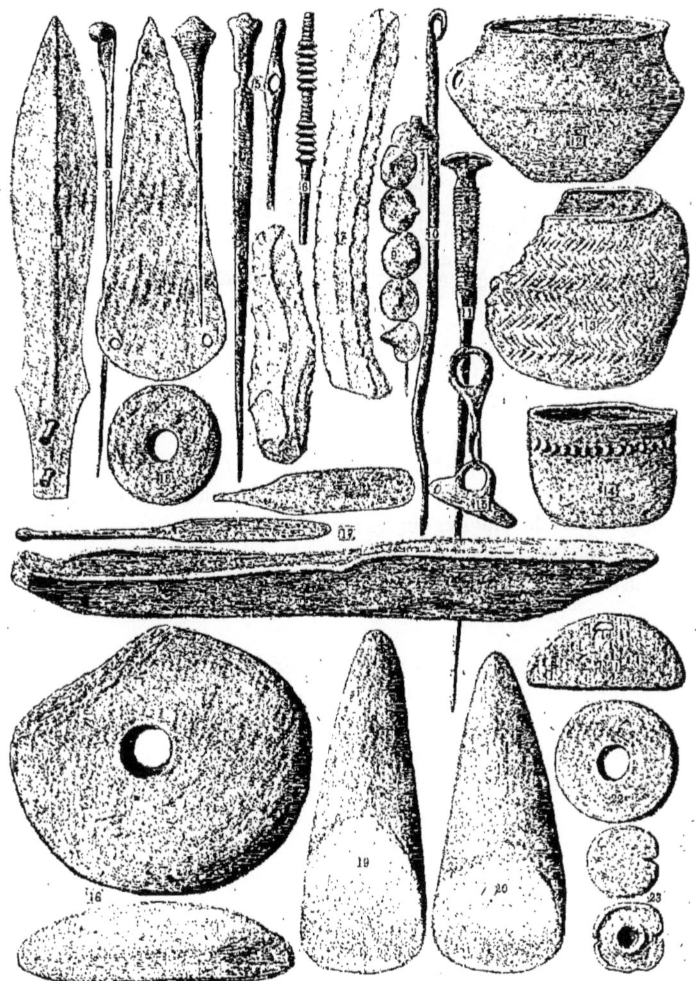

Fig. 64. — MERCURAGO (1 à 9, 12, 13, 18, 22). BORGO-TICINO (19). SAN MARTINO. Nos 12, 14, 18, 21, 23 : 1/4. N° 13 : 1/6. N° 17 : 1/24, les rames : 1/20 ; le reste : 1/2 gr.

culaire, avait un diamètre moyen de 60 centimètres. L'autre (fig. 65) n'était pas construite de la même manière. Elle avait six rayons; deux d'entre eux étaient d'une seule pièce avec le moyeu, et leurs extrémités faisaient partie intégrante de la jante. Les quatre autres, deux de chaque côté, réunissaient la jante au moyeu. Les différentes pièces formant la

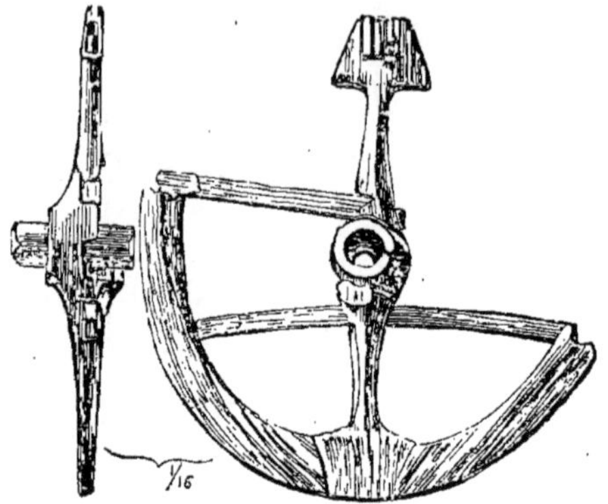

Fig. 65. — Roue en bois.

jante étaient unies par des mortaises, qui indiquaient une grande perfection de la part de l'ouvrier qui les avait faites. Ces roues étaient tellement pourries que l'on ne put les conserver, mais on en prit le moulage, qui est actuellement au Musée de Turin.

TOURBIÈRE DE BORGO-TICINO

(LOMBARDIE)

On a fait des trouvailles analogues à celles de Mercurago, dans différentes localités, en particulier dans le district de Pennino, près de Borgo-Ticino, ainsi que dans le marais de GAGNANO, mais les objets recueillis ont été dispersés de tous les côtés. Nous avons pu cependant nous procurer le dessin d'une hache en pierre fait par Gastaldi, que nous reproduisons dans la figure 64, n° 19.

TOURBIÈRE DE SAN-MARTINO (SAN-GIOVANNI DEL BOSCO)

(LOMBARDIE)

Ce bassin, de nature morainique, est situé dans le voisinage d'Ivrée, juste au sud du village de Giovanni. Il a fourni de temps à autre des objets qui ne laissent aucun doute sur l'existence d'une habitation lacustre en cet endroit. La tourbière a une forme elliptique de 2 kilomètres de long sur un de large.

Sous la tourbe ordinaire, se voit une couche de limon noirâtre, qui, une fois séché, est combustible; sous elle sont les couches stratifiées de l'ancien limon lacustre, consistant en une substance argileuse blanchâtre. C'est dans la couche noirâtre intermédiaire que l'on trouva, en septembre 1864, un bateau de 3^{m} 60 de long, de 54 centimètres de large et de 20 centimètres de profondeur (un modèle de ce bateau est au Musée de Turin). Quelques années plus tard, on trouva un autre bateau, un peu plus grand, avec deux pagaies (fig. 65, 17). Nous signalerons en outre les objets suivants : de la poterie (n° 14); un couvercle de vase (n° 23), exactement semblable à celui de Mercurago (fig. 58); des instruments en silex et en pierre (fig. 65, n° 20); des flotteurs en bois (n° 21); deux épingles en bronze (n°s 10, 11), et une pendeloque en bronze très curieuse (n° 15), que l'on croit d'origine étrusque ou romaine, mais en tout cas de date beaucoup plus récente que le reste.

La région occidentale du Pô renferme d'autres tourbières qui ont fourni des objets préhistoriques, mais sans aucun pilotis, ni quoi que ce soit pouvant faire penser à un emplacement d'habitation lacustre. Ce sont les tourbières de TORRE BAIRO, de MONGENET, de BOLENGO, de TRANA, de PIVERONE, d'OLEGGIO-CASTELLO.

LAGOZZA

(LOMBARDIE)

AGE DE LA PIERRE

On donne ce nom à un petit bassin tourbeux, naturel, situé sur un petit plateau formé de débris morainiques, à environ 6 kilom. 500 de Gallarate, dans la province de Milan. Il a la forme d'un ovale irrégulier et couvre une superficie de 4 à 5 hectares. Le pilotis occupait, au centre du bassin, un espace rectangulaire d'environ 75 mètres de long et de 25 à 35 mètres de large. L'épaisseur de la tourbe variait de 1 à 2 mètres; au-dessous était une couche vaseuse formée de racines de plantes aquatiques en décomposition, au milieu de laquelle on distinguait les têtes des pieux. Elle avait une épaisseur de 40 centimètres et, immédiatement au-dessous d'elle, on tombait sur la couche archéologique, dont l'épaisseur variait de 5 à 20 centimètres et renfermait les vestiges habituels des habitations humaines, englobés au milieu d'un mélange de vase, de tourbe et de terre. Au-dessous, il y avait une nouvelle couche de terre noire, mélangée d'argile blanche ou de marne, qui constituait le fond de l'ancien lac, dans

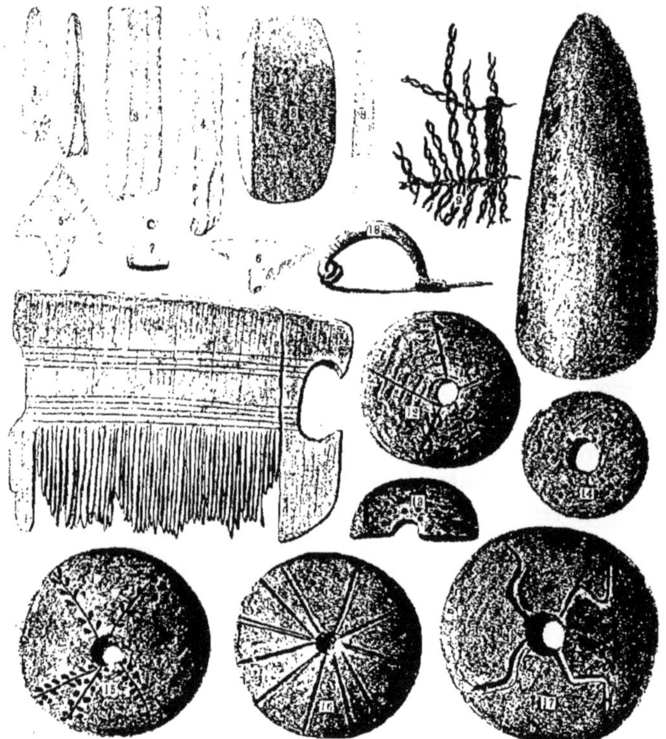

Fig. 66. — Lagozza. 1/2 gr.

lequel l'extrémité inférieure des pieux était solidement fixée. Ceux-ci étaient taillés en pointe et disposés au nombre de 4 à 5 par mètre carré, et leur longueur variait de 1 mètre à 1m 50, avec un diamètre de 10 à 20 centimètres. Un certain nombre de poutres, rondes ou refendues, de plus de 6 mètres de long, gisaient enfouies dans la tourbe, comme si elles étaient tombées d'une plate-forme. Regazzoni appelle l'attention sur des poutres courtes qui portaient à chaque extrémité une ouverture carrée. L'une d'elles

Pl. 30. — Lagozza. 1/2 gr.

mesurait 62 centimètres de long, 12 de large et 8 d'épais. Les ouvertures avaient 7 centimètres sur 37 millimètres. On a trouvé une tige d'arbre dont les branches terminales avaient été coupées à une distance de 15 à 20 centimètres l'une de l'autre, et qui semble avoir été employée comme échelle.

D'après Castelfranco, on se serait servi d'un instrument tranchant, en métal, pour appointir les pieux, parce que certaines entailles ont jusqu'à 27 centimètres de long, et qu'il serait impossible d'enlever un pareil éclat avec un instrument en pierre. Nous ferons simplement remarquer qu'on n'a trouvé à la Lagozza aucun objet en métal, à l'exception d'une fibule (fig. 66, n° 16) qui provient des couches inférieures de la tourbe et par conséquent était en dehors de la véritable couche archéologique. Elle date du premier âge du Fer, et il est donc fort peu probable qu'elle ait appartenu aux habitants de la palafitte. Cet auteur ajoute que les objets se rencontraient en grand nombre surtout dans les endroits où l'on trouvait du charbon et du bois en partie brûlé, ce qui le fait arriver à cette conclusion que la cité lacustre a été détruite par le feu.

Parmi les vestiges industriels recueillis à la Lagozza, la poterie tient le premier rang. On en trouve de deux qualités différentes : l'une grossière et l'autre fine. La pâte de celle-ci est noire, lisse, sans aucun mélange de grains de sable. Les ustensiles, dont un grand nombre est intact ou à peu près, consistent en coupes, bols, plats, assiettes, cuillers, vases, etc... Ils n'ont généralement pas d'anses, mais seulement des mamelons latéraux perforés (pl. 30, n°s 2, 6, 7, 9, 15). Les plats présentent parfois des ornements en forme de cercles, de pointillés et de lignes (n°s 3, 10, 13). Plusieurs des plus gros ustensiles portent parfois sur leur bord des saillies coniques et des impressions digitales (n°s 1, 4).

Les fusaïoles, dont le Musée de Côme possède environ 40 exemplaires, ont un aspect particulier. Ce sont des gâteaux circulaires plats en terre cuite, avec un trou au centre et souvent ornés de lignes ou de séries de creux en forme d'ellipse (fig. 66, n°s 12 à 17).

On voyait aussi quelques poids en argile, de la forme conique habituelle, ainsi que d'autres, réniformes, avec un trou à chaque extrémité (pl. 30, 14). Au milieu de plusieurs d'entre eux on a trouvé des morceaux de paille, des grains de blé et d'orge.

Il n'y a pas un seul objet en os ou en corne, ni un seul engin de pêche ou de chasse, à l'exception d'une ou deux pointes de flèches (fig. 66, n°s 5 et 6).

Les haches en pierre sont rares, on n'en a trouvé en tout que 30. Aucune n'était perforée. Un petit instrument a la forme d'une hache à deux tranchants, de façon à pouvoir couper à chacune de ses extrémités (n° 8).

Les lames ou couteaux en silex (n°s 1 à 4) sont très nombreux, mais les éclats et les nucleus sont plus rares. Très peu de pointes de flèches. Le Musée de Côme n'en possède que trois, dont l'origine est contestée. Parmi les objets habituels en pierre, tels que marteaux, broyeurs, etc., on remarque un certain nombre de cailloux en quartz, et huit ou neuf petites pierres polies, qui portent à leur surface des incisures (pl. 30, n°s 11, 12).

Un peigne en bois (fig. 66, n° 11), avec des dents sur un de ses côtés, est, je crois, le seul spécimen de ce genre que l'on possède en Italie.

La parure ou le fétichisme est représenté par une petite pendeloque de stéatite verte, portant un trou de suspension (n° 7).

Comme preuves que les habitants savaient filer et tisser, nous avons, outre les fusaïoles et les poids en terre, des morceaux de fil et de corde et un petit morceau de tissu de lin grossier. D'après Sordelli, celui-ci aurait été fait avec du lin sauvage (*Linum angustifolium*), dont il a trouvé des graines et des fibres en abondance, tandis qu'il n'a pas rencontré trace d'espèces cultivées. D'autre part, il y avait plusieurs espèces de blé et de l'orge à six rangs. Parmi les restes alimentaires, on notait la pomme sauvage, des glands, des noisettes, des noyaux de cornouilles, des graines de pavot, etc...

Mais ce qu'il y a de plus surprenant, c'est que l'on n'a trouvé ni dent, ni corne, ni os d'aucune espèce. Il n'y avait également aucune arme de guerre, à l'exception de quelques pointes de flèches, dont l'origine est douteuse. Castelfranco en conclut que peut-être les habitants de la Lagozza étaient végétariens.

LAC DE GARDE

(LOMBARDIE)

AGE DU BRONZE

Stations : PESCHIERA, MINCIO, PACENGO.

Le lac de Garde ne renferme que trois stations lacustres, qui ont fourni un nombre d'objets suffisant, soit comme quantité soit comme variété, pour nous permettre de leur assigner une date précise. Ce sont les suivantes : celle de Peschiera, qui est tout contre la forteresse ; celle du Mincio, et celle connue sous le nom de « *il Bor* », qui se trouve sur la rive sud-orientale du lac.

Peschiera. — Le Dr Jacken a exploré cette station en 1860, et a fait des différentes couches qu'on y observe la description suivante qui a été reconnue comme absolument exacte :

1° La couche superficielle, située sous 1m 50 d'eau, est formée par du sable et ne renferme rien ;

2° Sous cette couche, dont l'épaisseur atteint jusqu'à 1m 20, se trouve la couche archéologique, dont l'épaisseur est de 60 centimètres à 1 mètre. Elle est constituée par un dépôt tourbeux, renfermant des débris de plantes, des débris organiques, des vestiges d'industrie, du charbon, des tessons de poterie, des objets en bronze et les extrémités de nombreux pieux ;

3° Sous celle-ci, une couche épaisse d'argile et de sable, dans laquelle les pieux pénétraient très profondément. Ceux-ci étaient en chêne ou en pin.

L'emplacement de la cité lacustre n'a pas été mesuré d'une façon très précise, mais on peut l'estimer à environ 900 mètres carrés.

Les ossements qu'on y a trouvés sont ceux des animaux domestiques ordinaires : chien, mouton, chèvre, bœuf, cheval, cochon, ainsi que ceux d'animaux sauvages tels que le cerf, le chevreuil, le sanglier, etc...

Parmi les différents végétaux dont on a constaté l'existence, nous mentionnerons surtout, comme étant les plus intéressants, le seigle et la vigne ainsi que des glands, des noisettes et des noyaux de cornouilles.

Stefani a décrit un objet assez curieux, qui ressemble à un biscuit, et qu'il considère comme étant un gâteau de pain. Il était constitué par une matière visqueuse et mesurait 10 centimètres de diamètre sur 2 d'épaisseur. Sa substance était formée de céréales broyées.

Cette station semble avoir été florissante surtout à l'âge du Bronze, ainsi qu'on peut s'en rendre compte d'après la description suivante des trouvailles qui y ont été faites :

Poterie. — Les tessons de poterie, dont on a recueilli environ 62 kil., dénotent une très grande variété de vases, dont la pâte était de deux qualités : grossière pour les uns et fine pour les autres. Celle-ci correspond identiquement à la céramique que l'on rencontre dans les terramares et dont la caractéristique est l'*anse lunulée* (pl. 33, nos 26 à 30).

Bronze. — On a recueilli plus de 300 objets en bronze comprenant des armes, des instruments, des parures et douze débris de cuivre spongieux.

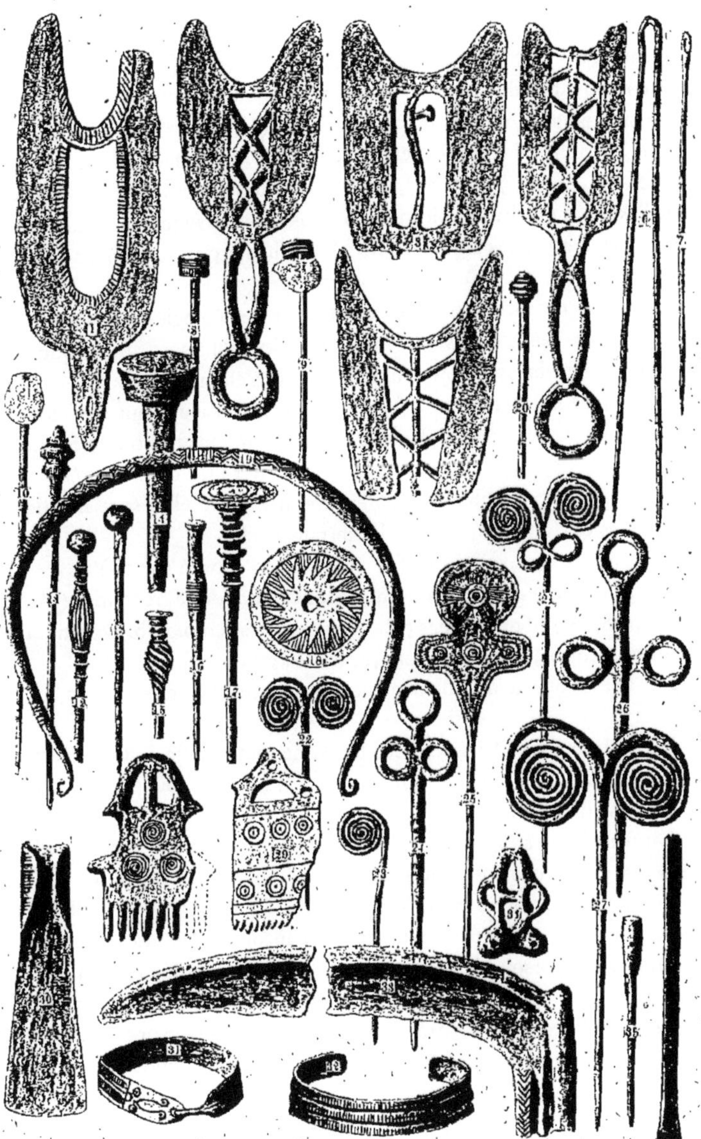

Pl. 31. — Peschiera. 1/2 gr.

Parmi les armes, on trouve des pointes de lances (pl. 32, n° 10), des poignards (n°s 1 à 7), des couteaux à un seul tranchant (n° 11), et une série très remarquable de couteaux-poignards à double tranchant, avec soie rivée ou à poignée rappelant celle des épées (pl. 33, n°s 10, 12, 14).

Les instruments comprennent trois sortes de haches (pl. 31, n° 30; pl. 32, n° 32; pl. 33, n° 11), des ciseaux, des gouges (pl. 31, 36), des faucilles (n° 33); diverses formes de rasoirs, avec manche et double tranchant (n°s 1 à 5), des aiguilles (n° 7), des hameçons et harpons (pl. 32, 18, 19, 20, 21, 30, 31).

Les objets de parure sont représentés par des épingles à cheveux, des peignes, des pendeloques, des bracelets, des fibules et un torque. Les épingles à cheveux sont très nombreuses et très élégantes, à la fois comme forme et comme décoration (pl. 31, 64, 65). Plusieurs ont des têtes en ambre (pl. 31, n°s 9, 10); d'autres ont des têtes aplaties ou en forme de disque (17, 18, 25). Les plus curieuses sont celles dont les têtes sont faites de spirales, combinées de diverses manières; elles sont identiques avec celles que l'on trouve dans les terramares.

Les peignes sont soit en os (n° 29), soit en bronze (n° 28).

Les pendeloques sont très nombreuses et leur forme très variée (pl. 32, n°s 27, 28, 29); l'une d'elles (pl. 32, n° 34) est en plomb. Le petit ornement cruciforme, représenté pl. 32, n° 26, est en étain.

Les fibules affectent également des formes très diverses (pl. 32, n°s 8, 22 à 25).

Les bracelets sont faits avec des lames de métal minces. Il en existe de deux modèles différents (pl. 31, n°s 31, 32) : les uns, ouverts; les autres, fermés par un crochet.

On n'a trouvé à Peschiera qu'un seul torque; sa forme rappelle celle de ceux qui proviennent des cités lacustres de Suisse (pl. 10, n° 3).

Enfin, nous signalerons quelques spirales, des morceaux de fil de bronze et un objet spécial dont la destination est inconnue (pl. 32, n° 17).

Mincio. — Lorsque le trop-plein du lac de Garde, sous le nom de Mincio, passe sous le pont du chemin de fer, il se divise en deux bras principaux et une quantité d'autres secondaires, en formant une série d'îlots. Le lit de la rivière est assez irrégulier et en différents points on voit émerger des têtes de pieux, qui sont disposés par groupes. Les premières explorations ont été faites dans le grand bras de gauche. Stefani y a trouvé un certain nombre d'objets, dont les principaux sont les suivants :

Bronze. — La lame corrodée d'un couteau-poignard à double tranchant,

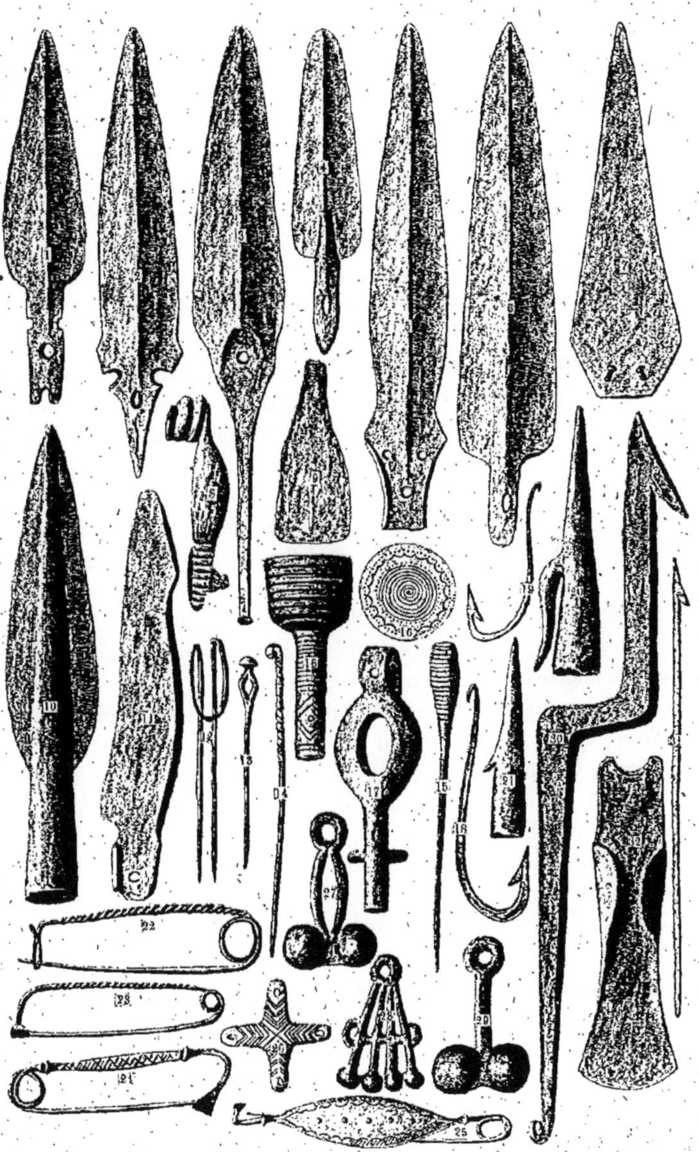

Pl. 32. — Peschiera. N° 32 : 1/4 ; le reste : 1/2 gr.

un morceau de deux lames de poignards, l'un avec arête médiane, l'autre avec rainures longitudinales profondes; un fragment d'un petit disque et d'une spirale, un morceau de cuivre de fusion.

Silex. — Deux haches rectangulaires, une scie convexe, trois javelots, vingt-cinq pointes de flèches triangulaires à ailerons un peu recourbés en dedans et 15 à pédoncule, deux pointes de lances en feuille de pêcher et en feuille de laurier, des petits couteaux et une grande quantité de lames de nucleus et de silex bruts.

Poterie. — Deux fusaïoles, une grande quantité d'anses lunulées et de tessons.

Corne de cerf. — Un fragment auquel on avait donné la forme d'une hache, une épingle à cheveux et plusieurs autres morceaux travaillés.

Os. — Une grande quantité de dents et d'ossements d'animaux domestiques.

Dans un autre endroit, situé à 200 mètres plus bas, il a recueilli, au milieu d'un groupe de pilotis, les objets suivants :

Bronze. — Un couteau (pl. 33, 17), deux petites lames de poignard avec des trous de rivets, la pointe d'une faucille, deux morceaux de tranchant de hache, deux épingles à cheveux de 25 centimètres de long et trois plus petites, une tête d'épingle discoïde, des morceaux de fibules avec des fragments d'autres objets indéterminés. Un objet assez curieux (n° 25) a été supposé être l'extrémité mamelonnée d'une poignée.

Pierre. — Un fragment d'outil en basalte poli.

Silex. — Les instruments en silex se rencontraient en grande abondance (n°s 1 à 9). 18 haches, la plupart rectangulaires (n° 9); 60 scies (n°s 5, 6); 49 pointes de flèches (n°s 1 à 4), dont une (n° 4) porte quatre barbelures et une autre a la forme d'un ciseau (n° 8); 13 pointes de lances (n° 7), etc...

Ambre. — Deux perles, l'une rougeâtre et l'autre jaune.

Poterie. — Des tessons très variés, surtout des anses de différentes formes, principalement des anses de vases, dites lunulées, bimamelonnées (*lagotis*). Plusieurs des ustensiles étaient en belle terre noire, en particulier une cuiller (n° 30), mais généralement la pâte grossière prédominait. Les fusaïoles sont également nombreuses et de formes variées, on en a recueilli au moins 30. Il y avait aussi deux grands poids de filet, l'un sphérique, l'autre annulaire.

Corne de cerf. — Plusieurs morceaux travaillés : l'un était une portion de peigne orné, l'autre un fragment de manche.

Pl. 33. — Peschiera (10 à 14, 21, 26 à 29, 31). Mincio (1 à 9, 17, 18, 19, 22, 23, 25, 30). Bor (15, 16, 20, 24). 1/2 gr.

Monnaies. — Quatre monnaies très oxydées, que l'on croit être de la seconde moitié du IIIe siècle.

En 1883, Stefani fit de nouvelles fouilles. Il ne trouva en fait de bronze que des objets insignifiants ; mais en revanche il augmenta beaucoup sa collection de silex : couteaux, scies, javelots, pointes de flèches et de lances. Entre autres choses, je signalerai de petits disques perforés, en pierre, qui ont probablement été employés comme fusaïoles ; un petit morceau de verre vert et des fragments de corne et d'os travaillés ou bruts ; une lame ornée (n° 18), une épingle à tête en spirale (n° 22) et un bouton double (n° 23) en bronze.

Pacengo. — Cette station avait déjà été l'objet de quelques fouilles en 1892.

En 1899, Balladoro en fit de nouvelles qui lui permirent de recueillir les objets suivants :

PORT DE PACENGO [1] : *Pierre.* — 200 pointes de flèches, dont 78 avec pédoncule ; 80 haches de diverses grandeurs en silex noir ; 232 scies de différentes formes et dimensions, les unes à double lame, les autres taillées seulement sur la partie concave ; 160 couteaux ou grattoirs, 12 pointes de lances ou de javelots. Une hache polie, 8 lissoirs, des objets de parure.

Bronze. — Une hache ; un torque ; un harpon ; quatre couteaux ou poignards ; 8 épingles à cheveux, dont la plus grande mesurait 35 centimètres de long avec une tête ornée de dessins ; des tessons de poterie, sans aucune anse lunulée.

BOR DI PACENGO. — Avant les fouilles de Cavazzocca, on avait estimé le nombre des pieux à 500, mais ce chiffre semble un peu élevé. La station s'étend parallèlement au rivage, dont elle est distante actuellement d'une centaine de mètres, mais l'on croit que le niveau actuel de l'eau est plus élevé que du temps des Lacustres. La couche archéologique est située sous un lit de sable et de graviers, que Cavazzocca considère comme provenant d'une moraine, qui s'est désagrégée sous l'influence du choc des vagues. Les principales trouvailles, faites par cet auteur, sont les suivantes :

Bronze. — Quatre couteaux-poignards semblables à ceux de Peschiera ; trois têtes d'épingles à cheveux (pl. 33, n° 24) ; une tête de hache à ailerons comme le n° 30, pl. 32 ; un bouton conique ; deux ciseaux (pl. 33, n° 15) ;

1. Ajouté par le traducteur, d'après BALLADORO (A.), Nuove esplorazioni delle stazioni lacustri di Pacengo nel lago di Garda (*Bullettino di Paletnologia italiana*), Parme, 1899, série III, t. V, 32.

quatre épingles à cheveux; deux fragments de tubes en spirale (n° 20) et six objets indéterminés.

Poterie. — Les formes sont très variées : on y trouve l'anse lunulée, des fusaïoles, des tessons de vases, etc...

Une pointe de flèche en bronze (n° 16) et une paire de petits poignards sont au Musée de Rome.

Les fouilles de 1899, faites par Balladoro, donnèrent les résultats suivants [1] :

Pierre. — Pointes de flèches en silex dont une seule pédonculée, couteaux, scies et grattoirs, comme dans la station précédente; des poids et lissoirs.

Bronze. — 5 couteaux ou poignards dont le plus grand avait 17 centimètres, 3 présentaient des dessins au graphite; 20 aiguilles; un rasoir, une pointe de lance à douille avec trou pour le passage d'un clou ; 8 spirales; 3 boutons coniques à surface convexe; 7 poinçons ; 1 harpon ; 1 gros clou à tête; 3 hameçons dont un à trois pointes ; un peigne à huit dents avec ornements au graphite ; six pendeloques; 26 épingles à cheveux; une hache à ailerons; six pointes de flèches.

Étain. — Une rouelle ou tête d'épingle à cheveux; un gros poinçon avec un trou à l'extrémité supérieure; plusieurs têtes d'épingles à cheveux.

Corne. — Des poinçons et divers fragments portant des traces de travail.

Poterie. — Vases à large ouverture, tessons avec anses lunulées et décorations géométriques, fusaïoles, poids de filets. Moules de fondeur en grès.

Tous ces objets sont dans la collection Balladoro à Vérone.

LAC DE FIMON

(Vénétie)

Le petit lac de Fimon est situé à l'extrémité orientale d'une vallée, couverte de riches prairies, à environ 6 kilomètres de Vicence. Actuellement son pourtour est à peine de 3 kilomètres, mais avant le creusement du canal de la Debba, qui déverse son trop-plein dans la rivière de Bacchiglione, il était beaucoup plus étendu. Aux temps préhistoriques, on croit

1. Partie ajoutée par le traducteur.

que le lac couvrait toute la vallée. Dans une prairie, appelée Pascalone, située à son extrémité nord, près de l'endroit où commence le canal de la Debba, M. Lioy a découvert des têtes de pieux, qui émergeaient au-dessus de l'herbe. Il en conclut qu'il y avait à cet endroit l'emplacement d'une habitation lacustre, ce que des fouilles subséquentes vinrent confirmer. La surface de la prairie où l'on apercevait ces pieux était à 50 centimètres au-dessus du niveau du lac. Les fouilles qui furent faites permirent de faire les constatations suivantes :

Pilotis. — Les pieux avaient de 20 à 30 centimètres de diamètre ; ils étaient placés isolément et d'une façon irrégulière, quelquefois en groupes. Les uns étaient durs et noirs (chêne) ; les autres, mous ; mais aucun ne portait de traces d'instrument tranchant. Dans certains endroits, ils étaient entourés d'un amas de pierre. Ils étaient enfoncés profondément dans le sol et l'un d'eux, qui en fut extrait, mesurait 5^{m} 50 de long. On ne découvrit aucun vestige de passage reliant la cité au rivage.

Couche archéologique. — Au-dessous d'une épaisseur très faible de terre végétale, on arrivait sur une couche tourbeuse d'environ 40 centimètres d'épaisseur, et, sous celle-ci, sur la marne lacustre, contenant diverses espèces de coquilles d'eau douce sur une étendue de 1 mètre. Puis venait la couche archéologique renfermant des matières organiques en décomposition, des os brisés, des tessons de poterie, des instruments en silex et en d'autres roches, des brins de paille, des roseaux, du charbon, de l'argile plastique, des fagots brûlés. Si l'on faisait une coupe de cette couche, on voyait qu'elle était d'une teinte jaune foncé, d'une consistance pâteuse et qu'elle dégageait une forte odeur sulfureuse.

Objets. — Les instruments grossiers en pierre avaient été fabriqués avec les roches calcaires des collines voisines, très rarement avec du grès, mais le plus souvent en silex provenant des contreforts des Alpes. Ces derniers étaient extrêmement nombreux, c'étaient des éclats, des nucleus, des instruments non déterminés, des pointes de flèches assez grossières, ainsi que des pointes de lances, des couteaux, des scies ou grattoirs ; des blocs de calcaire, qui ont dû probablement être employés comme marteaux ; des disques en pierre de 5 à 10 centimètres de diamètre (dont un seul perforé) ; de nombreuses pierres de fronde en grès, en basalte et en serpentine ; un fragment de granit, aplati et poli sur les quatre faces ; une seule petite hache polie. Beaucoup d'os travaillés ; des andouillers aiguisés à l'extrémité et perforés à la base, ainsi que des poinçons, des pointes de lances, des spatules, des éclats de toutes sortes.

Les tessons de poterie étaient en si grand nombre qu'il était impossible de prendre une poignée de tourbe, sans en ramasser plusieurs. Au milieu

Fig. 67. — Fimon (1 à 8). Arqua-Petrarca (9 à 12). 1/3 gr., excepté n° 2 : 1/6.

de plusieurs milliers d'entre eux, on put recueillir une cinquantaine de vases plus ou moins intacts. Tous étaient de couleur noire ; les anses étaient en général placées juste au-dessous du bord, le fond était plat. Quelques-uns avaient les bords renversés; la plupart portaient des ornements tels que des saillies, des dépressions, des reliefs. Plusieurs des anses se rapprochaient de la forme dite lunulée, d'autres se terminaient par un bouton arrondi (*ansa mono appendiculata*). Un petit bol était muni de deux anses. La pâte de la poterie était de deux qualités : l'une fine, et l'autre mélangée de gros morceaux de sable, de quartz et de craie.

Beaucoup de fusaïoles. Ce sont des gâteaux d'argile circulaires, aplatis, ressemblant à une roue, perforés au centre et n'ayant aucun ornement.

Restes organiques. — Des fruits de la châtaigne d'eau, des noyaux de cerises, des glands, des graines de ronce.

Les os de cerf et de sanglier paraissent de beaucoup les plus abondants, à côté de ceux de mouton, de bœuf, de chevreuil, de blaireau, etc..., ainsi qu'une grande quantité de carapaces brisées de la petite tortue d'eau douce (*Emys lutaria*).

Cinq ou six ans plus tard, M. Lioy fit de nouvelles fouilles à peu près au même endroit et tomba sur une couche archéologique, de 20 centimètres d'épaisseur, située seulement à 40 centimètres de la surface, qu'il considéra comme étant postérieure à la précédente. Il y trouva une hache en bronze (fig. 67, n° 1), plusieurs silex de couleur gris rougeâtre ou jaunâtre (différents de la variété bleue des palafittes plus anciennes), mais aucun instrument en pierre ni pointes de flèches. La poterie était peu abondante, mais sa pâte était plus fine et sa décoration dénotait un sentiment artistique plus élevé.

La figure 67 représente les principaux objets venant du lac de Fimon. Ce sont : une hache plate en bronze, un grand anneau en argile et quelques spécimens de poterie.

LAC D'ARQUA PETRARCA

(VÉNÉTIE)

Dans le voisinage de Padoue, on a découvert dans le petit lac d'Arqua Petrarca, situé dans les monts Euganéens, des vestiges d'habitations lacustres, qui présentent à beaucoup d'égards les mêmes caractères que celles du lac de Fimon. Le lac d'Arqua Petrarca, qui ne couvre aujourd'hui qu'une superficie de 8.500 mètres carrés, était beaucoup plus vaste autrefois, et occupait toute la vallée actuelle. Dans la vase de l'ancien bassin du lac, recouvert maintenant d'un dépôt tourbeux de plus d'un mètre d'épaisseur, on a constaté l'existence de deux stations : l'une sur la rive orientale, l'autre sur la rive occidentale du lac actuel. Ces restes, qui consistent en pilotis, en morceaux de traverses et en une quantité considérable de débris industriels, sont enfouis uniquement dans l'ancien dépôt lacustre, car on ne trouve rien dans la tourbe qui le surmonte.

Parmi les objets recueillis, l'énumération suivante donnera une idée générale suffisante de la chronologie de cette station relativement aux autres de la vallée du Pô : plusieurs haches en pierres perforées ; la moitié d'une hache-marteau perforée, en serpentine verte très bien polie ; un grand marteau en pierre ; une superbe scie en silex de 10 centimètres de long ; un fragment d'une pointe de lance en silex, en forme de feuille de laurier, très finement travaillée ; un grand nombre de pointes de flèches et de lances, des scies, des couteaux, etc.., en silex.

En dehors de quelques anneaux en corne de cerf, il y avait très peu d'objets en cette matière.

La poterie est très abondante. Généralement la pâte est mélangée de sable et de mica, provenant des roches situées sur les collines du voisinage. Un seul vase portait une décoration, consistant en lignes en creux et en points en relief disposés en lignes, dont l'assemblage donnait des dessins en triangle, etc... La forme des anses était très variée ; on pouvait y voir toute la progression complète des phases successives par lesquelles ces formes avaient passé, depuis le simple mamelon jusqu'à l'anse lunulée la plus parfaite. Cette poterie ressemble tout à fait à celle des cités lacustres du lac de Fimon et se rapproche beaucoup de celle de Polada.

On n'a trouvé aucun objet en métal. Aussi M. Cordenons en conclut que la station appartenait à l'âge pur de la Pierre. Pigorini conteste cette assertion.

POLADA

(LOMBARDIE)

A environ moitié chemin entre Desenzano sul Lago et le village de Lonato, et un peu au sud de la ligne Milan-Venise, se trouve une petite excavation de 250 mètres environ de diamètre, qui fut autrefois un lac, appelé Polada, et qui est aujourd'hui transformé en tourbière. On y trouva deux rangées de pieux, séparés les uns des autres par un espace de 60 centimètres, se dirigeant vers le rivage, qui en était à 100 mètres, ce qui fit penser qu'ils avaient servi à établir un passage entre la terre ferme et la cité lacustre. Près de l'emplacement de celle-ci, on trouva un bateau peu profond, de 7 mètres de long et de 80 centimètres de large, portant, sur chaque bord et à égale distance, les traces du mécanisme auquel étaient adaptées les rames. On déterra des fragments d'un second bateau, de plus petites dimensions, à l'extrémité du passage, sur la terre ferme.

Mais ce qui caractérise cette cité lacustre, c'est la variété et l'abondance des vestiges industriels qu'elle a fournis, et qui sont rassemblés au domicile du Dr Rambotti, où ils constituent à eux seuls un véritable Musée.

Poterie. — Les grands vases étaient en argile grossière, grisâtre, mélangée de cailloux et de grains de sable; tandis que les petits, qui étaient en même temps les plus ornés, étaient faits d'une pâte fine, noire et homogène. Outre une grande quantité de tessons, la collection Rambotti possède environ 150 ustensiles plus ou moins intacts, de formes et de dimensions très variées. Les uns étaient de grandes jarres à vaste ouverture, avec deux et quelquefois quatre anses. Les plus grands de cette catégorie avaient un diamètre de 38 centimètres et une profondeur de 22. Un ustensile plat avait 30 centimètres de diamètre et seulement 10 de profondeur; tandis qu'un autre, qui avait la forme de pot à fleur, mesurait 25 centimètres de diamètre supérieur, 13 à la base et 30 de profondeur. Un autre vase portait, sur ses parois, de petits trous ronds, disposés en séries verticales, et équidistantes, au nombre de 30, comptant chacune 8 trous (fig. 68, n° 37). Ce curieux filtre mesurait 27 centimètres de diamètre à son ouverture, 20 à sa base et 11 de profondeur. Plusieurs vases, surtout les grands, portaient comme ornements tout autour de leur bord soit une ligne de trous, soit de petites saillies; d'autres avaient en outre sur la panse un bourrelet en relief (pl. 34, n° 6). Ceux qui n'avaient pas d'anses étaient en infime minorité. Quelques-uns, à la place d'anses, avaient un petit mamelon suffisamment saillant pour être saisi à la main, et creusé d'un petit conduit, qui communiquait avec l'intérieur du vase. Les anses étaient fixées généralement au bord, souvent au-dessous et parfois à égale distance entre l'ouverture et le fond. L'anse la plus grande mesurait 22 centimètres entre ses deux points d'attache. Plusieurs anses étaient surmontées d'une saillie en forme de bouton (n° 10); d'autres se terminaient en se bifurquant comme une paire de cornes, ce qui faisait supposer qu'elles pouvaient être une forme rudimentaire de l'anse lunulée, si caractéristique des terramares (nos 13 et 14). Les ustensiles en poterie fine sont très variés : ce sont des coupes, des bols, des plats, des cruches, etc... ; un cer-

Pl. 34 — Polada. 2/3 gr.

tain nombre sont ornés simplement de dessins faits de lignes et de pointillés (nos 9, 10, 11); sur l'une d'elles, ce pointillé a la forme d'une croix, tout à fait semblable à celle que l'on voit de nos jours.

Environ 140 fusaïoles en terre cuite, dont quelques-unes ont des ornements très variés (fig. 68, nos 28, 29, 36). Un nombre considérable de poids perforés, en argile, dont 5 sont aplatis avec le trou au centre (pl. 34, nos 19, 20). Certains objets étaient tout à fait inédits, c'étaient des gâteaux en terre cuite, de forme ovale, qui portaient comme ornements des séries de petites dépressions circulaires disposées en lignes (fig. 68, nos 22 à 24).

Pierre. — Un gros polissoir en grès et un certain nombre d'autres plus petits. Environ 40 marteaux en quartz, serpentine, etc.., quelques-uns ayant des dépressions pour l'adaptation des doigts. Quelques pierres perforées, ayant été employées comme marteaux ou comme moutons. Six pierres rondes de la grosseur d'un œuf, trouvées dans le bateau. En fait de haches polies, il n'y en avait que six du type habituel (pl. 34, nos 15, 16). Mais ce qui est à signaler c'est le nombre énorme de pointes de flèches qu'on a recueillies, plus de 300, ce qui forme un contraste frappant avec la Lagozza. Comme on peut le voir d'après les illustrations (fig. 68, nos 1 à 19), ces pointes de flèches et de lances ont des formes très variées et sont très bien travaillées. Trois plaques rectangulaires, en pierre polie, percées aux quatre angles, servaient probablement à protéger le poignet des archers (nos 34, 35). Une centaine de scies en silex, dont quelques-unes sont uniques. L'une porte des dents obliques, comme on le voit sur le n° 20, qui représente l'instrument vu sur ses deux faces. Quelques-unes étaient encore dans leur manche. L'une d'elles est très curieuse (pl. 34, n° 12), elle est formée de quatre lames de silex fixées dans une monture en bois à l'aide d'asphalte. Cette monture présentait à chaque extrémité un prolongement qui permettait de la saisir à deux mains, c'était en somme une scie à double poignée. La planche 34 représente cet instrument couché à plat; son prolongement fait avec la lame un angle de 40°, de sorte que, lorsqu'on place la scie dans la position qu'elle doit occuper pour pouvoir être utilisée, sa poignée se trouve dirigée vers la gauche. Rambotti s'est appuyé sur ce fait pour émettre l'opinion que les Lacustres étaient gauchers. Il y avait deux autres montures en bois, absolument semblables, mais sans silex.

Corne et os. — Environ 40 poignards et poinçons en os, dont 12 avaient été faits avec des tibias, qu'on avait fendus et polis admirablement comme ceux de Laibach et d'autres stations. Un très grand nombre de petits objets pointus, en os (fig. 68, nos 25 à 27). Sept têtes de haches-marteaux

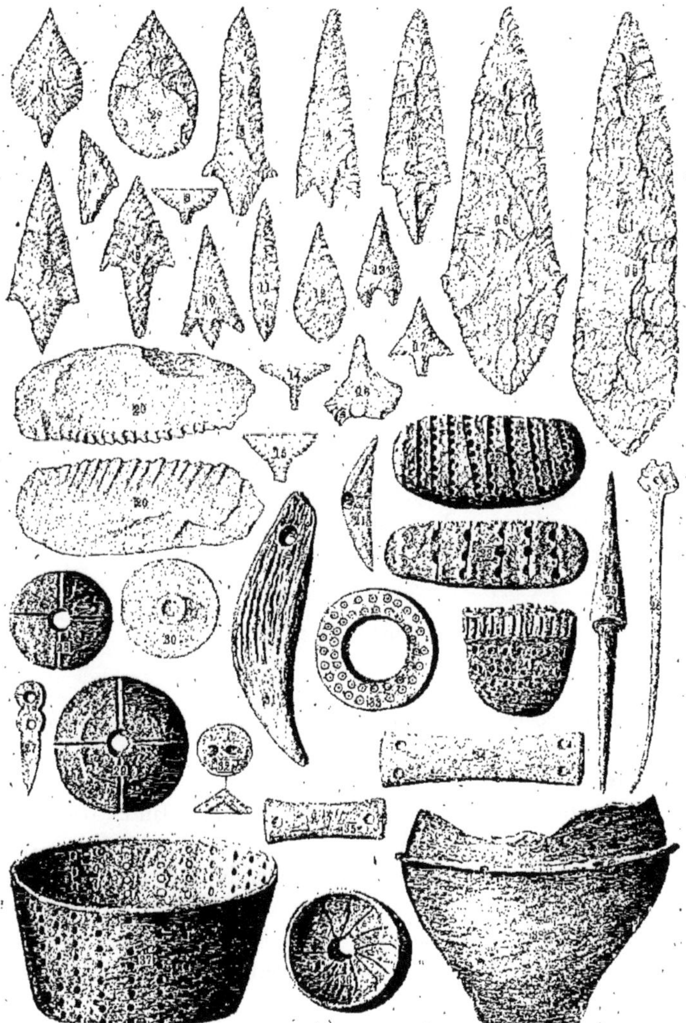

Fig. 68. — POLADA. Nos 37, 38 : 1/6 ; le reste : 1/2 gr.

perforées, en corne de cerf (pl. 34, n° 17), également semblables à celles de Laibach.

Bronze. — Un poignard en bronze (n° 1), monté sur une poignée en os, d'un travail parfait, se terminant par un renflement en forme de bouton. La lame était fixée par des rivets à un croissant en bronze très mince. On a trouvé aussi des morceaux d'os travaillé, ressemblant à la poignée de cette arme, que l'on suppose avoir fait partie d'autres armes du même genre. Trois haches plates du type de celles des terramares (n°s 2 et 3).

Parure. — Huit anneaux en os dont l'un est orné d'une série de petits cercles (pl. 31, n° 33). Trois objets en marbre (n° 30), qui peuvent être ou des boutons ou des fusaïoles. Plusieurs boutons d'un autre modèle (n°s 21, 32), en pierre ou en marbre. Plusieurs dents perforées de chien, de loup, d'ours (n° 31), de sanglier, ainsi qu'une coquille perforée.

Bois. — On a conservé plusieurs objets en bois, que l'on considère comme étant des poignées ou des manches d'instruments; un morceau d'aviron, des fragments de monture de scies. Un tabouret à six pieds, taillé dans un tronc. Tous ces objets sont recroquevillés par suite de leur dessèchement et il est difficile de les reconnaître.

Ossements. — La voûte d'un crâne humain. De nombreux os des animaux suivants : urus et autres espèces de bovidés, cheval, mouton, chien, chat, sanglier, cochon, cerf, chevreuil.

D'après Rambotti, la station aurait été détruite par le feu.

TOURBIÈRE D'ISEO [1]

(PROVINCE DE BRESCIA)

Le lac d'Isco est aujourd'hui transformé en tourbière. Ruffoni y a récolté les objets suivants :

Pierre. — 168 pointes de flèches très artistiquement taillées.

46 couteaux; 12 scies; des poignards et pointes de lances, des ciseaux; une pendeloque et des perles.

Bronze et cuivre. — La calotte d'un casque, du poids de 293 grammes. Elle fut trouvée seulement à trois mètres de profondeur, dans la tourbe, avec deux monnaies romaines et une faucille; un couteau avec son manche; une épingle à cheveux à tête sphérique; une autre avec des rainures; des fragments de fibules.

Poterie. — Tessons de vase en pâte grossière et une fusaïole.

Ossements. — Bœuf, mouton, chèvre, cerf, cheval, sanglier, loup, chien.

Cette station a donc existé pendant les âges de la Pierre et du Bronze et a persisté même plus tard.

1. Article ajouté par le traducteur d'après RUFFONI, La Torbiera di Iseo, *Bolletino di Paletnologia italiana,* 1891, série II, VII, 76.

CHAPITRE X

MŒURS ET CIVILISATION DES LACUSTRES

Ce que nous avons dit dans les chapitres précédents, nous permet maintenant de mettre en relief ce fait que, si l'on examine deux stations très voisines l'une de l'autre, l'on est souvent frappé de la différence qu'on observe dans la nature des objets que l'on recueille. La conclusion qui s'en dégage immédiatement c'est que chacune d'elles a eu son existence

Fig. 69. — Reconstitution d'une cité lacustre (d'après A. de Mortillet, Musée préhistorique).

propre, à des époques souvent très éloignées l'une de l'autre. Par exemple les stations où l'on ne trouve que des instruments en pierre, en os et en corne nous représentent les cités lacustres qui ont été florissantes à une époque où l'usage des métaux était encore inconnu. Puis le bronze fait son apparition et alors on constate en même temps une modification dans les mœurs et la civilisation des Lacustres. C'est ainsi que les nombreuses stations lacustres que nous avons étudiées, peuvent se distinguer très nettement les unes des autres d'après le degré de civilisation qui leur est propre : les unes appartenant à l'âge de la Pierre, les autres à l'âge du

Bronze. Aussi, en étudiant l'industrie lacustre, prise dans son ensemble, nous aurons à tenir compte non seulement de sa distribution géographique, mais aussi de sa persistance dans les différentes contrées de l'Europe, pendant une période très longue, qui commence au néolithique pour se terminer au début de la période historique.

Bien que la fameuse classification en trois âges : de la Pierre, du Bronze, et du Fer, ait été faite avant les découvertes lacustres, il n'en est pas moins vrai que ce sont surtout celles-ci qui sont venues confirmer d'une façon éclatante l'exactitude de leur succession chronologique, et jeter une lumière toute particulière sur la question de l'introduction des métaux en Europe. On voit en effet que la période de temps pendant laquelle les premières habitations lacustres ont subsisté, dépasse de beaucoup celle que l'on avait assignée à l'introduction du grand art de la métallurgie. Tandis que les tombeaux ne nous ont conservé que les produits de l'habileté technique des peuples, les cités lacustres au contraire nous ont fourni les matériaux qui nous permettent de reconstituer l'histoire complète de la vie de leurs habitants, en nous retraçant pour ainsi dire le tableau exact de leurs industries, de leurs arts, de leurs plaisirs et même de leur luxe.

Le mode de construction de ces villages, qui s'élevaient sur des plates-formes en bois et dont les habitations étaient faites en matériaux des plus combustibles, les exposaient naturellement au danger d'incendie et c'est ainsi du reste que la plupart ont fini. C'est grâce à ces désastres que nous avons pu recueillir des renseignements de premier ordre, puisqu'ils interrompaient d'une façon soudaine la vie des populations, et qu'en outre la carbonisation qui en était le résultat, en mettant les objets à l'abri de toute altération, nous permettait de saisir sur le vif les habitudes, les mœurs et les industries de ces peuples. Il suffit donc d'étudier un assez grand nombre de cités lacustres, détruites par le feu, pour pouvoir, par l'examen comparatif des objets recueillis, établir l'évolution qui s'est accomplie dans la civilisation de leurs habitants. D'autre part, nous ferons remarquer qu'il ne faut pas faire cet examen à la légère, car certaines stations, comme Nidau, ont subsisté et ont été habitées pendant plusieurs Ages ; de sorte que les objets qu'on y trouve, n'étant pas des mêmes époques, peuvent induire en erreur lorsque l'on ne peut pas établir leur date respective d'après la superposition de plusieurs couches archéologiques, ce qui est plutôt rare dans les fouilles lacustres, faites en général à l'aide de la drague, qui mélange tous les objets qu'elle ramène.

Desor, ayant observé que, dans certains endroits, on trouvait une grande quantité de poteries de toutes formes, qui ne pouvaient évidemment pas appartenir à une seule famille, et ayant remarqué que beaucoup d'épées et d'instruments en bronze étaient absolument neufs et n'avaient jamais servi, émit l'idée que les palafittes du lac de Neuchâtel étaient purement et simplement des magasins de réserve ou des boutiques, mais qu'elles ne représentaient nullement le lieu d'habitation habituel des Lacustres. Les archéologues suisses n'ont pas accepté cette manière de voir. Du reste si l'on veut bien considérer l'extrême variété des objets que l'on trouve dans ces stations, on verra qu'il n'est pas possible de mettre en doute que ceux-ci s'adaptent parfaitement au genre de vie et aux occupations sociales ou domestiques des habitants. Le Dr Gross, réfutant l'argument de Desor relatif à l'état de neuf des instruments recueillis, s'exprime ainsi : « Je possède dans ma collection les tronçons de plus de dix épées réduites à l'état fragmentaire par un long usage. Un grand nombre d'outils s'y montrent altérés et modifiés par la même cause. »

I. — AGE DE LA PIERRE

Sommaire. — I. Distribution des stations. — II. Degré de civilisation. — III. Céramique. — IV. Alimentation. — V. Armes. — VI. Outils. — VII. Parure. — VIII. Origine de la jadéite. — IX. Habitations.

I. *Distribution des stations.* — Les stations du pur âge de la Pierre ne se rencontrent que dans une zone limitée de l'Europe centrale. Elles sont répandues surtout dans les lacs situés sur les deux versants des Alpes. C'est spécialement dans cette région qu'elles revêtent les traits caractéristiques qui nous ont permis de les étudier d'une façon complète. On peut limiter cette zone aux lacs de Lombardie, de Laibach, de Bavière, de Suisse, de Savoie, du Jura, en exceptant toutefois le lac du Bourget, dont les palafittes sont de l'âge du Bronze.

II. *Degré de civilisation.* — Ce qu'il y a de plus remarquable et ce sur quoi nous devons particulièrement insister, c'est que les premiers constructeurs de ces singulières demeures avaient un degré de culture avancé, et une véritable organisation sociale. Il est hors de doute que, dès le début, les Lacustres connaissaient différentes industries, surtout le tissage, qu'ils pratiquaient avec une grande habileté. Ils élevaient les animaux domestiques. Ils cultivaient le lin, les fruits et différentes sortes de céréales. Ainsi à Wangen, on a trouvé deux variétés de froment, et l'orge à deux rangées s'y rencontrait non seulement en épis entiers mais aussi en grains séparés ; ceux-ci étaient en si grandes quantités qu'on aurait pu les mesurer au boisseau. La présence de grains de raisins (*vitis vinifera*), qui avait été acceptée tout d'abord avec une certaine réserve, est aujourd'hui un fait établi, car d'autres stations du pur âge de la Pierre ont fourni des preuves incontestables de leur existence. On a aussi trouvé à Wangen plusieurs variétés de tissus de lin très bien travaillés, ainsi que des nattes en filasse. Le Musée de Fribourg possède un fuseau carbonisé, qui vient du lac de Morat, autour duquel on voit encore du fil fin enroulé. Gross en a dessiné un semblable, qui vient de Locras. Tous les archéologues connaissent les remarquables variétés de tissus, de franges, de cordes, de ficelles que Messikommer a trouvées dans la couche inférieure de Robenhausen (pl. 16). Dans la station voisine d'Irgenhausen, on a même trouvé des échantillons de broderie. Des restes de tissus de lin, du fil, des filets, de la vannerie, etc.., ont été trouvés également dans beaucoup d'autres stations, telles que Fénil, Locras, Chavannes, Lagozza, Laibach, etc... Mais si ces matières fragiles et altérables n'ont pas été rencontrées dans d'autres stations, cela ne veut pas dire que leurs habitants ignoraient l'art de les fabriquer, car il faut bien savoir qu'on ne peut les retrouver que lorsqu'elles ont été carbonisées ou placées dans des circonstances exceptionnellement favorables à leur conservation. Ainsi, à Schussenried, on n'a trouvé aucune matière tissée et cependant il en existait certainement, puisque l'on voit très nettement sur un bloc de froment solidifié l'empreinte d'un tissu, très probablement celui du sac dans lequel il était renfermé. A Laibach, on a observé le même fait sur un tesson de poterie.

Une des stations du lac de Moosseedorf nous a fourni des ossements d'un grand nombre d'animaux, parmi lesquels le chien, le mouton, la chèvre, le cochon, et plusieurs bovidés semblent avoir vécu à l'état de domestication. On a aussi trouvé des os et des dents de chevaux, mais il pourrait très bien se faire qu'il s'agisse d'espèces sauvages, car jusqu'à présent rien ne prouve que cet animal ait été domestiqué avant l'âge du Bronze.

Parmi les plantes cultivées dans la station, nous citerons : l'orge, deux variétés de froment, le pois, le pavot, le lin. Les vestiges d'industrie, qui sont actuellement au Musée de Berne, comprennent une douzaine de haches en néphrite, une en jadéite, des morceaux de corde, un peigne en bois, un hameçon fait avec une défense de sanglier, des scies en silex avec monture en bois, des tessons de poterie, dont quelques-uns ont comme décors des incisures faites avec l'ongle ou bien des trous percés tout autour du bord du vase. Sur un morceau de poterie noire, on voit une série de plaques triangulaires en écorce de bouleau, qui ont été appliquées sur la surface à l'aide d'asphalte (fig. 70, n° 5). Si tout ce que je viens de dire ne paraissait pas suffisant et s'il me fallait fournir encore d'autres preuves, qui témoignent de l'habileté des premiers Lacustres dans l'art de filer et de tisser, dans la pratique de l'agriculture et de l'élevage des animaux domestiques, je n'aurais qu'à faire voir le nombre considérable de fusaïoles et de poids de tisserands, qui se trouvent partout, les broyeurs à grains, les jougs pour le bétail (fig. 70, n° 1), les houes, les pics et autres instruments agricoles, qui ont été rencontrés dans les stations de l'âge de la Pierre : à Robenhausen, à Chavannes, à Schussenried, etc...

III. *Céramique.* — L'art de la céramique était également bien connu des premiers Lacustres, car en dehors de l'énorme quantité de tessons que l'on a trouvés, nous possédons également des ustensiles intacts tels que bols, assiettes, coupes, cruches, cuillers et grands vases, qui ont été inventoriés et classés dans les différents musées lacustres. Tous ces ustensiles étaient fabriqués sans l'aide du tour, et la pâte, généralement grossière, renferme des grains de sable ou des petits cailloux; cependant on se servait d'une pâte plus fine pour le modelage des petits vases. On peut dire toutefois d'une façon générale que la fabrication est grossière, dans les premières stations, et que les ustensiles portaient des mamelons perforés au lieu d'anses, cependant certains spécimens semblent démontrer que l'anse n'était pas inconnue de ces populations. Le décor consiste en impressions digitales, en empreintes à la ficelle, en incisures irrégulières faites avec un bout pointu, en saillies mamelonnées, en perforations autour du bord, en lignes et pointillés présentant toutes sortes de combinaisons plus ou moins bizarres. On n'a jamais trouvé deux vases exactement semblables comme forme et comme décor. Je n'en ai jamais vu que deux, l'un de Bodmann (pl. 18, n° 20) et l'autre de Schussenried (pl. 20, n° 4), qui pouvaient faire supposer qu'ils provenaient du même artiste. A la Lagozza et à Polada, on remarquait un décor constitué par des panneaux portant des lignes entrecroisées, séparés les uns des autres par des empreintes faites avec un petit tube, constitué soit par un fétu de paille rigide, soit par un os. La station de Laibach nous montre une grande habileté non seulement dans la variété et l'élégance des formes, mais aussi dans le décor, qui consiste en dessins variés : rectangles, croix, rhomboïdes, triangles, etc.., parsemés d'empreintes en petit pointillé. Dans les stations du Mondsee, se manifeste la même tendance aux figures géométriques, mais les lignes sont grandes et profondément incisées de façon à permettre l'insertion d'une matière blanche, qui, en ressortant sur le fond noir du vase, devait produire un effet de contraste saisissant. Mais il faut bien savoir qu'à côté de ces ustensiles à décor bizarre et varié, on en a trouvé beaucoup d'autres de types très inférieurs, aussi bien à Laibach qu'au Mondsee.

IV. *Alimentation.* — L'alimentation était assurée par des moyens de divers ordres : l'agriculture, la récolte des fruits et des graines de plantes sauvages, l'élevage des animaux et même la chasse et la pêche, ainsi que le prouvent les nombreux débris des armes qui ont été employées dans ce but. En effet les pointes de flèches en silex, en quartz, en jade, en os sont extrêmement communes ; on a même trouvé des arcs en bois d'if à Robenhausen, à Fénil, à Sutz, à Clairvaux.

V. *Armes.* — Il semble que le type des premières pointes de flèches était triangulaire avec ou sans pédoncule. L'addition des barbelures a été un processus évolutif, marquant un perfectionnement, et par conséquent indique un type de date postérieure. Ainsi aucune des pointes de flèches de Chavannes n'est pourvue de barbelures, tandis que Fénil en a fourni de superbes exemplaires. Le type barbelé domine également dans les palafittes de Varese et de Polada, tandis qu'il manque complètement dans le Mondsee, l'Attersee et le marais de Laibach.

La découverte de pointes de flèches encore munies de leur emmanchure nous a appris que, dans certains cas, elles étaient fixées au bois à l'aide d'une substance adhésive, analogue à l'asphalte. Dans le canton de Neuchâtel, il est fort possible que c'est bien cette substance qui était employée, car on la trouve facilement dans le voisinage, en un endroit appelé le Val de Travers. Cependant il est plus probable que c'était un produit tiré de l'écorce du bouleau, ce qui expliquerait la fréquence avec laquelle on rencontre des rouleaux de cette écorce parmi les débris des cités lacustres. Cette substance adhésive était employée non seulement pour fixer les pointes de flèches et les outils dans leur manche, mais aussi pour vernir la poterie en noir, en y ajoutant du charbon pulvérisé. On a pu se rendre compte des diverses applications auxquelles cette substance pouvait se prêter, dans un grand nombre de stations telles que Polada, Mondsee, Schussenried, ainsi que dans les stations suisses de l'âge de la Pierre, comme Saint-Aubin, Locras, Moosseedorf, ce qui prouve qu'elle a été employée pendant toute la durée de l'âge de la Pierre.

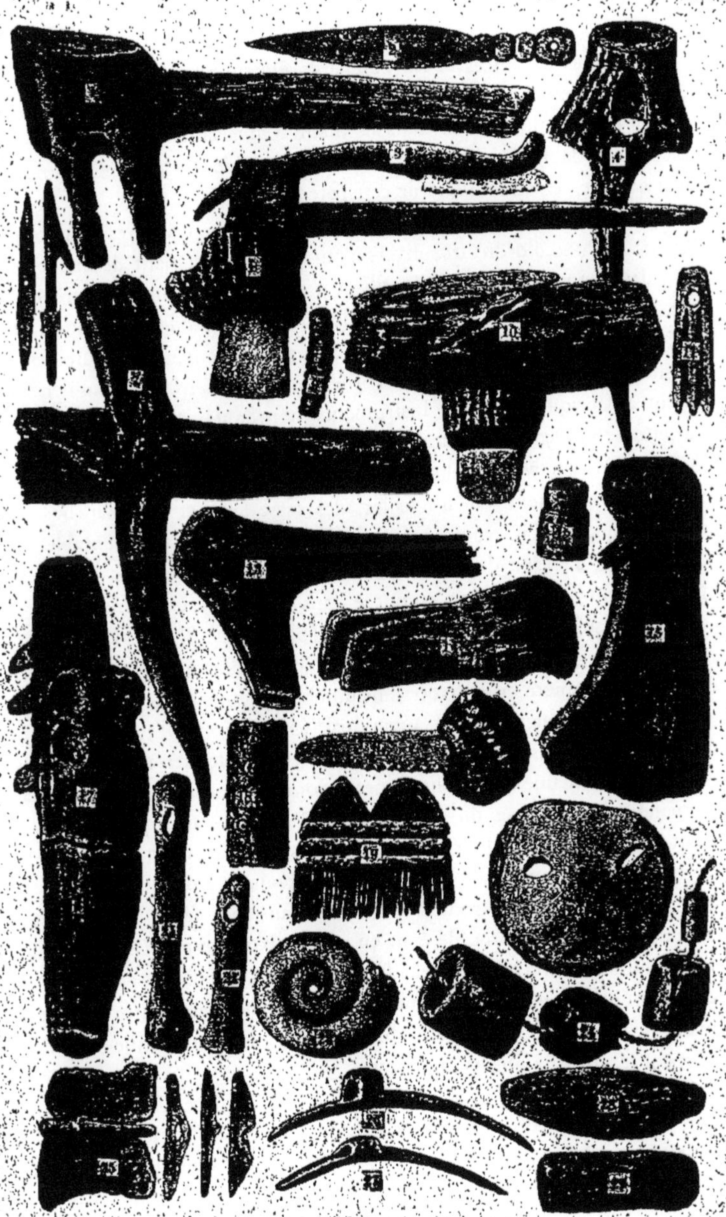

Pl. 35. — Objets divers. Nos 20, 21, 22, 23, 24 : 2/3 ; le reste : 1/3, excepté le no 25.

Les pointes de lances et les poignards étaient en silex. Quelques-uns étaient fixés dans leur manche en bois et celui-ci était entouré d'osier de façon à ce qu'il tînt mieux dans la main. On a aussi trouvé des armes de ce genre, fabriquées avec des canons de cervidés ou d'autres animaux, ainsi qu'avec des andouillers de cerfs, etc...

VI. *Outils.* — La vie sociale et domestique des Lacustres comportait des occupations d'ordre très divers pour l'accomplissement desquelles ils possédaient tout un arsenal d'outils et d'instruments, dont il est très difficile, pour certains d'entre eux, de déterminer le mode d'utilisation. Ils avaient des haches, des couteaux, des scies, des grattoirs, des perçoirs, etc.., en silex et en autres roches. La corne, l'os, les défenses de sanglier servaient à fabriquer certains instruments tranchants, ainsi que certaines variétés de poinçons, de ciseaux, etc... Avec ces outils, ils construisaient des maisons en bois, creusaient des bateaux et façonnaient le bois de manière à en obtenir des ustensiles, des casse-têtes et des manches. La hache en pierre, l'instrument qui était de tous le plus indispensable aux populations de l'âge de la Pierre, était montée de différentes façons. Le plus souvent la hache était enfoncée dans une gaine en corne, qui était ensuite ajustée sur un manche en bois (pl. 35, n°s 8, 10). Parfois l'extrémité de la gaine, opposée à la hache, était fendue en forme de V (pl. 8, n° 13), de manière à pouvoir s'insinuer dans une fente semblable du manche, lequel était coudé à angle droit (pl. 35, n°s 1, 13, 14). Lorsque l'on rapprochait les deux branches de cette fente en les serrant, on se trouvait avoir ainsi une sorte d'herminette dont le tranchant transversal était perpendiculaire à l'axe du manche. Le Dr Gross pense que ce procédé était spécialement employé à l'âge du Cuivre. A Wangen, les gaines en corne étaient peu usitées ; on prenait une branche crochue dont on fendait l'extrémité et on introduisait la hache dans cette fente. Il est intéressant de noter que ce procédé était en usage aux temps préhistoriques chez les mineurs qui extrayaient le sel à Hallein, près de Salzbourg, et à Castione, en Italie (pl. 35, n° 13). Souvent les petites haches, les ciseaux et d'autres instruments en silex sont insérés directement dans des andouillers, comme on peut le voir sur plusieurs figures.

La hache perforée, en pierre ou en corne, était fixée à un manche en bois à l'aide d'un coin. M. Frank en conserve précieusement un exemplaire trouvé à Schussenried. Outre les instruments dont nous venons de parler, il y en a un grand nombre d'autres qui servaient à la fois d'arme et d'outil, mais qui étaient aussi employés surtout pour les travaux agricoles, tels que les pics (pl. 35, nos 4 et 7). Les petits outils en os étaient aussi insérés dans des manches ; la station de Saint-Aubin en a fourni de nombreux exemplaires.

Les scies en silex sont très nombreuses, on peut en trouver dans presque toutes les stations du premier âge de la Pierre. La plupart sont encore dans leur monture en bois ou en corne. Il n'y a qu'à Polada qu'on a trouvé une scie à double poignée (pl. 34, n° 12). La monture en bois porte quatre silex cimentés dans une rainure.

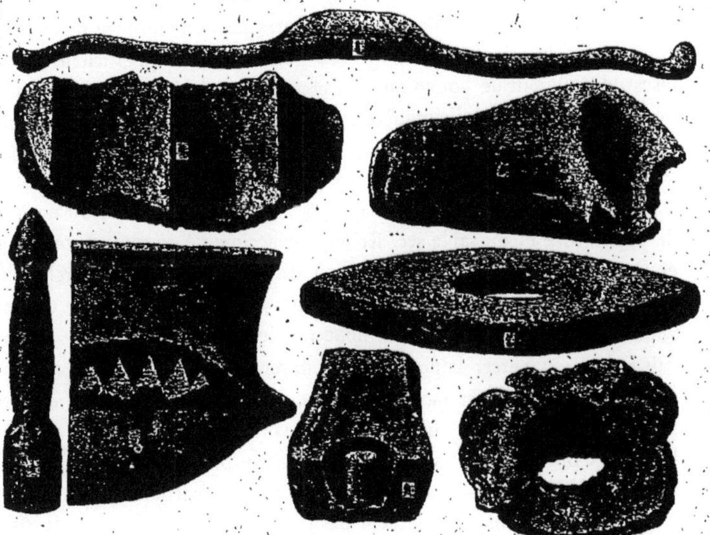

Fig. 70. — Objets divers. N° 2, 5, 6, 7 : 1/2 gr.

L'habileté déployée dans la fabrication des haches et des marteaux perforés, en pierre, a bien souvent étonné les archéologues. Beaucoup d'entre eux ne pouvaient croire qu'il fût possible de percer d'une façon aussi parfaite des trous ronds ou ovales, à travers des roches aussi dures, sans l'aide d'outils en métal. Cependant il est incontestable que cela a été fait, car l'on trouve non seulement des instruments percés, mais même sciés et cela d'une façon très nette, dans les premières stations telles que Chavannes, Moosseedorf, Wangen, Robenhausen, etc... Le Musée de Berne renferme des haches en pierre percées d'un trou rond et une d'un trou ovale. De nombreux fragments de pierres portent des rainures parallèles qui sont les indices certains d'un sciage. Plusieurs de ces pierres ont un certain volume et il est très facile de constater qu'elles ont été entamées par des scies en silex. Le Musée de Zurich possède un gros bloc de serpentine, roulé, mesurant 0m 35 sur 0m 22 et 0m 20, dragué à Wollishofen et qui porte une entaille de 28 centimètres de long et de 15 millimètres de profondeur. Un fragment de cette entaille avait été cassé, mais on a pu le retrouver et le remettre en place, ce qui a permis de déterminer la largeur maximum de cette incisure, qui est de 9 millimètres. Les côtés de cette entaille sont finement striés de rainures parallèles, pas tout à fait droites, mais légèrement déviées au milieu. Cela nous montre qu'avant de commencer le sciage on a tracé une petite rainure superficielle avec le ciseau dans le but de pouvoir guider et amorcer la scie au commencement de l'opération. En quelle matière ces scies étaient-elles faites ? Je ne pense pas qu'un instrument en silex ait pu faire une entaille pareille, car elle est aussi régulière que celle que l'on obtiendrait avec un instrument en acier. Il serait possible que le sciage des pierres se faisait avec un morceau de bois mince et du sable sec. Keller a expérimenté ce moyen très simple et a reconnu qu'il permettait très bien d'arriver au résultat cherché. Il a également démontré d'une façon pratique qu'à l'aide d'un tube en bois, auquel on imprimait un mouvement rapide autour de son axe, on pouvait facilement percer la pierre la plus dure. Toute personne qui visite le Musée de Zurich, peut facilement se rendre compte de l'efficacité de ces procédés, et le gardien, qui est très obligeant, se fait un plaisir de montrer la façon d'opérer. Le bois dur est inférieur au bois mou, parce que celui-ci laisse adhérer à sa substance beaucoup plus de particules de sable, qui usent la pierre, comme le feraient des dents très fines. L'emploi de tubes pour le percement des pierres est démontré par l'existence de centaines de petits cylindres, qui ne sont que les résidus du forage de la pierre par ce moyen, et qu'on a trouvés dans les stations, ainsi que par la présence de cylindres semblables dans des trous qui étaient incomplètement forés, comme on peut le voir fig. 70, n° 6. Le Musée de Zurich possède un marteau en corne de cerf, provenant de Robenhausen, avec un trou dont la perforation n'a pas été achevée, qui porte en son centre un cylindre, pareil à ceux dont nous venons de parler, ce qui prouve que l'on perçait la corne de la même façon que la pierre (pl. 15, n° 12).

On a trouvé à Fénil un autre instrument bizarre, qui est actuellement au Musée cantonal à Berne (fig. 35, n° 17). On suppose que c'est une scie. Il consiste en un bloc de bois, qui a été travaillé pour pouvoir être tenu en main. Dans une fente se trouvent insérés trois petits silex taillés, maintenus en place par de l'asphalte.

Dans beaucoup de stations, mais surtout à Robenhausen, on a trouvé des objets qui avaient été taillés à même dans un bloc de bois. C'étaient des cuillers, des bols, des baquets, etc... Il n'est donc pas douteux que les premiers Lacustres se servaient d'une façon courante d'ustensiles de ce genre.

J'ai déjà noté qu'à Robenhausen et à Fénil on a trouvé des filets de pêche et un hameçon très habilement fabriqué à l'aide d'une défense de sanglier. Les planches relatives à Bodmann, Wangen, Bauchanze montrent d'autres hameçons en os.

VII. *Parure.* — Ces peuplades primitives n'étaient pas insensibles aux charmes de la parure. C'est ainsi que des coquilles, des cailloux coloriés, des dents d'animaux carnivores, des morceaux d'os et de corne décorés, des perles en pierre et en argile et même des rondelles de crâne humain, étaient percés dans le but de pouvoir être suspendus et portés soit comme pendeloques soit comme colliers (pl. 35, n°s 9, 11, 20 à 24).

VIII. *Origine de la jadéite.* — Depuis bien longtemps, les archéologues cherchent à savoir quelle pouvait bien être l'utilisation de ces instruments remarquablement élégants, fabriqués avec la roche, connue sous le nom de jade. Jusqu'alors on les avait trouvés dans le sol, à l'état isolé, ou bien dans les tombeaux de l'âge de la Pierre, tels que les dolmens de Bretagne. L'hypothèse la plus généralement admise c'est que le jade n'ayant pas de gisement en Europe, avait été importé par les premiers peuples néolithiques que l'on supposait avoir émigré des plaines du nord de l'Inde vers l'ouest. La découverte, dans les cités lacustres, d'un grand nombre de haches, de ciseaux en néphrite, en jadéite, en chloromélanite a été l'occasion de nouvelles discussions sur l'origine de ces instruments. En dehors des trouvailles faites dans les cités lacustres, le nombre des objets en jade existant en Europe est d'environ 200, dont près de la moitié a été récoltée en France. Sur les 100 autres, 80 proviennent de l'Allemagne occidentale ; le reste, de différentes localités d'Italie, de Grèce, d'Autriche. D'après les minéralogistes les plus compétents, la plupart de ces objets provenant de l'Europe occidentale sont en jadéite et en chloromélanite. Parmi ceux recueillis en France on n'en a trouvé qu'un seul en néphrite, près de Reims, et en Allemagne on n'en a trouvé que trois ou quatre, tant dans le grand-duché de Bade qu'en Bavière. A l'exception d'un exemplaire trouvé à Posen, tous les autres ont été récoltés à l'ouest de l'Elbe.

La jadéite, la néphrite et la chloromélanite se ressemblent beaucoup et les variations très grandes qu'elles présentent dans leur coloration les rendent très difficiles à distinguer l'une de l'autre à l'œil nu. D'une façon générale, on peut dire que la néphrite donne au toucher une sensation un peu savonneuse, qu'elle a une teinte verte plus claire et plus diaphane que la jadéite, tandis que la chloromélanite a une teinte plus foncée et moins diaphane que les deux précédentes. Selon Meyer leur densité est la suivante : néphrite 2,9 à 3,2 ; jadéite 3,3 ; chloromélanite 3,4 à 3,6. D'après le grand nombre d'instruments, surtout de hachettes, de petits ciseaux et parfois de couteaux (pl. 35, n° 28) (plus rarement de pointes de flèches et d'ornements), que l'on trouve dans presque toutes les stations de l'âge de la Pierre, il semblerait que ces roches étaient fort recherchées et appréciées des Lacustres. D'après Gross, on les rencontrerait en quantité, surtout dans les stations qui fleurissaient à la période qui a immédiatement précédé l'introduction des métaux, ensuite elles disparurent complètement.

Le lac de Constance a fourni à lui seul plus de 1.000 instruments en jade. La station de Maurach a donné 349 instruments assez bien fabriqués, 141 très médiocres et au moins 154 éclats ou morceaux sciés, variant de 2 à 5 centimètres. On a également rencontré des éclats semblables dans d'autres stations. Ceci démontre de la façon la plus nette ce fait important, à savoir que les Lacustres possédaient la roche brute qu'ils travaillaient sur place. Bien que la plupart des stations du lac de Constance aient fourni un nombre plus ou moins grand d'exemplaires, aucune ne peut être comparée à Maurach au point de vue du nombre ; après cette station, celles qui en ont donné le plus sont : Unter-Uhldingen, Immenstadt et Sipplingen dans lesquelles on a trouvé deux ou trois nuclei. En allant vers l'Est, du côté de la vallée du Danube, ils deviennent beaucoup plus rares. Ainsi Schussenried a fourni un seul instrument en jadéite, Olzreuthe sept en néphrite, Starnberg deux en néphrite, Laibach un en néphrite, le Mondsee un en jadéite, l'Attersee aucun. D'après Fischer, 97 pour 100 des instruments du lac de Constance sont en néphrite, 3 pour 100 en jadéite et en chloromélanite. Dans le Musée de Zurich, il a constaté la présence de 28 instruments en néphrite, dont 22 viennent de Meilen et 4 de Robenhausen ; un en jadéite ; 6 en chloromélanite. Sur 295 du Musée de Berne (provenant des lacs de Neuchâtel, de Bienne, de Morat, d'Inkwyl et de Moosseedorf), 118 sont en néphrite, 124 en jadéite, 53 en chloromélanite. D'après ces chiffres, on voit que le nombre des instruments en néphrite est très supérieur à ceux en jadéite, dans les stations du lac de Constance et dans toute la région voisine, tandis qu'à mesure que l'on va vers l'ouest cette inégalité s'atténue sensiblement, et que lorsqu'on arrive en France la proportion est tout à fait renversée. La chloromélanite, qui est généralement plus rare que les deux autres roches, paraît être répartie partout d'une façon bien plus égale. Dans toute l'Europe on compte environ 400 objets travaillés en jadéite, 200 en chloromélanite et 1.200 en néphrite.

Ces faits sont très suggestifs et viendraient à l'appui de la théorie d'après laquelle les Lacustres auraient trouvé les roches en question dans leur voisinage. Néanmoins malgré les recherches les plus soigneuses, faites tant par les géologues que par les minéralogistes, on n'a jamais pu en découvrir une parcelle dans un point quelconque de la Suisse. On a même été jusqu'à offrir une récompense de 200 fr. aux gens du pays pour celui qui pourrait montrer un morceau de néphrite du volume du poing, découvert *in situ*, mais ce fut en vain.

En Allemagne on en a trouvé trois morceaux isolés, l'un dans les sables alluviaux de Potsdam, l'autre dans le voisinage de Meersbourg et le troisième près de Leipzig. On a également signalé deux petits blocs provenant de Styrie. Traube prétend qu'on a trouvé des jadéites *in situ* à Jordansmühl (Silésie), dans les mines de pyrites arsénicales à Reichenstein et dans certaines rivières de la Styrie. Rœdiger écrivait en 1834 qu'on en avait découvert dans le canton de Fribourg. On en a trouvé quelques éclats avec des silex taillés, dans les grottes de Menton, qu'on appelle aujourd'hui grottes de Grimaldi.

Il n'est pas sans intérêt de noter aussi que Schliemann a découvert, dans les fouilles de Troie, 13 petites haches ou ciseaux en jade.

Arzruni prétend que la néphrite et la jadéite des habitations lacustres présentent à l'examen microscopique une différence avec les mêmes roches d'origine asiatique.

[1] D'autre part, MM. Damour et Fischer, qui ont fait l'analyse chimique comparative des jadéites d'Orient et de celles d'Europe, ont constaté que les premières ont une translucidité plus prononcée et des teintes plus franches, depuis le blanc de lait jusqu'aux nuances de l'émeraude.

Dans ces dernières années, la question de l'origine du jade a de nouveau été discutée. Heierli [2] prétend que la serpentine provenait de la région du Gothard (Gurschenalp, au-dessus d'Andernach), où on a découvert non seulement des néphritoïdes taillés, mais des morceaux non travaillés

1. Ajouté par le traducteur.
2. Heierli, Die Pfahlbauten der Zugersee's (Prähistorische Blätter, 1902, p. 81).

et des pièces inachevées. M. Bodmer-Beder [1] a montré que la néphrite se trouvait dans le Gothard, et il prétend que les Lacustres pouvaient recueillir la matière brute de leurs haches fines dans les moraines de l'ancien glacier de la Reuss, ou parmi les pierres roulées de ce torrent. Cet auteur signale encore des objets en mélaphyre, roche originaire des Alpes de Glaris, qui était transportée dans la partie orientale du canton, où les Lacustres pouvaient la découvrir par le glacier de la Lint.

M. Salomon Reinach [2] partage l'opinion d'Heierli. Il estime que les néphritoïdes de l'Europe sont indigènes et que l'hypothèse de leur origine orientale n'est pas défendable.

M. Mehlis [3] considère au contraire que les haches en jadéite, néphrite et chloromélanite paraissent avoir été importées les unes d'Égypte, les autres de l'Asie centrale.

M. de Nadaillac fait remarquer que les arguments qu'on a fournis en faveur de l'origine européenne des jadéites ne s'appliquent pas à la néphrite ni à la chloromélanite. D'autre part, les échantillons de néphrite trouvés dans les stations lacustres sont tellement semblables aux néphrites asiatiques, qu'il est difficile de les séparer. Si la néphrite et la chloromélanite ont été importées d'Asie, pourquoi n'en serait-il pas de même de la jadéite ?

IX. *Habitations.* — Quant aux huttes ou cabanes, qui servaient de demeure aux Lacustres, on a fort peu de renseignements. Pendant longtemps, les seules preuves que les huttes avaient été érigées sur des plates-formes consistaient en ce fait qu'on avait trouvé des plaques d'argile qui portaient en creux l'empreinte de poutres rondes (fig. 70, n° 2), des pierres de foyer, des poutres, des débris de toits en chaume. Mais M. Frank, qui a exploré la station de Schussenried, a pu nous donner des renseignements plus précis. Cette station ne présente aucun signe de destruction par le feu, et l'on croit que ses habitants l'ont abandonnée volontairement, par suite de l'envahissement de la tourbe. Les huttes auraient donc fatalement été détruites par la pourriture des bois qui avaient servi à leur construction. Mais elles furent préservées de cette destruction par le développement de la mousse qui les engloba complètement. On put se rendre compte de la réalité de ce fait, lorsque l'on découvrit les fondations et les

1. Bodmer-Beder, Anz. f. schweiz. Alterthumsk, 1902.
2. Salomon Reinach, Analyse in l'Anthropologie, 1902, p. 77.
3. Mehlis, Exotische Steinbeile der neolitischen Zeit in Mittelrheinland (Archiv f. Anthropologie, 1902, XXVII, 599).

portions de parois d'une hutte complètement enfouies dans de la mousse. Lorsqu'il apprit cette découverte, M. Frank fit enlever la mousse qui recouvrait les ruines, et avant qu'elles ne fussent détruites par l'émiettement de leurs matériaux, il en fit dresser un plan. La construction avait une forme rectangulaire, un peu ovale, de 10 mètres de long sur 7 de large, et était divisée par une cloison en deux chambres. Du côté sud, il y avait une porte, de plus d'un mètre de large, qui donnait accès dans l'une des chambres. L'autre pièce était un peu plus grande et ne communiquait pas avec l'extérieur, sinon au moyen d'une porte, qui donnait accès dans la première chambre. Ces deux pièces ne renfermaient rien, mais, au dehors, se trouvait une masse de pierres, présentant tous les signes pouvant indiquer qu'elles avaient servi de foyer. Les parois étaient formées de tiges refendues placées verticalement, et leurs interstices étaient bouchés avec de l'argile. Le plancher était formé de quatre rangées de poutres, séparées les unes des autres par autant de couches d'argile. La construction de ces quatre planchers, les uns au-dessus des autres, peut avoir été nécessitée par le développement graduel de la tourbe, qui finalement chassa les habitants de leur demeure.

Dans le cours de ses fouilles à Robenhausen, Messikommer a recueilli, sur une surface de 30 mètres de long et de 10 mètres de large, des indices lui permettant de délimiter quatre habitations séparées. En étudiant sur cet espace le groupement et le mode de distribution des vestiges industriels qu'il trouvait, il put conclure que chaque hutte avait son mobilier propre : son foyer, ses appareils de tissage, sa meule, ses aiguisoirs, etc., et d'après cela il put déterminer la dimension des huttes. D'après ces calculs, les dimensions des huttes de Robenhausen seraient sensiblement les mêmes que celles de Schussenried, chacune ayant une surface de 70 mètres carrés. Les constatations faites à Irgenhausen ont donné des résultats analogues. A Niederwyl, où les limites de chaque habitation pouvaient être parfaitement définies, la surface assignée à chacune était un peu moindre.

[1] Nous avons signalé dans un certain nombre de stations la présence de buttes de pierres, souvent énormes, dont la plus connue est celle de Nidau, et auxquelles on donne le nom de *steinbergs*. Que sont exactement ces steinbergs ? Desor, qui en a fait le premier l'étude sur les palafittes du lac de Neuchâtel, considérait ces îlots artificiels, auxquels il donnait le nom de *ténevières*, comme ayant été construits intentionnellement par les Lacustres

1. Article ajouté par le traducteur.

pour maintenir leur pilotis. Plus tard, il abandonna cette explication et considéra que ces tertres étaient non pas des buttes artificielles, mais les résidus d'anciennes moraines.

F.-A. Forel[1] en a donné une interprétation qui nous paraît beaucoup plus vraisemblable, et que nous reproduisons ci-dessous intégralement. Une peuplade bâtissait un village dans le lac en plantant ses pilotis dans le sable du blanc fond. Ces pilotis arrêtaient le choc des vagues et empêchaient la dispersion des débris de la vie journalière, des rebuts de la cuisine, des déchets des divers métiers et industries, que jetaient ou laissaient tomber dans le lac les habitants de la palafitte. Ces débris, mêlés avec le sable que les vagues accumulent bientôt dans tout endroit abrité, devaient former sous le pilotage un monceau, un amas composé en partie de substances organiques, en partie de sable et de limon, en partie enfin de matériaux plus solides, plus volumineux : tessons de poterie, os de la cuisine, débris de pierres brisées dans la taille des haches et des couteaux, etc...

Dans la suite des années, ces amas, comparables en tous points aux kjökkenmöddinger du Danemark, ont probablement formé sous les planchers des palafittes des îles artificielles émergées pendant la saison des basses eaux. Plus tard, lors de la destruction de la bourgade, les pierres qui recouvraient peut-être les toitures pour les consolider et les assurer contre le vent, suivant l'usage des chalets des Alpes, les pierres plates qui formaient les foyers, le macadam ou le plancher des huttes, enfin tous les objets solides, contenus dans les cabanes, sont tombés sur le sol et ont complété les éléments de la tènevière.

La cité une fois détruite par l'incendie ou délaissée par ses habitants, l'accroissement du monceau de débris a cessé; les pilotis qui, dans le cas de l'incendie, avaient subsisté dans leur partie immergée, ont petit à petit été détruits et tous les matériaux d'origine et de nature diverses, que la civilisation humaine avait perdus sous les planchers, sont devenus le jouet des vagues, qui les ont maniés à leur gré. Les parties meubles ou attaquables par l'eau ont été dissoutes, enlevées, arrachées, dispersées; les matières lourdes et solides, poteries, os et pierres, sont seules restées en descendant toujours plus sur place quand le sol manquait sous leur base. A mesure que la surface de l'îlot s'affaissait ainsi, les cailloux superficiels devenaient de plus en plus serrés en s'adjoignant naturellement tous ceux qu'ils rencontraient dans les couches successivement érodées. Le processus

1. F.-A. Forel, Les tènevières artificielles des cités lacustres (Anzeiger für schweizerische Alterthumskunde, 1876-1879, 905).

d'érosion a continué jusqu'au moment où ces cailloux et matériaux solides se sont tous touchés bout à bout, ont formé un pavé continu protégeant la couche profonde ; l'érosion a alors été arrêtée et la tènevière est arrivée à un état de repos, de stabilité. Elle a constitué l'île submergée, recouverte de galets et de débris de l'industrie humaine, le *Steinberg*, que nous retrouvons actuellement.

La seule modification importante que la palafitte a subie depuis cette époque a porté sur le pilotis, dont toute la partie sortant du sol a été attaquée par les organismes animaux et végétaux, et usée et corrodée par l'action de l'eau, des vagues et du sable. Le pieu a été usé ainsi jusqu'à la surface du sol et coupé suivant un plan parfaitement horizontal, tellement qu'on a pris, à tort, cette section comme étant l'effet de la scie de silex de l'homme.

Cette théorie explique :

1° L'existence d'un pavé superficiel recouvrant la couche archéologique et contenant lui-même des débris d'industrie ;

2° Le fait des pieux taillés en pointe ;

3° L'existence de steinbergs au milieu du blanc fond où le sol est limoneux et non rocheux ;

4° La plus grande hauteur des steinbergs de l'âge de la Pierre où les débris des roches cassées par l'ouvrier, dans le travail de la fabrication des outils, sont incontestablement plus nombreux que dans les stations de l'âge du Bronze.

Il est très important de bien établir la nature très spéciale de ces huttes de pierre, qui ne sont pas des constructions élevées intentionnellement pour servir de base aux pilotis, car certains auteurs ont eu de la tendance à les assimiler aux îlots artificiels tels que les crannogs d'Irlande et d'Écosse. La théorie de Forel remet très exactement cette question au point.

Les archéologues suisses divisent les habitations lacustres de l'âge de la Pierre en trois périodes, que le Dr Gross définit de la façon suivante :

« 1re *Période.* — Je range dans cette période les stations les plus anciennes représentées dans le lac de Bienne par la palafitte de Chavannes. Les produits de l'industrie humaine trouvés sur ces emplacements dénotent un art tout à fait primitif; les haches de pierre sont petites, à peine polies et presque toutes en minéral indigène ; les haches-marteaux n'apparaissent que sous forme de grossières ébauches et les outils en corne et en os sont mal travaillés. On ne remarque aucune trace d'ornementation ni sur les armes et les instruments, ni sur les produits de la céramique. La poterie du reste est façonnée avec une argile grossière, sans l'aide du tour naturellement, et revêt des formes qui trahissent l'enfance de l'art du potier.

2e *Période.* — A cette période appartiennent l'ancienne station de Locras, celle de Lattringen et en général la plus grande partie de nos établissements de l'âge de la Pierre. Elle présente déjà un notable progrès sur la précédente en ce que les armes et les outils sont perfectionnés; les haches en pierre, quelquefois perforées pour recevoir le manche, sont fort bien travaillées, polies avec soin et revêtent parfois des dimensions colossales. On constate aussi, dans ces stations, une abondance relative de hachettes en néphrite, jadéite et chloromélanite.

En effet, tandis que ces objets en minéral exotique font presque entièrement défaut pendant la première et la troisième période, on les rencontre dans les stations qui nous occupent dans une proportion qui peut varier de 5 à 8 % des haches en minéral indigène.

« Le métal n'apparait pas encore dans cette période, ou du moins pas dans la couche archéologique; exceptionnellement on trouve ici et là, entre les pilotis, quelques lamelles de cuivre, et plus rarement de bronze.

« La poterie, faite d'une pâte plus fine et mieux façonnée, présente quelques traces d'ornementation, sous forme d'éminences percées et de dents de loup.

« 3e *Période.* — Elle comprend les stations de l'époque de transition de la Pierre au Bronze. C'est l'époque du Cuivre, si je puis l'appeler ainsi, caractérisée par la présence, dans la couche archéologique même, d'armes et d'instruments de cuivre pur (très rarement de bronze), de haches-marteaux habilement perforées, d'outils de bois et de corne très bien façonnés, et surtout de vases de formes variées, quelques-uns munis d'anses et la plupart ornés de dessins faits avec les doigts ou au moyen de ficelle imprimée dans l'argile encore molle. Comme je l'ai fait remarquer plus haut, les haches en néphrite et jadéite sont devenues plus rares et font même presque entièrement défaut. »

Nous rappellerons que M. Borel a adopté une classification analogue. Quant à moi, j'estime que les données archéologiques que nous possédons ne permettent pas de faire des subdivisions de ce genre. Toutefois je ne conserverai de cette nomenclature que le terme de « période de transition » parce qu'il me paraît très commode.

Les habitants de Chavannes, l'une des plus anciennes stations de la

Suisse, connaissaient et pratiquaient l'art de percer et de scier les pierres. Ils possédaient des instruments en néphrite et en jadéite (pl. 35, n° 29), et ils étaient d'une habileté remarquable dans le travail des instruments en silex. Dans la collection des objets de cette station, qui se trouve au Musée cantonal de Berne, on peut voir des casse-têtes en corne et en os, de formes très bizarres, une grande aiguille, et cinq objets en corne très particuliers, semblables à ceux que l'on trouve dans tant de stations de la période de transition telles que Sutz, Gerofin, etc. (nos 26, 27), des morceaux de tissus, des peignes à lin, toute une série de poids en terre, des haches-marteaux à toutes les étapes de leur fabrication, des poignards en os et en silex très élégants, des scies en silex montées en bois. Le Dr Gross a signalé également dans cette station la trouvaille d'une portion d'échelle et Keller un fragment de porte ou de fenêtre muni d'un verrou (n° 25). En revanche la poterie est grossière et dépourvue de décors; mais ceci pourrait être dû à des causes sociales plutôt qu'à l'ignorance de l'art de la céramique, car, dans d'autres stations du premier âge, comme Schussenried, la poterie est très décorée.

Dans la lutte qu'ils eurent à soutenir pour l'existence, les fondateurs des premières cités lacustres, entourés d'aborigènes féroces et d'animaux sauvages, avaient à se préoccuper d'abord des premières nécessités de la vie avant de penser à l'art. Puis, avec le temps, on assiste aux progrès de ces populations, on les voit arriver à la prospérité en même temps qu'on constate un degré plus avancé dans leur civilisation; mais dans tout cela il n'y a rien de caractéristique, rien de saillant qui permette d'établir pour chaque étape une période distincte, jusqu'à l'introduction du bronze qui a opéré une véritable révolution. Mais tout cela s'est fait progressivement, c'est pourquoi la période qui est intermédiaire entre l'âge de la Pierre et celui du Bronze est très justement appelée « période de transition ». Quelle qu'ait pu être la durée de l'âge pur de la Pierre, ce qu'il y a de certain c'est que pendant toute cette période les Lacustres ont conservé intacts et sans modification les éléments essentiels de leur culture et de leur civilisation.

II. — PÉRIODE DE TRANSITION

(AGE DU CUIVRE)

Avant de décrire les changements survenus dans les habitudes sociales des Lacustres par l'introduction des métaux, nous avons à aborder une question importante, celle de l'existence d'un âge du Cuivre en Europe. Parmi ceux qui l'admettent, nous trouvons Pulszky, de Buda-Pest, et le Dr Much, de Vienne. Ils s'appuient sur ce fait que les peuples préhistoriques d'Europe savaient extraire le cuivre du minerai et le façonner tant par la fonte que par le martelage, de façon à en obtenir soit des armes, soit des instruments, soit des ornements. Dans le premier cas, ils se bornaient à copier des objets, dont ils se servaient habituellement. C'est ainsi que la hache plate, qui est pour ainsi dire le seul modèle de hache en cuivre qu'on trouve en Europe (excepté en Hongrie), n'est évidemment que la reproduction du modèle des haches polies, dont ils se servaient auparavant. Les poignards et les pointes de lances sont également la reproduction des types en silex. On pourra facilement s'en rendre compte en examinant comparativement le n° 11 de la planche 8, qui est en silex, et le n° 2 de la figure 4, qui est en cuivre.

Comme ceux qui admettent l'existence d'un âge du Cuivre s'appuient sur le nombre et la variété des objets en cuivre pur qui ont été trouvés dans les fouilles des stations lacustres, je vais exposer, aussi brièvement que possible, les données générales de cette question.

Nous avons déjà vu que, dans bien des cas, on trouvait dans différentes stations des haches, des poignards, des perles et d'autres objets en cuivre, mais presque invariablement associés à des objets en bronze, comme par exemple à Wollishofen. Il est donc évident que la transition de l'âge de la Pierre à la période la plus florissante de l'âge du Bronze s'est faite lorsque cette station était encore occupée par ses habitants. Aussi nous semblerait-il excessif de vouloir conclure que les objets en cuivre qu'on y a trouvés sont les vestiges d'un âge du Cuivre. Mais laissons de côté ces stations, qui ont duré très longtemps avec un mobilier très mélangé, et examinons celles qui sont arrivées à une fin prématurée, peu de temps après que les premiers objets en métal commençaient à être employés, mais avant le plein développement de l'âge du Bronze.

Nous choisirons les sept qui présentent le plus d'intérêt :

Polada, Saint-Blaise, Laibach, Mondsee, Robenhausen, Locras, Fénil.

La table suivante donne le relevé de tous les objets en métal qu'on y a trouvés :

NOM DE LA STATION	CUIVRE	BRONZE	
POLADA		1 poignard. 3 haches plates.	pl. 34.
LAIBACH (creusets)	1 hache plate. 6 poignards et lames tranchantes. 5 poinçons. 1 fragment.	1 hache à ailerons. 3 épingles. 2 épées. 1 poignard orné. 2 poignards plats. 2 bracelets.	fig. 53
MONDSEE (creusets) fig. 70, nº 3	14 haches plates. 6 poignards. 3 spirales. 3 poinçons. 1 hameçon. 2 fragments.	1 fragment de poignard. 1 épingle à cheveux.	pl. 23.
ROBENHAUSEN (creusets)	1 hache plate.	1 hache plate.	pl. 15.
LOCRAS	4 poignards. 2 poinçons. 1 hache double (fig. 71, nº 10). 1 perle.	1 épée à poignée plate. 1 poignard. 2 épingles à cheveux.	fig. 71, nº 1.
FÉNIL	49 perles. 9 poignards. 6 poinçons. 1 hache plate. 8 pendeloques. 1 spirale. 1 tube. 3 perçoirs. 1 épingle à cheveux. 1 ciseau.		pl. 8.
SAINT-BLAISE (creusets)	2 fragments de haches plates. 5 poignards. 3 couteaux. 3 perles. 4 pointes de flèches. 2 pendants d'oreilles. 1 spirale.	1 poignard à arête médiane.	fig. 4.

Le nombre total des objets en cuivre relevés par M. Forrer est de 250, qui se décomposent ainsi : 107 perles ou parures, 37 haches plates, le reste représente des ciseaux, couteaux, poignards, marteaux, etc... Les trouvailles d'objets en cuivre faites dans les autres stations, en dehors des sept ci-dessus, sont très loin de venir corroborer la théorie de l'âge du Cuivre, au contraire, car le nombre des objets en bronze est considérablement plus élevé que celui des objets en cuivre qui s'y rencontrent en même temps, comme par exemple à Lattringen et à Gerofin.

Si maintenant nous revenons aux sept stations dont nous avons parlé plus haut, nous voyons que le caractère général des trouvailles qui y ont été faites, en y comprenant les objets en métal, les font classer d'une façon indiscutable dans l'âge de la Pierre; car il est bien évident que l'existence des métaux ne datait pas d'assez longtemps pour avoir pu modifier les caractères dominants de cette époque. Nous ferons remarquer en outre que, dans ces sept stations, excepté une, à savoir celle de Fénil, les objets en bronze étaient associés à des objets en cuivre. D'autre part, Polada n'a fourni que quelques épées en bronze et il est absolument certain que cette station existait tout à fait au début de la période de transition. Mais en réalité cela ne signifie rien, car à Ober-Meilen on a trouvé deux objets en bronze : une hache plate et un bracelet, au milieu d'objets de l'âge de la Pierre, et il n'y en avait aucun en cuivre. De même, à la station des Roseaux, de Morges, il n'y avait pas moins de 18 haches plates en bronze, et quelques autres objets de même métal, mais pas un seul en cuivre. Si l'on admet que l'âge du Cuivre a eu une certaine durée et qu'il n'est que l'étape par laquelle on a dû passer avant d'arriver à l'âge du Bronze, il s'ensuivrait que la station de Fénil est antérieure à toutes les autres. Mais le caractère même des objets qui y ont été recueillis est en opposition absolue avec une pareille interprétation, car les haches perforées sont plus nombreuses et plus élégantes que partout ailleurs; de plus certaines de ses poteries sont très décorées et se rapprochent à certains égards de celles de l'âge du Bronze. Les poignards et les pointes de flèches en silex sont d'un travail parfait; celles-ci présentent une très grande variété de modèles parmi lesquels on en voit du type barbelé. Cette station a fourni en outre des tissus, des filets, du fil, des boutons en os, etc..., et elle correspond à tous égards à celle de Locras, dans laquelle on a trouvé une épée et un poignard en bronze avec quelques instruments en cuivre. L'absence du bronze à Fénil n'est donc pas par elle-même une raison suffisante pour admettre qu'il a existé un âge du Cuivre, pendant lequel le bronze était inconnu. Tous les objets en cuivre, trouvés dans les autres stations, dénotent en effet dans leur fabrication un travail des plus primitifs exactement comme à Fénil.

D'autre part, les objets en bronze de la première époque, tels que poignards, épées, etc..., qu'ils proviennent de Locras, de Polada ou de Laibach, nous montrent un mode de fabrication tout à fait différent et des formes beaucoup plus élégantes; et cependant rien ne permet de supposer qu'ils ont pu être fabriqués à une époque postérieure à celle des outils et des armes en cuivre brut de Fénil. Si l'on admet que ces objets en cuivre sont l'œuvre des Lacustres, ce qui est bien probable étant donné le grand nombre de creusets que l'on a trouvés à Robenhausen, au Mondsee, à Laibach, etc..., il faut admettre également que leurs fabricants avaient bien quelques notions des qualités supérieures du bronze. Par conséquent la fabrication de ces articles inférieurs doit s'expliquer autrement qu'en supposant qu'il y a eu un âge du Cuivre; il ne faut la considérer que comme une sorte d'ébauche, comme un essai qui a précédé le Bronze, et qui peu à peu a abouti à l'emploi exclusif de cet alliage. Pour moi, j'estime que les Lacustres n'ont connu celui-ci que lors de l'importation chez eux des premiers instruments en bronze, en particulier des épées et des poignards, et que ce fut pour eux une révélation, qui les amena à chercher et à découvrir le moyen d'extraire le cuivre pur de son minerai. Des chaudronniers, indigènes ou autres, en essayant de copier les instruments importés chez eux, en arrivèrent à fabriquer des objets en cuivre jusqu'au jour où ils apprirent l'art de rendre ce métal plus dur en l'alliant à l'étain. Il est fort possible que tout d'abord les premiers initiés gardèrent très jalousement le secret de cette découverte; mais certainement cela n'a pas pu durer longtemps, car nous assistons bien vite au plein développement de l'industrie du bronze chez les Lacustres. Mais si ces peuples ont fabriqué quelques instruments en cuivre, on pourrait peut-être l'expliquer par leur ignorance de l'art de l'alliage, ou encore par la rareté ou le prix élevé de l'étain, ce qui a entraîné les métallurgistes de l'époque à une fabrication qu'ils considéraient eux-mêmes comme un pas en arrière. On a aussi émis cette idée que la fonte répétée du bronze en fait disparaître l'étain, et que c'est peut-être par suite d'opérations successives de ce genre que les instruments en cuivre ont vu le jour. Mais cette explication ne peut s'appliquer aux instruments des stations lacustres, car ceux en cuivre sont du type le plus primitif et ont été évidemment fabriqués dans la période d'initiation, qui a précédé l'épanouissement de l'art de la métallurgie.

Au point de vue technologique, Gross considère que les stations de l'époque de Transition sont caractérisées par les formes suivantes :

Les haches en pierre sont de petite dimension et peu abondantes ainsi que les instruments en corne et en os. La hache cunéiforme disparaît pour faire place à une arme plus perfectionnée : la hache-marteau perforée. Les gaines en corne de cerf sont plus grêles et en majeure partie à talon entaillé en V pour faciliter l'emmanchement.

Ce qui caractérise cette période c'est la présence d'instruments de métal, quelquefois en bronze, le plus souvent en cuivre pur.

III. — AGE DU BRONZE

Sommaire. — I. Habitations. — II. Armes. — III. Outils et instruments. — IV. Matériel du fondeur. — V. Céramique. — VI. Parure. — VII. Division du travail. — VIII. Relations avec les peuples étrangers. — IX. Agriculture. — X. Domestication des animaux. — XI. Faune et Flore. — XII. Culte. — XIII. Sépultures. — XIV. Caractères anthropologiques.

I. *Habitations.* — Le mode original de construction des cités lacustres se continue comme auparavant, et les seules modifications que l'on constate résident dans l'emploi d'instruments plus perfectionnés. Les habitations lacustres de l'âge du Bronze sont construites en eau plus profonde et par conséquent sont plus éloignées du rivage que celles de l'âge de la Pierre. Les pieux sont moins gros et souvent le même tronc a été refendu et en fournit deux, trois ou même quatre. Les steinbergs semblent avoir été abandonnés et n'avoir été réservés que lorsqu'on avait affaire à un sol pierreux, dans lequel il était très difficile d'enfoncer les pieux. Les vestiges des huttes que l'on a retrouvés sont les mêmes pour les deux époques : des morceaux d'argile avec des empreintes de solives rondes et des pierres de foyer. Au lac du Bourget, on a trouvé des plaques d'argile plastique de ce genre, ornées de lignes incisées et de cercles concentriques (pl. 14, n° 15), ou encore du swastika (fig. 80, n° 12), ainsi que des morceaux de tubes en argile dont l'intérieur est noirci par de la suie, ce qui a fait penser qu'ils avaient servi de tuyaux de cheminée (fig. 70, n° 8).

Schumacher [1] a fait ressortir les caractères qui séparent très nettement les stations de l'âge du Bronze de celles des âges de la Pierre et de l'époque de Transition. Pour lui, les stations de l'âge du Bronze diffèrent de celles de l'âge de la Pierre non seulement par leur situation, mais aussi par leur

1. Article ajouté par le traducteur, d'après SCHUMACHER, *Veroffentlichungen der Grossh. Bad. Sammlungen*, etc., Carlsruhe, 1899.

disposition, alors qu'au contraire celles de la période de Transition paraissent se superposer aux stations néolithiques et en continuer les traditions. A Bodmann, par exemple, on remarque que la partie centrale du village néolithique a été brûlée, puis qu'un nouvel établissement s'est fondé au-dessus. Dans la couche la plus ancienne, on a trouvé des instruments grossiers en pierre et en corne avec des vases mal travaillés, la couche supérieure a donné des haches polies et perforées, des poteries fines et des objets en cuivre, mais sans aucune trace de bronze. L'étude des points de contact entre deux stations : l'une de l'âge du Bronze, l'autre de la période de Transition, indique qu'il s'est écoulé de l'une à l'autre un laps de temps considérable, ainsi qu'en témoigne l'épaisseur de la couche de limon qui les sépare. Cet auteur considère qu'il n'est pas possible d'admettre que l'âge du Bronze soit né par une évolution graduelle et locale de l'âge du Cuivre (période de Transition). Pour lui, il y a continuité entre les stations de la Pierre et celle de Transition, mais solution de continuité entre ces dernières et les stations de l'âge du Bronze.

Dans la Suisse orientale et dans la vallée du Danube, le nombre des stations lacustres a diminué beaucoup pendant l'âge du Bronze, tandis qu'il augmentait plutôt au lac de Genève et au lac du Bourget, dont les huit stations sont presque exclusivement de cette époque.

Les stations de Laibach, Mondsee, Attersee, Schussenried disparurent à la période de Transition. A l'est du lac de Constance, il n'y a que celle du lac de Starnberg qui ait continué pendant l'âge du Bronze. Dans les lacs de Constance, Zurich, Neuchâtel, Morat et Bienne, le nombre en diminua beaucoup, mais en revanche elles occupèrent de plus larges espaces en même temps qu'elles se concentraient davantage sur les emplacements choisis, qui étaient généralement situés à l'endroit où les eaux du lac trouvent leur issue.

II. *Armes.* — Dès que l'on sut fabriquer des instruments tranchants en bronze, il est fort probable que leur usage se répandit très vite, tellement ils étaient supérieurs à ceux dont on se servait auparavant. Le contre-coup s'en fit sentir non seulement dans la vie ordinaire de ces peuples, mais aussi dans leur activité manufacturière, par suite de la création et du développement rapide de nouvelles industries. Au lieu des instruments primitifs, nous assistons à l'essor d'une fabrication nouvelle, et nous voyons apparaître les épées, les poignards, les lances, les haches, les couteaux, les rasoirs, les ciseaux, les gouges, les faucilles, etc... Le simple poignard en os ou en silex, qui ne pouvait servir que comme instrument frappant, se transforme en une arme beaucoup plus puissante, l'épée à double tranchant. Le premier type de cette épée, qu'on trouve dans les stations lacustres, paraît être celle à poignée plate (fig. 71, n°s 1, 7, 9), munie d'une série de trous de rivets destinés à fixer des plaques d'os ou de bois, qui permettaient de la tenir mieux en main. Puis la poignée fut fondue séparément et la lame y fut fixée à l'aide de rivets. Le modèle le plus élégant de ce type est celui dont la poignée se termine de chaque côté par une volute qu'on désigne sous le nom d'*antenne* (pl. 11, et fig. 13 et 71). On

Fig. 71. — Épées en bronze et haches en cuivre. N°s 10, 11 : 1/6 ; le reste : 1/3 gr.

a trouvé à Möringen un spécimen très rare de cette variété, malheureusement une partie de la poignée a été cassée. La lame est en fer, et la poignée en bronze est incrustée de lamelles de fer (fig. 71, n° 6).

Il est probable que, pour pouvoir porter des armes aussi tranchantes, il fallait faire usage de fourreaux, qui vraisemblablement étaient d'abord en bois, munis d'une bouterolle en bronze.

On a trouvé, dans différentes stations, des objets que l'on suppose avoir été des bouterolles de ce genre, par exemple à Möringen, Auvernier, Champréveyres, Luissel (fig. 13, n° 4), le Bourget (pl. 14, n° 20).

Tandis que les poignards étaient rivés à des poignées en bronze, en corne ou en autre matière (fig. 71, n° 8), ce qui se perpétua pendant tout l'âge du Bronze, les pointes de lances au contraire ont été, dès le début, du type à douille. Elles présentent de très grandes variétés, car on en trouve à soie, à douille ou simplement triangulaires. Ces dernières portent généralement deux ou quatre petits trous qui permettaient de les fixer à la tige à l'aide d'un fil métallique ou autre (pl. 14, nos 22 à 26).

Les haches présentent dans la série de leurs types toute une évolution, qu'il nous est facile de suivre. Ainsi le modèle primitif de la hache en pierre est celui qui a été adopté pour la hache en cuivre ; il a été également reproduit en bronze et s'est répandu ainsi dans toute l'Europe. Peu à peu il a fait place au type à talon, puis à ailerons avec ou sans anneau latéral. Enfin nous arrivons à la hache à douille, qui semble être le type le plus parfait en usage pendant l'âge du Bronze. C'est seulement à l'âge du Fer que l'on voit apparaître le type moderne, muni d'un trou pour le passage du manche, bien que ce mode d'emmanchure ait été bien connu auparavant et ait été usité pour les marteaux et les haches en pierre.

III. *Outils et instruments.* — Les scies en bronze (pl. 7, n° 7) semblent n'avoir jamais eu qu'une utilisation très limitée, car on n'en a guère trouvé qu'une demi-douzaine dans les habitations lacustres de l'Europe centrale. Lorsque l'on compare leur rareté avec l'extrême abondance des scies en silex, de l'âge de la Pierre, on voit qu'elle est due à ce que les instruments tranchants s'étaient substitués à celles-ci, parce qu'ils étaient d'un mode d'emploi beaucoup plus pratique lorsqu'il s'agissait par exemple de fabriquer une tige pour une pointe de flèche, des manches en bois, etc...

Les couteaux ordinaires des cités lacustres ont une forme très élégante, la lame étant toujours plus ou moins incurvée et souvent gravée de lignes parallèles ou sinueuses, de dessins sous forme de pointillés ou de cercles concentriques. Ils étaient fixés au manche, soit par une soie, soit par une douille, mais quelquefois la lame et le manche étaient d'un seul jet.

Il est assez curieux de noter que les couteaux à douille sont très rares dans la Suisse orientale, car on n'en a pas vu un seul exemplaire dans la grande trouvaille de Wollishofen, tandis qu'à mesure qu'on s'avance vers l'ouest ils sont de plus en plus nombreux, et lorsqu'on arrive au lac du Bourget, ils deviennent alors la règle au lieu d'être l'exception.

Les lames, que l'on a qualifiées du nom de rasoirs, se présentent sous deux types différents, selon qu'elles ont un ou deux tranchants. Le premier type présente habituellement un dos à rebord, lequel se prolonge à une des extrémités de façon à constituer une sorte de poignée, qui parfois revêt la forme d'un anneau (pl. 13, nos 22 et 23). Le Dr Gross en possède un qui a une poignée en corne de cerf. Les rasoirs à deux lames ont une poignée qui se trouve placée entre elles. On les rencontre très fréquemment dans les terramares ainsi que dans la palafitte de Peschiera (pl. 31), tandis qu'on n'en a jamais trouvé dans le lac du Bourget.

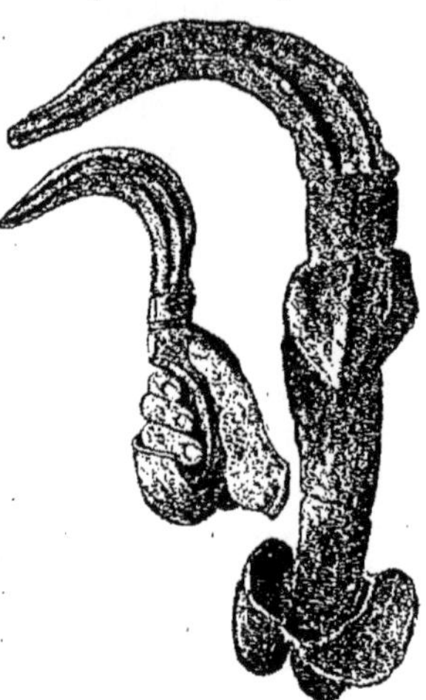

Fig. 72. — Faucille en bronze avec poignée en bois. 1/3 gr. (La petite figure indique comment on tenait l'outil.)

Les petites pinces, que l'on suppose avoir servi pour l'épilation, et qui sont si fréquentes à l'époque de la Tène et aux temps gallo-romains, semblent faire leur apparition seulement vers la fin de l'âge du Bronze, car elles sont extrêmement rares dans les cités lacustres de la Suisse centrale, tandis qu'en revanche elles sont beaucoup plus communes dans celles du lac du Bourget. Le Dr Gross en a représenté une qui vient de Möringen et qui ressemble tout à fait à une autre qui a été trouvée dans le lac du Bourget (pl. 13, n° 24).

Les faucilles se rencontrent en grand nombre dans toutes les habitations lacustres de l'âge du Bronze. Elles sont aplaties sur une face, tandis que sur l'autre elles portent une ou deux arêtes longitudinales, destinées à les renforcer. Elles étaient fixées dans un manche en bois soit par des rivets, soit par des saillies latérales. Celle qui est représentée sur la figure 72 a été trouvée à Möringen; sa poignée est admirablement bien façonnée de manière à s'adapter aux saillies et aux creux de la main droite. Il est bien probable que toutes les poignées de ces outils étaient fabriquées de la même manière, car on en a trouvé deux autres à Corcelettes, qui étaient exactement semblables.

Quant aux marteaux, ciseaux, gouges, perçoirs, poinçons, aiguilles, hameçons, harpons, etc..., il est inutile d'y revenir, car les planches où ces divers instruments sont reproduits en donnent une représentation très fidèle.

IV. *Matériel du fondeur.* — A côté de ce matériel industriel, dont nous retrouvons les prototypes dans l'âge de la Pierre, nous allons maintenant passer en revue les transformations qu'il a subies par suite du développement progressif de la métallurgie. Les enclumes, primitivement en pierre, sont alors fabriquées en bronze. Un des exemplaires les plus remarquables est celui trouvé à Wollishofen (pl. 4, n° 21). Les moules étaient en argile durcie ou le plus souvent en mollasse. Möringen a fourni au Dr Gross, un assez grand nombre de ces moules. Nous rappellerons également que l'on a trouvé à Morges les deux valves d'un moule destiné à couler une hache à ailerons en bronze (fig. 11, n° 8). Pendant plusieurs années, ce

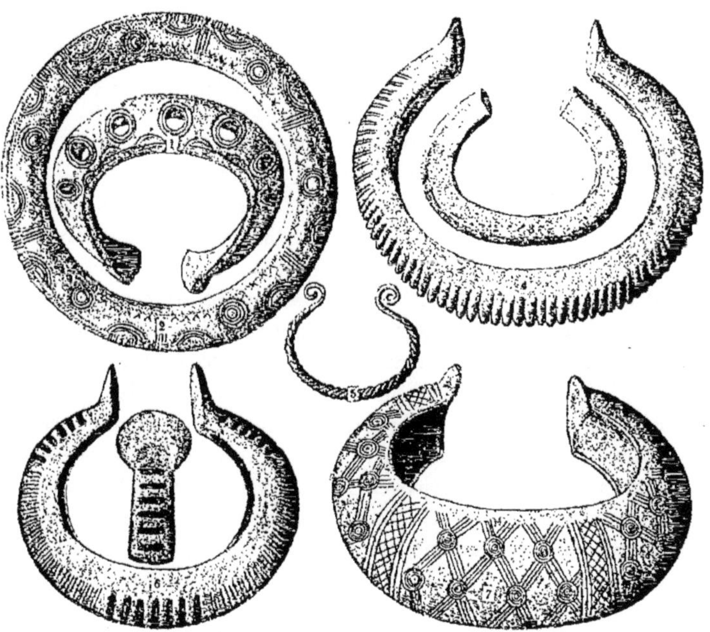

Fig. 73. — Bracelets en bronze et en étain. 1/2 gr.

fut un spécimen unique, mais ensuite on découvrit trois autres valves, semblables à celles de Morges, dans les stations d'Auvernier, de Corcelettes et d'Estavayer (fig. 4, n° 22).

Les creusets se trouvent à profusion. Leur forme et leurs dimensions sont assez variables. Tantôt ils ont une poignée massive comme ceux de Robenhausen et de Saint-Blaise, tantôt ils portent simplement une saillie avec une perforation qui permet d'y faire passer un morceau de bois, qui sert de poignée (fig. 70, n° 3, et pl. 45, n° 14).

Ce qui nous permet d'affirmer que les fondeurs opéraient sur place, c'est que l'on a trouvé, dans diverses stations, des lingots de cuivre, d'étain et de plomb, ainsi que des scories et des rebuts de fabrication. On peut voir, dans la collection Gross, un gâteau en étain muni d'un petit anneau de suspension, qui ressemble tout à fait à un gâteau de plomb trouvé à Wollishofen (pl. 4, n° 23).

La fig. 71, n° 10, représente une énorme masse de cuivre, en forme de hache double, qui, très probablement, n'a jamais été une arme ou un instrument, mais tout simplement un lingot [1].

La collection du Dr Evans renferme un remarquable couteau en bronze (fig. 75) qui vient du Bourget. La poignée et la lame sont d'un seul jet et l'on croirait qu'on vient de les sortir du moule. Il n'a jamais été poli, car il porte encore sur tout son pourtour cette légère saillie, qui correspond à la ligne de jonction des deux valves.

Il ne faudrait pas croire que je considère comme indigènes les objets si variés qu'on trouve dans les débris industriels des habitations lacustres. Au contraire, j'estime que beaucoup d'objets, surtout ceux relatifs à la parure, ont été importés. Mais d'autre part l'assortiment très complet du matériel de fondeur, surtout la grande variété de moules, qui servaient à couler des épées, des poignards, des lances, des couteaux, des faucilles, des ciseaux et des haches de toutes sortes, montre bien que l'industrie indigène de la fonte du bronze avait atteint un grand développement et un haut degré de perfection. Lorsque l'on songe à l'habileté et à l'ingéniosité qu'il fallait déployer pour arriver à mener à bien cette industrie, on doit forcément éprouver un sentiment de surprise bien naturel. Si l'on examine le n° 1 de la pl. 10, qui représente des anneaux en bronze massif, insérés les uns dans les autres, on ne sait vraiment pas comment ce travail a pu être exécuté. Peut-être le moule en a-t-il été fait à l'aide d'un modèle en cire perdue. Mais c'est là une simple supposition [2].

V. *Céramique.* — L'apparition du métal devait forcément avoir sur la fabrication de la céramique une répercussion qui s'est manifestée par une préparation plus soignée de la pâte, une variété et une élégance plus grandes dans les formes et une tendance à une ornementation systématique. C'est alors qu'on trouve un modèle nouveau qui est tout à fait caractéristique de cette période et qui semblerait de prime abord constituer un pas en arrière, si l'on ne tenait pas compte de son extrême élégance et de l'harmonie de ses formes. C'est un vase qui ressemble à une petite bou-

1. Voir l'article sur Locras, p. 38.
2. Voir le tableau des analyses de bronzes lacustres, pages 264-265.

teille; sa base est conique, de sorte qu'il est impossible de le faire tenir debout sans l'aide d'un support. Celui-ci n'était autre qu'un anneau en argile (pl. 2, n°s 2, 5, 31) dont on a retrouvé de nombreux exemplaires

Fig. 74. — Pendeloques et ornements en bronze et en étain. N°s 1, 3, 17, 18. 19, 20 : 1/3; le reste : 2/3 gr.

dans les stations de l'âge du Bronze. Plus tard, on se servit de matières colorantes, qui vinrent considérablement rehausser les effets du décor. Outre les dessins habituels de figures géométriques, tracées en creux dans la pâte, on trouve parfois les mêmes dessins mais figurés en relief par des lamelles d'étain fixées à l'aide d'asphalte. Les vases, ainsi décorés, avaient des formes extrêmement élégantes, leur pâte était fine et leur surface était polie au noir. On les trouve surtout au lac du Bourget, mais aussi à Nidau, Hauterive, Cortaillod, Montilier, Estavayer, etc... En revanche, ils sont extrêmement rares dans la Suisse orientale. Le n° 1 de la figure 78 représente le quart d'un plat, comme un plat à fromage, dont la base plate est percée de plusieurs groupes de trous et ornée de séries de cercles en creux. Ce plat n'est autre chose qu'un filtre. Il a été trouvé au lac du Bourget et fait partie maintenant du Bristish Museum. Un autre filtre, de même forme et de même dimension, mais différent par la nature du décor et la disposition des groupes de trous, a été trouvé à Montilier. Le n° 2 représente le quart d'un plat de même forme que le

Fig. 75. — Couteau en bronze. 1/3 gr.

précédent, mais sans trous. La face interne est ornée de lamelles d'étain, dont la disposition forme un dessin des plus compliqués. Ce plat a été trouvé à Cortaillod, et fait maintenant partie du Musée Schwab, ainsi qu'un très beau vase à large ouverture, qui vient aussi de Cortaillod et dont l'extérieur est décoré de la même façon. Tout autour de la partie supérieure de ce vase on voyait de petits motifs, dont les dessins étaient tous différents. Le n° 6 est un vase à base conique, qui vient d'Hauterive et qui est décoré de la même manière. Lorsque l'on examine les vases incrustés de lamelles d'étain, il est souvent difficile de distinguer les contours des dessins, car l'étain est devenu plus noir que la poterie elle-même. C'est pourquoi, dans les n°s 4 et 5, qui viennent du lac du Bourget, l'étain est figuré par des lignes foncées. Le n° 3 représente un fragment de poterie, actuellement au Musée d'Aix-les-Bains, qui est très intéressant parce qu'il montre comment on raccommodait un ustensile cassé à l'aide d'herbe flexible ou de jonc, qui servaient à ligaturer les deux fragments de la cassure. Puis, lorsque ceux-ci avaient été ainsi maintenus rapprochés, on tordait les deux bouts du jonc, de manière à faire une natte, qui protégeait la ligature et l'empêchait de s'user.

Les n°s 7 à 10 représentent des jouets d'enfant, provenant de Möringen et d'Auvernier.

[1] La station de Möringen a fourni près de 3 à 400 fusaïoles. Ce nombre considérable a fait penser au Dr Gross que toutes ne devaient pas être employées comme pesons de fuseaux.

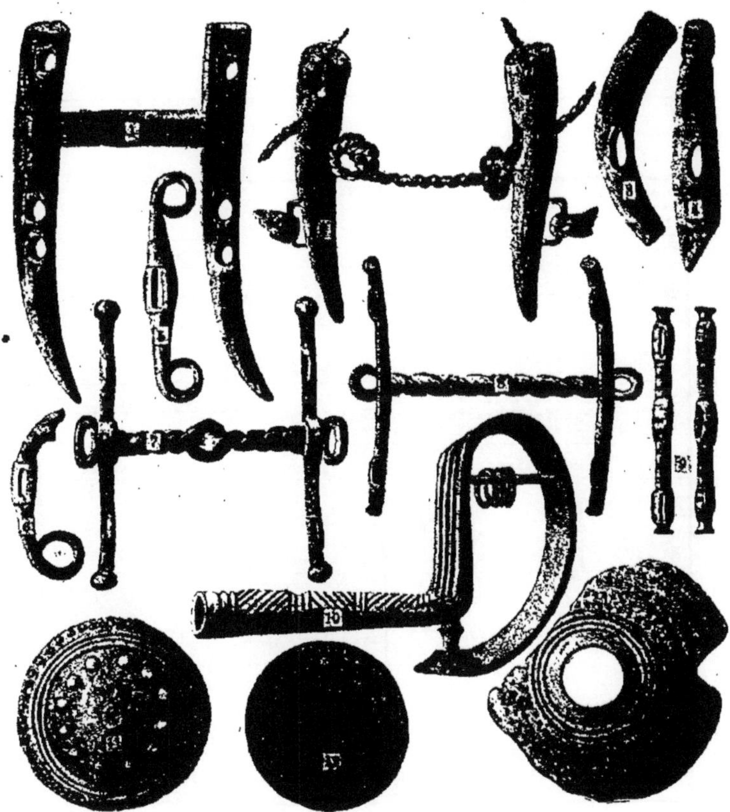

Fig. 76. — Mors et Harnais, etc... 1/3 gr.

Les fusaïoles de l'âge du Bronze sont généralement en terre et souvent très décorées, ce qui est l'indice de l'évolution qui s'est faite dans le goût de ces populations.

Les unes, dont la surface est recouverte de dessins artistement exécutés, auraient vraisemblablement servi d'ornements ou de jouets.

1. Ajouté par le traducteur.

ANALYSES DE BRONZES LACUSTRES [1]

Les analyses ci-dessous mentionnent, dans la composition des bronzes lacustres, la présence du nickel, du cobalt, du fer, de l'argent et de l'antimoine. Il est à peine besoin de faire remarquer que ces différents métaux étaient certainement inconnus des Lacustres et que, si on les rencontre dans leur alliage de bronze, cela tient simplement à ce qu'ils existaient primitivement à l'état d'impuretés dans le cuivre et l'étain qu'ils employaient.

OBJETS	LACS	STATIONS	CUIVRE	ÉTAIN	PLOMB	NICKEL	COBALT	FER	ARGENT	ANTIMOINE	ZINC	DIVERS
A. d'après Fellenberg [2]												
Couteau	Lac de Genève	Pierre a Niton	87.97	8.66				3.57				
Lame de couteau	Lac de Bienne	Nidau	90.71	7.47	1.14		0.42	0.10	0.16			
Épingle à cheveux	id.	id.	94.11	1.21	1.35	0.95		0.10	0.49	1.79		
Faucille	id.	id.	95.16	0.68	2.13	0.32		0.14	0.07	1.45		
Lingot	id.	id.	89.06	7.25	3.29	0.20		0.13	0.07			
Lingot fondu	id.	id.	92.48	6.17	0.70	0.59		0.06				
Bracelet	id.	id.	86.71	8.54	4.37	0.20		0.14	0.04			
Bracelet creux	id.	id.	87.90	7.48	3.83	0.53		0.10	0.16			
Bague	id.	id.	88.16	8.30	2.82	0.45		0.15	0.12			
Boucle d'oreille	id.	id.	88.16	10.05	0.60	0.76		0.34	0.09			
Plaque	id.	id.	83.80	13.42	1.27	1.17		0.26	0.08			
Faucille	id.	Moeringen	92.97	4.44	1.44	0.25		0.05	0.20	0.65		
Hache	id.	Sutz	88.15	10.48	0.13	1.02		0.07	0.15			
Masse fondue	id.	Moeringen	93.91	4.69	0.87	0.42		0.07	0.04			
Épingle à cheveux	Lac de Neuchâtel	Concise	89.02	8.63	0.94	1.08		0.16	0.17			
Roue fondue	id.	Cortaillod	87.66	9.47	2.14	0.47	0.20	2.14	0.06			
Anneaux	id.	Auvernier	85.26	11.76	0.57		1.61	0.16	0.11	0.53		
Rasoir [1]	id.	id.	88.47	10.45		1.08						
Coupe	id.	id.	89.09	6.63								4.28
Épée	id.	id.	92.86	6.73								0.41
[illegible]	id.	[illegible]	[illegible]	[illegible]		[illegible]						[illegible]
Moule de hache	Lac de Neuchâtel	Estavayer	90.566	8.54								0.89
Hache plate	Lac de Bienne	Sutz	88.88	8.74								2.38
Phalère	Lac de Neuchâtel	Corcelettes	85.80	12.60			0.10					1.50
Faucille	id.	id.	98.21	1.66							1.50	1.37
Haches plates	id.	Fenil	100.00									
Hache plate	Lac Pfaeffikon	Robenhausen	100.00									
Vase	id.	?	75.38	11.52	12.62			0.06				
Couteau	Lac de Neuchâtel	?	88.38	9.50	0.83	0.72		0.34	0.23			
Bracelet	id.	?	87.39	8.67	3.26	0.55		0.13				
Épingle	id.	?	88.82	6.49	3.48	1.00		0.21				
Hache	Lac de Morat	?	97.63	0.27		0.20		0.14	1.76			
B. d'après Peligot [4]												
Aileron de hache	Lac du Bourget	?	90	10								
Ciseau	id.	?	91.50	8.50								
Pointe de lance	id.	?	93	5.50								1.50
Tige d'épingle	id.	?	88	12								
Tête d'épingle	id.	?	88	12								
Bracelet ouvert à tige ronde	id.	?	91	6	1.00							2.00
Base d'une douille de couteau ornée	id.	?	85	15	t							
Anneau	id.	?	87	12	traces							
Portion de faucille	id.	?	87	12	traces							
Bracelet [5]	id.	Grésine	88.86	8.15	1.85	0.73		0.41				
id [5]	id.	id.	87.27	10.62	1.38			0.73				
Épingle [6]	id.	id.	80.80	9.20								
Anneau [6]	id.	id.	84.70	15.30								traces

1. Article ajouté par le traducteur.
2. Fellenberg, Mittheilungen der Naturforschenden Gesellschaft in Bern, 1862, p. 1, et 1864, p. 122.
3. F. Troyon, Habitations lacustres des temps anciens et modernes, in-8, Lausanne, 1860. — V. Gross, *Les Protohelvètes ou les premiers colons sur les bords des lacs de Bienne et de Neuchâtel*, in-4, avec 32 planches, Paris, 1883.
4. Chantre, Études paléoethnologiques dans le bassin du Rhône, in-4, Paris, 1875, 2e partie, p. 203.
5. Analyse de Fellenberg, in A. Perrin, Études préhistoriques sur la Savoie, 1870, p. 433.
6. Analyse de Lory, in L. Rabut, Habitations lacustres de la Savoie, 2e mémoire, 1868, p. 64.

Parmi celles-ci, il en signale une qui aurait reçu une utilisation très spéciale. Ce serait un porte-aiguille. L'objet a la forme d'une fusaïole de type conique. Autour de l'orifice supérieur du trou central, on remarque six petites ouvertures disposées symétriquement. Elles ne sont que les orifices d'un petit canal de 15 millimètres de long, qui se dirige verticalement dans l'intérieur du cône. Dans un de ces petits canaux se trouvait implantée une aiguille de bronze, munie d'un chas (fig. 74, n° 15).

Parmi les objets spéciaux à l'âge du Bronze, on remarque des pierres polies circulaires ou discoïdes, avec une rainure marginale (fig. 79). Autrefois on les regardait comme étant des pierres de fronde, mais aujourd'hui on les considère comme des outils de potier servant probablement à façonner la base des différents ustensiles.

Les différentes questions que nous avons abordées dans les pages précédentes mériteraient chacune une étude spéciale ; mais dans l'exposé très rapide que nous faisons ici, nous sommes obligé de nous limiter et de n'envisager que quelques points particuliers.

VI. *Parure.* — Les objets de parure et de toilette nous offrent toute une série de formes très diverses. Ils comprennent des bracelets, des pendeloques, des colliers, des fibules, des épingles, des peignes, des agrafes de ceinture, des bagues, des boutons simples et doubles, des boucles d'oreille, des chaînes. Certains de ces ornements sont en or, en ambre et en verre.

Les plus importants sont les bracelets et les armilles, qui présentent des types très divers, tant au point de vue de la forme et de la dimension que du décor (fig. 73, etc...). Ils sont ouverts ou fermés. Les premiers sont massifs ou creux, unis ou décorés des figures géométriques habituelles, d'incisures, de cercles, de pointillés, qui présentent les combinaisons les plus diverses. Les seconds sont les plus nombreux et les plus variés comme style et comme décors. Les uns sont constitués par un gros fil, simple ou double, tordu en spirale (pl. 3, n° 15); les autres par une lame aplatie, terminée d'un côté par un crochet et de l'autre par une boucle; d'autres sont en demi-cercle, terminé de chaque côté par une agrafe aplatie. Les plus gros sont creusés au milieu pour en diminuer le poids. Ces derniers sont spéciaux aux habitations lacustres de la Suisse occidentale, principalement aux lacs de Neuchâtel, de Bienne et de Morat. On en trouve bien aussi au lac du Bourget, mais en moins grand nombre que ceux du type massif. Les bracelets en jais sont rares; on n'en connaît guère qu'un ou deux, qui viennent des palafittes de Suisse (pl. 11, n° 14), mais en revanche on en trouve davantage au lac du Bourget. On n'en possède qu'un seul en étain (fig. 73, n° 3).

Les pendeloques et autres parures analogues affectent des formes si différentes qu'il serait oiseux d'essayer d'en faire une classification. Toutes ont ceci de commun, c'est qu'elles portent à leur extrémité un anneau ou un trou de suspension et il est bien probable que la plupart d'entre elles ne sont que des parties isolées d'une parure composite, telle que celle qui a été trouvée à Auvernier, qui est formée d'au moins quatorze pendeloques différentes suspendues à une rouelle centrale. Cependant il est hors de doute qu'un certain nombre de ces ornements, surtout les spécimens les plus grands, comme ceux de la palafitte d'Onens (fig. 74, n°s 1 à 3), ont été utilisés comme parures isolées.

Les colliers, que l'on fabriquait en enfilant ensemble des perles de diverses substances, constituaient très probablement une des parures les plus communes. Quant aux anneaux massifs ou torques, ils sont extrêmement rares, car on n'en a pas trouvé une demi-douzaine dans toutes les palafittes de l'âge du Bronze. Tous sont du même modèle que celui de Cortaillod (pl. 10, n° 3) et celui de Peschiera (pl. 31, n° 19).

Les fibules ne sont pas tout à fait aussi rares que les torques et paraissent répandues d'une façon à peu près égale dans toute la zone des habitations lacustres des Alpes, aussi bien au nord qu'au sud. Si l'on jette un coup d'œil sur les différents modèles que nous avons représentés (pl. 3, n° 20 ; pl. 7, n°s 4, 9, 10 ; fig. 6, n°s 4, 12, 14, 26), on verra qu'on peut trouver tous les types, depuis la simple épingle droite jusqu'aux formes les plus artistiques des temps historiques.

Les épingles sont de beaucoup les objets les plus communs des vestiges industriels que nous ont laissés les Lacustres, car les stations de Suisse, à elles seules, nous en ont fourni plus de 10.000. Leur destination principale était d'orner la chevelure, mais elles avaient également d'autres usages : en particulier elles servaient à fixer les vêtements, comme l'auraient fait des fibules. Leurs formes et leurs dimensions sont extrêmement variées. On en trouve depuis 25 millimètres jusqu'à 75 centimètres de longueur, et depuis la tige unie surmontée d'un simple renflement en guise de tête jusqu'aux modèles les plus ornés dont nous avons reproduit de nombreux types, par exemple ceux à tête creuse sphérique (fig. 7, n° 12), cupuliforme (pl. 3, n° 9), discoïde (pl. 10, n° 24), terminée par un anneau mobile auquel étaient attachés plusieurs chaînons (pl. 3, n° 6). Le lac du Bourget en a fourni plusieurs dont les têtes étaient formées d'une rouelle aplatie (fig. 74, n°s 4, 5).

Les peignes en bronze se rencontrent en grand nombre. Ils sont généralement petits et leurs dents sont disposées sur une ou deux rangées.

Les agrafes de ceinture sont toutes à peu près pareilles (pl. 13, n° 25).

Les boutons, simples et doubles, les chaînes, les bagues, les boucles d'oreilles, les perles en verre et en ambre sont si nombreux et se trouvent dans tant de stations, qu'il n'est pas possible de les considérer comme n'étant pas des objets d'usage courant.

Dans plusieurs stations de Suisse, on a trouvé de petits récipients en bronze, dont le nombre ne dépasse pas une douzaine. Ils ont la forme de vases à large ouverture, en bronze martelé, avec ou sans anses et souvent ornés de petites saillies au repoussé (pl. 10, n° 20), ou celle de petites jarres en bronze fondu (pl. 3, n° 22, et pl. 7, n° 2). On a trouvé à Wollishofen des fragments de plus grands vases, ressemblant aux situles étrusques, constitués par de minces plaques rivées ensemble, avec des anses massives, également fixées avec des rivets (pl. 4, n°s 17 et 22).

L'or est plutôt rare et les objets dans la fabrication desquels il entre, sont en général petits. On en a recueilli à Nidau, Möringen (fig. 74, n° 8), Auvernier, Concise, Cortaillod, Montilier, Wollishofen, le Bourget, etc...

L'étain a servi à fabriquer quelques objets, dont la plupart sont des rouelles à quatre, cinq ou huit rayons. Il existe également un morceau de bague et un bracelet de Montilier (fig. 73, n° 3); une petite barre percée de seize trous, venant de Corcelettes (fig. 74, n° 12); une pendeloque d'Auvernier (n° 7); une petite croix, du lac de Garde (pl. 32, n° 26). On rencontre encore l'étain sous forme de petits lingots et de petites lamelles, que l'on utilisait pour faire des incrustations décoratives dans les ustensiles en terre.

Deux objets bizarres en bronze (fig. 76, n° 10), trouvés sur la rive orientale du lac de Neuchâtel, l'un à Chevroux, l'autre à Estavayer, en même temps qu'un morceau de tube creux portant les mêmes ornements, sont restés pendant longtemps sans qu'on pût leur assigner un mode d'utilisation quelconque. Cependant, en les réunissant à la roue de bronze trouvée à Cortaillod (pl. 10, n° 17), le Dr Keller a fait voir que ce n'était autre chose que les timons d'un char de guerre étrusque.

On n'a pas encore bien déterminé quel pouvait être l'emploi de grandes épingles en cuivre jaune, terminées par une poignée, comme celle d'une épée, qu'on a trouvées à Wollishofen (pl. 4, n°s 9 et 10), Grosser Hafner (pl. 2, n° 32) et à la grande cité de Morges.

Outre les nombreux objets en bronze que nous venons de passer en revue, il en existe un grand nombre d'autres, que l'on ne peut comprendre dans aucune catégorie parce que leur usage est inconnu.

Ainsi on a trouvé des fragments de petits globes creux qu'on a supposé être des hochets d'enfants. A Möringen, on a découvert des spécimens de ce genre en poterie, deux d'entre eux très complets sont au Musée de Berne (fig. 74, n° 9). Ils sont décorés et renferment à leur intérieur un morceau d'argile durcie, qui produit un bruit de grelot lorsqu'on les agite. Le Musée de Zurich possède une petite pendeloque, de Möringen, qui ressemble aux clochettes qu'on suspend aux harnais (fig. 74, n° 17). Le Dr Gross a décrit un objet semblable, qui vient d'Auvernier et qu'il considère comme une cassolette (fig. 74, n° 18). L'objet représenté fig. 77 est supposé être un fragment de miroir semblable à ceux qu'on trouve si souvent dans les ruines étrusques et romaines.

Fig. 77. — MIROIR EN BRONZE (Station de Port-Alban).

VII. *Division du travail.* — Le nombre extraordinaire d'instruments et d'éclats en néphrite trouvés à Maurach, de même que la prédominance du silex, à toutes les étapes de sa taille dans d'autres stations, telles que Walhausen, Nussdorf, etc., nous permet de supposer que les différentes industries pratiquées par les Lacustres avaient atteint déjà un assez grand développement pour pouvoir être localisées dans certains centres de production. Dans le même ordre d'idées, nous voyons également la localisation de l'industrie du lin dans un endroit, celle des comestibles dans un autre, celle de la fonderie dans un troisième, etc. Cela nous fait voir que les Lacustres connaissaient et pratiquaient le principe de la division du travail.

VIII. *Relations avec l'étranger.* — Les Lacustres entretenaient des relations commerciales avec les peuples étrangers. Ce fait nous est démontré par les différentes substances telles que l'ambre, le jade, le silex, etc., qu'on ne rencontre que dans des pays éloignés de la zone lacustre, et qu'on a trouvées dans ces habitations, de même que certains objets dont la forme et le style décoratif ont permis de reconnaître l'origine étrangère. Ainsi, à Corcelettes, on a trouvé une vasque décorée en bronze, et un fragment de fibule, que Montelius a immédiatement reconnus comme étant d'origine septentrionale. Nous avons vu également que le Dr Keller avait pu déterminer l'origine étrusque de certains objets en bronze, qui avaient pendant longtemps embarrassé les archéologues. Les deux fibules que l'on a trouvées dans les lacs suisses ont été reconnues comme originaires du nord de l'Italie. Les couteaux en silex, en forme de croissant, si caractéristiques de la Scandinavie et du nord de l'Allemagne, se retrouvent dans les régions du sud, telles que le Mondsee, et l'on en a découvert un exemplaire à Schussenried (pl. 20, n° 20), qui est aujourd'hui au Musée d'Histoire naturelle de Stuttgard.

Ce qui est à noter relativement à la distribution des habitations lacustres, c'est que si l'on examine leurs vestiges, au point de vue de leurs caractères généraux, on voit que ceux-ci sont absolument semblables à ceux que l'on constate chez les peuples vivant à la même époque dans les contrées voisines. Aussi j'estime qu'il n'est pas possible de trouver dans leur industrie quoi que ce soit qui puisse faire attribuer aux Lacustres les caractères d'un peuple organisé en clans.

IX. *Agriculture.* — En ce qui concerne l'agriculture, les restes des végétaux qu'on a retrouvés n'ont pas permis de pouvoir suivre les progrès qui ont été accomplis dans cette sphère. Dès le début des habitations lacustres, les colons cultivaient le lin, deux ou trois variétés d'orge et de froment, le millet et les pois. Les seuls végétaux nouveaux qui apparaissent à l'âge du Bronze sont l'avoine et la fève, mais de très petite dimension. Nous noterons en passant l'absence du blé d'hiver, du seigle, du chanvre et de la plupart des plantes potagères. Les fruits étaient largement utilisés comme aliments, mais rien ne prouve qu'ils aient été cultivés. On a pu déterminer les espèces suivantes : pomme, poire, prune, prunelle, deux espèces de cerises, framboise, mûre, fraise, noisette, faîne, châtaigne d'eau, pavot, etc. On a trouvé des pépins de raisin à Wangen et au lac de Garde.

Le pain était fabriqué avec du froment et du millet. Ce dernier contenait généralement des grains de blé et de lin. On a aussi trouvé à Robenhausen des gâteaux faits avec des graines de pavot.

X. *Domestication des animaux.* — L'élevage et la domestication des animaux se pratiquaient pendant l'âge du Bronze, ainsi que le démontrent les nombreux ossements qui ont été étudiés avec le plus grand soin par des hommes dont la compétence est indiscutable, tels que Rütimeyer, Studer, Uhlmann, etc. Tandis que les Lacustres des premiers âges de la Pierre n'avaient en fait d'animaux domestiques qu'un chien de petite taille, un petit bœuf, une brebis à corne et une chèvre, nous trouvons, à la fin de cette période et pendant l'âge du Bronze, des espèces nouvelles et en particulier le cheval. Les ossements de cet animal, trouvés à Möringen et ailleurs, nous montrent qu'il était de petite taille, à

Fig. 78. — Spécimens de poterie de l'age du bronze. Nos 1 et 2 : 1/4 gr.; le reste : 1/2.

membres grêles et à petit sabot, et en tout inférieur au cheval sauvage que les troglodytes chassaient et mangeaient aux temps paléolithiques, bien que l'on suppose qu'il en était un descendant direct. L'âne existait également, car Rütimeyer a déterminé le crâne d'un de ces animaux trouvé à Auvernier. Le mouton s'est sensiblement écarté de ses caractères primitifs et a perdu peu à peu sa ressemblance avec la chèvre. Sa taille s'est accrue et il s'est divisé en plusieurs espèces. Les bovidés nous offrent des races encore plus variées, surtout dans le voisinage des lacs de Bienne et de Neuchâtel. Le *Bos primigenius* semble avoir été domestiqué et croisé avec le type primitif, ce qui a produit des variétés de race, telles que le *trochoceros* et le *frontosus*, dont l'un a de larges cornes bifurquées, comme celles qu'on a trouvées à Concise, Chevroux, Locras, etc. Le petit chien de l'âge de la Pierre (*canis domesticus palustris*) est remplacé par une espèce de taille plus grande. rappelant le lévrier moderne. Le cochon domestique semble aussi avoir traversé diverses périodes d'évolution ; mais le sanglier a conservé intacts ses caractères individuels. Le Dr Uhlmann a trouvé à Grosser Hafner trois variétés de cochons.

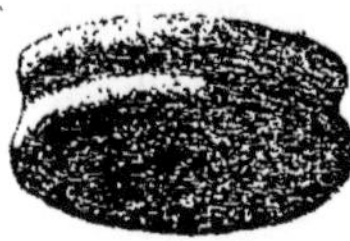

Fig. 79. — Pierre discoïde. 1/3 gr.

En dehors de la poule et du chat, les animaux domestiques élevés par les Lacustres étaient les mêmes que ceux d'aujourd'hui. On pourrait en dire autant des oiseaux et des animaux sauvages.

Ceux qui vivent sur les Alpes, à une haute altitude, tels que la marmotte, le chamois, la chèvre sauvage, se rencontrent très rarement dans les habitations lacustres, ce qui montre bien que, déjà à cette époque, la nature les avait confinés dans leur zone actuelle d'habitation.

D'après Rûtimeyer, le perfectionnement apporté dans la fabrication des armes, à l'âge du Bronze, a coïncidé avec une diminution marquée dans la proportion relative des animaux de chasse et avec une augmentation correspondante des races domestiques.

Les grands bœufs sauvages : l'urus et le bison, ont disparu en même temps.

A l'époque lacustre, le cheval était déjà domestiqué, car on a trouvé des mors de bride, divers ornements destinés à des pièces de harnachement et même une roue et des pièces ayant fait partie d'un chariot. Parmi les objets de l'âge du Bronze, les nos 3 et 4 de la figure 76 étaient restés pendant un certain temps parmi ceux dont l'utilisation était inconnue. C'étaient des morceaux de corne très bien polie, de 10 à 18 centimètres de long, percés de plusieurs trous, dont l'un au centre et les deux autres aux extrémités. Les bords de ces trous paraissaient avoir été usés par le frottement. Leur grand axe était toujours perpendiculaire aux extrémités. On resta très embarrassé pour déterminer à quoi ils avaient bien pu servir jusqu'en 1872, où l'on découvrit à Möringen (fig. 76, no 7) un superbe mors très bien conservé. On compara les morceaux de corne avec les montants de ce mors et l'on trouva qu'il y avait une très grande analogie entre eux. Puis l'on découvrit encore d'autres mors en bronze, du même modèle, ce qui rendit la comparaison encore plus frappante. S'il avait pu subsister quelque doute, celui-ci aurait été dissipé complètement en 1888, année où l'on trouva à Corcelettes un mors absolument complet formé de deux andouillers reliés par une pièce transversale en os (n° 1). Parmi les mors de bride en bronze, on n'en compte guère que trois qui soient complets, mais on en a trouvé des fragments dans un certain nombre de stations, telles que Nidau, Möringen, Auvernier, Corcelettes et Estavayer (n°s 5, 6, 9). Nous ferons remarquer que tous les exemplaires que nous avons représentés sont du même type, bien que différents dans certains détails. La seule différence importante qui existe entre les deux spécimens qui sont complets, c'est que l'un est un mors plein (n° 8), tandis que l'autre est un mors brisé (n° 7). Le premier a été trouvé à Corcelettes et est maintenant au Musée de Lausanne. Le troisième exemplaire complet, qui provient également de Corcelettes, est identique au n° 8.

D'après le Dr Gross, le n° 7 aurait été coulé d'une seule pièce, ce qui démontrerait le haut degré de perfection auquel les Lacustres étaient arrivés dans le travail du Bronze. Si l'on en juge d'après la distance qui sépare les deux montants du mors, les chevaux devaient être de petite taille, car le n° 7 ne donne que 9 centimètres et le n° 8 à peine 10 centimètres.

Le mors en corne est encore plus petit, car il mesure seulement 7 centimètres entre les montants.

Le Dr Brière l'a décrit de la façon suivante :

« Cette intéressante pièce, en parfait état de conservation, se compose de deux branches en bois de cerf, percées chacune de trois trous, évidés à la partie supérieure sur une profondeur de 3 centimètres et mesurant 18 centimètres de long, reliées entre elles par la barre du mors, qui est en os et mesure exactement 7 centimètres entre les deux branches. Cette barre en os est creuse, et, pour assujettir la pièce aux branches, on a enfoncé de petits coins en corne de cerf pour combler le vide et pour la rendre solide. »

Si l'on en juge d'après la fréquence avec laquelle on trouve des pièces détachées de mors en corne dans presque toutes les stations de l'âge du Bronze (12 de Starnberg, au Musée de Munich, et 14 de Corcelettes, au Musée de Lausanne), on en conclura que le cheval était très commun chez les Lacustres.

[1] M. des Ormeaux a fait, sur les mors de l'âge du Bronze, une étude fort intéressante, qui l'a conduit aux conclusions suivantes :

« 1° Le type de mors généralement employé à l'âge du Bronze, en pays celtiques, était à peu près ce que nous appelons aujourd'hui un mors de filet à ailettes ;

2° Le cheval était bridé de façon que les ailettes ou branches du mors fussent perpendiculaires à la direction de la branche ;

3° Ce résultat était obtenu par la disposition des montants de bride qui se bifurquaient pour aller s'adapter aux deux extrémités de chaque branche du mors ;

4° Les rênes se fixaient à la boucle médiane de la branche du mors, de manière à agir directement sur l'embouchure ;

5° Les branches étaient courbées en arc de cercle et cette forme paraît due à l'influence orientale.

Pas plus dans ces mors de filet que dans les nôtres, il n'y avait donc de gourmettes, le mors n'agissant pas par levier mais par simple traction. Il n'y avait pas non plus de fausses gourmettes, puisque la branche, placée comme nous venons de le voir, était insaisissable à la lippe du cheval. Tous ces instruments de dressage étaient légers et rien n'indique jusqu'à présent que les Celtes aient cherché à recourir à des moyens violents pour agir sur la bouche du cheval. Leurs chevaux du reste étaient d'une taille plutôt moindre que celle de nos chevaux actuels. Un tibia de cheval, provenant des mêmes gisements, a été déclaré par M. André Sanson comme appartenant à un cheval de 1m 20. C'étaient donc des bêtes légères, n'exigeant pas des efforts considérables pour être maniées. Le filet y suffisait bien [2]. »

Il existe aussi différents autres objets, que l'on croit avoir été appliqués sur des harnachements, comme ornements : tels sont des anneaux, des mamelons, des phalères ou disques en bronze, etc. Ceux-ci sont souvent généralement bombés et décorés sur une face de cercles ou de petites saillies au repoussé, sur l'autre face on voit un petit anneau destiné à les fixer. Plusieurs autres disques en corne et en os, surtout ceux qui viennent de Starnberg (pl. 21, nos 24 et 30), font supposer qu'ils ont pu servir au même usage.

1. Ajouté par le traducteur.
2. A.-L. des Ormeaux, Observation sur le mode d'emploi du mors de Bronze de Mœringen (Revue archéologique, 1888, XI, 52).

XI. — FAUNE DES STATIONS LACUSTRES [1].

1. — MAMMIFÈRES.

Ursus arctos.
Meles vulgaris.
Meles taxus.
Mustela Foina.
— Martes.
— Putorius.
— Erminea.
Lutra vulgaris.
Canis familiaris palustris.
— Lupus.
— Vulpes.
— Intermedius.
Felis catus
Fetorius vulgaris.
Erinaceus europeus.
Castor fiber.
Sciurus europeus.
Spermophilus citilus.
Mus sylvatica.
Lepus timidus.
Sus scrofa ferus.
Sus palustris.
Sus scrofa domesticus.
Equus caballus.
Cervus alces.
Cervus dama.
Cervus elaphus.
Cervus capreolus.
Capra ibex.
Capra Hircus.
Ovis aries.
Antilope rupicapra.
Bos primigenius.
Bos Bison.
Bos taurus primigenius.
Bos brachyceros.
Bos taurus frontosus.

2. — OISEAUX.

Aquila fulva.
Aquila haliaetus.
Falco milvus.
— palumbarius.
— nisus.
— buteo.
Strix aluco.
— otus.
Sturnus vulgaris.
Corvus corone.
Corvus corax.
Cinclus aquaticus.
Columbus palumbus.
Tetrao bonasia.
Ciconia alba.
Ardea cinerea.
Grus cinerea.
Fulica atra.
Larus.
Cygnus olor.
Anser segetum.
Anser cinereus.
Anas boschas.
Anas querquedula.
Gallus domesticus.
Perdix cinerea.
Podiceps minor.
Margus merganser. [1]

FLORE.

Hordeum distichum.
— hexastichon sanctum.
— hexastichon densum.
Triticum vulgare antiquorum.
Triticum vulgare compactum.
Triticum turgidum (blé égyptien).
Triticum spelta.
— dicoccum.
— monococcum.
Secale cereale.
Avena sativa.
Panicum miliaceum.
Setaria italica.
Silene cretica.
Centaurea cyanus.
Pastinaca sativa.
Faba vulgaris.
Pisum sativum.
Ervum lens.
Pyrus malus.
Trapa natans.
Linum angustifolium.
Malus communis.
Cornus mas.
Prunus avium.
Prunus spinosa.
— domestica.
— padus.
Vitis vinifera.
Rubus idaeus.
Ceratonia siliqua.
Corylus avellana.
Festuca.
Polygonum mite.
— lapathifolium.
Amarantus blitum.
Ranunculus repens.
— sardonus.
Dancus carotta.
Quercus robur.

XII. *Culte.* — Les Lacustres pratiquaient-ils des rites religieux ? Certains indices sembleraient permettre de répondre à cette question par l'affirmative, et les objets de la fig. 80 paraissent rentrer dans cet ordre d'idées. Nous y voyons en effet :

1. Les tableaux concernant la Faune et la Flore des Habitations lacustres ont été ajoutés par le traducteur qui a emprunté le premier à Rütimeyer et Woldrich, le second au Dr. Heer et à Woldrich.

1° Des bâtons en bois très décorés, dits *bâtons de commandement*, provenant de Castione (nos 1 et 2), de Möringen (n° 3). Le seul exemplaire complet (n° 1) a un peu moins de 40 centimètres de long et il est probable que la longueur des autres était sensiblement la même.

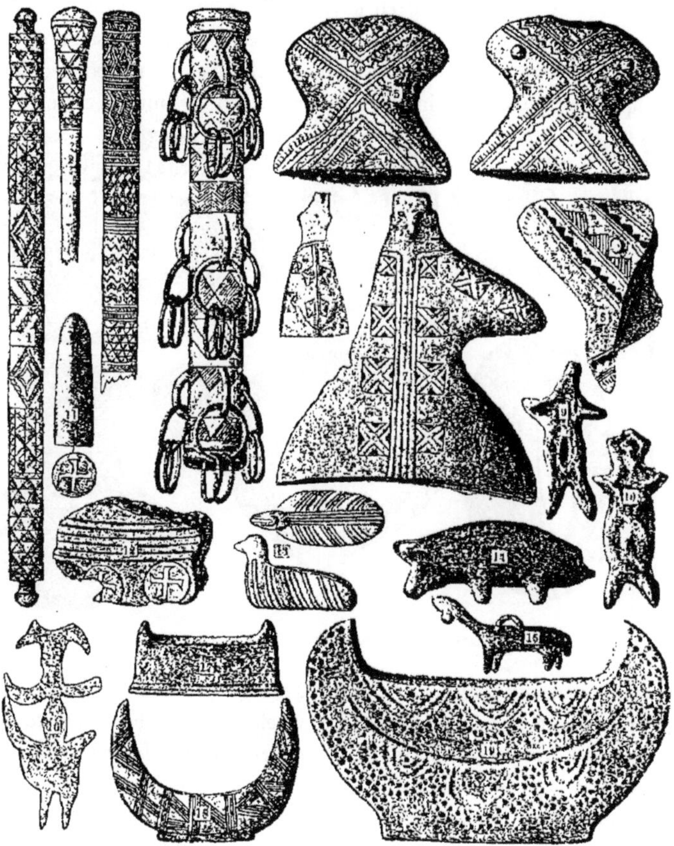

Fig. 80. — Objets indéterminés, étant peut-être d'origine cultuelle. Nos 4, 9, 13, 15, 16 : 1/2. Nos 1, 2, 3, 5, 6, 7, 8, 14, 19 : 1/4. Nos 17, 18 : 1/8 gr.

2° Quatre tubes remarquables, en bronze, munis de plusieurs séries d'anneaux, provenant de Grésine (lac du Bourget).

Bien que n'ayant pas tous la même dimension, il est évident qu'ils ont été tous fabriqués sur un même modèle et dans un but déterminé. Parmi les objets de ce genre que nous possédons, le plus parfait consiste en un tube décoré, autour duquel se trouvent trois rangées d'anneaux fixes, placées à égale distance l'une de l'autre, et à chaque anneau fixe sont suspendus trois anneaux mobiles (n° 4). Les n°s 1 et 2 de la pl. 14 ne portent qu'un seul anneau mobile dans chacun des neuf anneaux fixes et rien ne fait présumer qu'il y en ait eu davantage. Le quatrième de ces objets est actuellement au Musée de Chambéry; il est presque aussi grand que le premier, décrit plus haut, mais il est très usé et ne porte plus que quelques anneaux, car plusieurs des anneaux fixes ont été cassés.

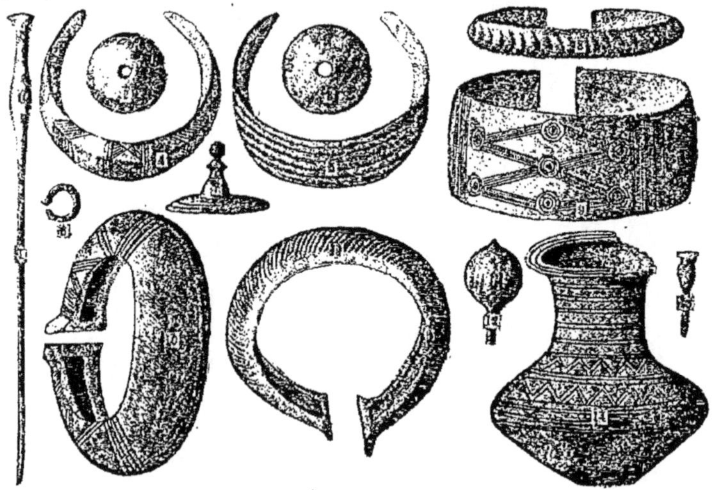

Fig. 81. — Mobilier funéraire des Lacustres de l'age du bronze. N°s 14 : 1/5, le reste : 1/2 gr.

3° Les anneaux réniformes, trouvés à Morges et à Thonon (fig. 11, n°s 2, 3), n'auraient jamais pu servir de bracelets. Le Dr Forel les considère comme des anneaux de serment, analogues aux *armilla sacra* sur lesquels les anciens Germains plaçaient la main, quand ils faisaient un serment solennel. J'ai vu, dans le Musée de Brunswick, trois de ces anneaux dont l'un est presque identique à celui de Morges; il n'en diffère que par des détails d'ornementation, mais on ne sait rien relativement à leur histoire ni à leur origine. Il en existe un autre au Musée Civico, à Turin, qui ressemble à un grand anneau circulaire trouvé à Wollishofen (fig. 73, n° 2). Pour moi ces grands anneaux circulaires, bien que considérés généralement comme étant des bracelets, servaient au même usage que les anneaux réniformes.

4° Les figurines en argile représentant des animaux et surtout celles à face humaine, trouvées à Laibach, étaient très probablement des idoles. Dans la figure 80, à côté de quatre figurines en argile, qui proviennent des lacs de Neuchâtel et du Bourget (n°s 9, 10, 13, 14), j'en ai placé deux (n°s 14, 16), en bronze, que j'ai vues dans la collection Bodmann, au Steinhaus Museum, à Ueberlingen. L'une a évidemment été employée comme pendeloque et il est bien probable que, pour l'autre, on a voulu représenter un être humain. Les figurines en argile de Laibach (n°s 5 à 8), bien qu'à l'état de fragments, sont évidemment des représentations humaines. Sur les n°s 5 et 6 on voit les faces postérieure et antérieure d'un tronc féminin, tandis que sur le n° 7 on distingue un corps humain avec un nez proéminent. Ces deux dernières sont creuses et richement décorées de dessins que l'on croit être la reproduction de broderies existant sur des vêtements. La planche 25, n°s 11, 23, 24, nous montre encore deux figurines, provenant de Laibach, l'une à représentation humaine, l'autre à représentation animale.

[1] Le culte du taureau, considéré comme symbole de la force physique, était également en honneur, si l'on en juge par les figurations de cet animal, qu'on rencontre dans différentes stations. A Rauenegg, sur le lac de Constance, on a trouvé la partie supérieure d'un crâne de *Bos primigenius*, travaillée de telle façon qu'on pouvait la clouer au toit de l'habitation. A Bodmann, Leiner a recueilli un bout de corne de taureau en terre cuite avec un trou de suspension. Près de Hagnau, il a trouvé une figurine en bronze représentant une tête de taureau.

Bien souvent on rencontre des sortes de croissants constitués par deux appendices latéraux séparés par une surface plane.

Le Musée de Berne possède onze de ces croissants. On en a trouvé aussi dans le lac du Bourget, dans l'île des Lapins, sur l'Ebersberg (canton de Zurich) ainsi que dans plusieurs stations de l'époque de transition. Aux époques postérieures à l'âge du Bronze, on les rencontre également. Golasecca, Bavay (nord de la France) en ont fourni. Les tombes égyptiennes en renferment des milliers, en perles ou en pierres précieuses, qui servaient d'amulettes. Desor a émis l'idée que ces objets servaient de chevets aux dames de l'âge du Bronze pour protéger leur coiffure pendant leur sommeil. Il croyait trouver une ressemblance avec les chevets égyptiens, japonais et avec ceux des naturels des îles Fidji. Cette hypothèse ne

1. Ajouté par le traducteur.

supporte pas la discussion, car pour la plupart de ces croissants, l'espace compris entre les deux appendices ne permettrait pas de pouvoir y placer une tête humaine et, d'autre part, leur base est si étroite que le moindre mouvement les ferait renverser. Keller est beaucoup plus dans le vrai en leur assignant un rôle religieux. M. de Bonstetten a développé cette idée d'une façon fort savante. Pour lui, ce croissant est l'emblème du taureau, qui était consacré à la divinité : soleil — lune — terre ; les cornes de vache ou la vache nourricière formaient le symbole spécial de l'*omnis parentis deae* sous quelque nom qu'on la désignât. Le croissant était donc confondu avec le symbole de la vache. Il est bien probable que ces croissants se fixaient au-dessus des portes des huttes. Ce culte a du reste persisté dans certaines provinces napolitaines ainsi qu'en Suisse jusqu'au commencement du XIXe siècle.

Comme autre symbole cultuel, nous citerons un phallus en bois, qu'on a recueilli au bord du lac de Constance, près de Bodmann, et qui est actuellement au Musée de Rosgarten, à Constance. Ses dimensions sont les suivantes : longueur, 36 centimètres; largeur, 60 millimètres dans sa partie le plus étroite, et 85 millimètres dans sa partie la plus large. Leiner[1] le considère comme représentant le symbole de la force génératrice, qui était divinisée en Orient.

XIII. *Sépultures.* — Ce n'est qu'en 1876 que l'on découvrit des restes de tombes, qui ont pu nous renseigner sur les coutumes funéraires des Lacustres. Des ouvriers, en creusant pour les fondations d'une maison, dans le voisinage d'une station d'Auvernier, à environ 50 mètres du rivage, tombèrent sur une grande dalle, mesurant 1^{m} 60 sur 1^{m} 30, qui recouvrait un coffre en pierre renfermant quinze à vingt squelettes. La tombe était construite de la façon habituelle, c'est-à-dire qu'on voyait quatre grandes dalles, qui formaient les côtés, et une cinquième qui constituait le couvercle. Les pierres verticales étaient en granit et gneiss. La plus grande mesurait 2 mètres de long, 1^{m} 80 de large et 27 centimètres d'épaisseur. L'espace rectangulaire, ainsi délimité, mesurait 1^{m} 60 de long, 1^{m} 10 de large et 1^{m} 75 de profondeur. Le Dr Gross, qui surveilla l'évacuation de cette tombe, a constaté que les corps avaient été placés dans la posture assise, tout le long des parois, la tête appuyée contre la pierre et les pieds dirigés vers le centre. A l'extérieur de cette sépulture, sur deux de ses faces, il y avait d'autres séries de dalles verticales qui formaient

1. Ludw. Leiner, Bildnerein und Symbole in den Pfahlbauten des Bodenseegebietes (*Archiv für Anthropologie*, 1894, XXIII).

deux petites chambres, dont l'une contenait aussi des ossements humains.

Les objets qu'on recueillit dans ces tombes étaient : des dents perforées (de sanglier, d'ours et de loup); un petit disque en os poli perforé (fig. 81, n° 3); deux petites haches en pierre, dont l'une portait un trou de suspension à l'extrémité opposée au tranchant. On ne trouva que trois objets en bronze : une épingle de 20 centimètres de long (n° 1), un petit anneau (n° 6) et une perle qui paraissait être en cuivre (n° 2).

A 1m 80 à l'est de cette tombe, et à la même profondeur, les ouvriers découvrirent un squelette d'enfant, inhumé à même dans la terre. A côté on trouva les objets suivants : deux paires de petits bracelets ovales (nos 4 et 5), une pendeloque bizarre de la forme d'un bouton (n° 7) et une perle en ambre.

Deux des crânes furent envoyés à Rütimeyer, qui déclara qu'ils étaient du type de Sion et identiques à ceux des autres stations lacustres qu'il avait examinés.

D'après les données précédentes, la tombe d'Auvernier appartiendrait à la période de transition.

En 1876 et 1877, on découvrit, près du quai de Montreux, plusieurs sépultures, avec ou sans entourage de pierres. Leur mobilier se composait de bracelets (nos 10, 11), d'épingles à cheveux (nos 12, 13), de poterie décorée de figures géométriques (n° 14), de couteaux en silex, d'un petit croissant en pierre, d'une dent de cheval, beaucoup plus petite que celles de notre race moderne. En 1884, on découvrit encore, près du même endroit, d'autres tombes, qui ont fourni des objets de l'âge du Bronze : une épingle en bronze, six bracelets en bronze (nos 8, 9) et deux ou trois urnes.

Le Dr Forel a donné la description de cimetières lacustres situés dans le voisinage de Morges et de Saint-Prex. A Morges, quelques squelettes étaient dans des coffres en pierre, l'un d'eux portait encore deux bracelets qui adhéraient à l'os. « Ces bracelets, qui sont au Musée cantonal de Lausanne et à la bibliothèque de Morges, appartiennent incontestablement par leur beau travail et leur ornementation riche et très caractéristique à la belle époque du Bronze, à l'époque de la grande Cité de Morges ». A Saint-Prex, on a trouvé une trentaine de squelettes inhumés à même dans la terre et, à côté d'eux, des ornements en bronze : une vingtaine de bracelets, épingles à cheveux, anneaux, etc..., qui dataient du bel âge du Bronze. Dans le même endroit, et alternant régulièrement avec les sépultures, on trouvait des urnes contenant des cendres et du charbon. L'une d'elles mesurait 20 centimètres de diamètre et 12 de hauteur. Elle présentait tous les caractères de la poterie lacustre de l'âge du Bronze.

Il est assez intéressant de noter en passant l'association dans la même nécropole des deux modes de sépulture. Ceux-ci ont été en usage en Suisse jusqu'à la période de transition, ainsi que Heierli l'a montré. D'après les recherches de cet auteur, les cadavres subissaient la crémation et leurs cendres étaient déposées sous des tertres dans des vases en argile décorée, comme ceux que l'on a trouvés à Fénil.

Morel-Fatio a décrit également une sépulture préhistorique, découverte à Chamblandes, près de Pully, qu'il attribue aux Lacustres de l'âge de la Pierre. Un cultivateur, en creusant pour faire les fondations d'une maison, mit à jour, à une profondeur de 1^{m} 80 à 2 mètres, une série de tombes formées de quatre dalles latérales surmontées d'une cinquième, servant de couvercle. A côté de chaque squelette, on trouva quarante fragments de défenses de sanglier, percées à chaque extrémité. On recueillit également une coquille marine percée de deux trous. Ces tombes mesuraient en moyenne un mètre de long et 50 centimètres en largeur et en profondeur. Dans celles qui ne contenaient qu'un seul squelette, les pieds étaient toujours tournés vers l'est. L'une d'elles renfermait quatre squelettes et alors les têtes étaient placées aux quatre angles. D'après la position du tronc, on a pu se rendre compte que les 40 défenses de sanglier avaient été attachées aux vêtements. Il y avait en outre des coquilles perforées et deux blocs de matière colorante, l'une jaune, l'autre rouge. Une autre sépulture contenait un squelette complet qui portait autour du cou cinq coquilles marines à deux perforations, tandis qu'à côté de la tête on trouve quatre morceaux de matière colorante jaune et rouge, ainsi que des amulettes formées de fragments de crânes humains. Des perles ressemblant à de l'ambre étaient disséminées un peu de tous côtés; certains pensent qu'elles étaient peut-être en corail. Une des sépultures contenait un marteau sphérique, légèrement aplati, en pierre; une autre, une superbe hache perforée en serpentine de 10 centimètres de long; une autre, celle d'un enfant (qui mesurait 70 centimètres sur 35), renfermait trois cailloux plats, circulaires, comme des fusaïoles non perforées, disposées en forme de triangle et, à l'un des angles de la tombe, on voyait du charbon et des morceaux d'os brûlés.

D'après M. Morel-Fatio, tout ce que l'on a trouvé dans ces sépultures est exactement semblable à ce que l'on rencontre dans les premières habitations lacustres, telles que Chevroux.

Non loin de cet endroit, à Pierra Portay et à Châtelard-sur-Lutry, on a découvert d'autres sépultures de l'âge de la Pierre, que cet auteur considère comme appartenant aux Lacustres.

XIV. *Caractères anthropologiques.* — Des ossements humains, y compris des crânes, ont été trouvés dans plusieurs stations telles que Meilen, Wollishofen, Grosser-Hafner, Chavannes, Sutz, Locras, Fénil, Nidau, Wauwyl, Bevaix, l'île de Weerd, etc. Tous ont été étudiés et discutés par Virchow, Studer, Kollmann, mais malgré des mensurations très précises et des examens très sérieux, ces savants ne sont pas d'accord sur la race ou les races qui ont vécu dans les cités lacustres. Studer prétend, comme Troyon, que l'introduction du Bronze a coïncidé avec l'arrivée d'une nouvelle race; il base cette opinion sur ce fait qu'à Sutz et à Fénil on a trouvé deux types de crânes : brachycéphales et dolichocéphales; tandis qu'à l'âge de la Pierre, on ne trouve que des brachycéphales.

Des fragments de boîte cranienne, que l'on a supposé avoir servi de coupes à boire, ont été trouvés à Gerofin, Sutz, Chavannes et Locras. Dans cette dernière station, un crâne portait une perforation circulaire, comme s'il avait subi la trépanation.

Quoiqu'il soit bien établi que l'on pratiquait cette opération dès l'âge de la Pierre, rien ne prouve que le crâne de Locras ait été trépané pendant la vie de l'individu. Très souvent en effet on trouve, dans les tombes de cette époque, des rondelles craniennes, qui étaient employées commes fétiches. A Concise, on en a trouvé une qui portait plusieurs trous destinés à la suspension (pl. 35, n° 20), et le Dr Gross en a représenté une avec un trou. Sur la colonne Trajane, on voit un village dace, devant les murs duquel sont plantés des poteaux surmontés de crânes humains. On pourrait donc arguer de ce fait pour émettre l'hypothèse que, si l'on a trouvé des crânes de races différentes dans les habitations lacustres, c'est qu'il s'agissait de trophées de guerre et non pas de nouveaux occupants. D'après les os longs des membres que l'on a pu examiner, on a déduit que les hommes de l'âge du Bronze étaient de petite stature, ce qui serait corroboré par la petite dimension qu'ont les poignées des épées et des autres armes.

Virchow, qui a étudié avec soin les crânes des Lacustres, est arrivé aux conclusions suivantes :

1° Dans les stations de l'âge pur de la Pierre, il n'existe que des crânes brachycéphales.

2° Dans la période de Transition, on trouve des brachycéphales et des dolichocéphales.

3° Dans le plein âge du Bronze, le type dolichocéphale tend à prédominer.

Pour cet auteur, pendant l'âge du Bronze, un nouveau peuple est venu se mélanger aux Lacustres primitifs et les a englobés graduellement. Il ne s'agirait donc pas d'une immigration, qui aurait bouleversé l'ordre de choses établi. Cette opinion semblerait confirmée par divers faits collatéraux. Nous avons vu déjà comment le bronze s'était introduit graduellement chez les Lacustres, car nulle part on ne trouve d'indices d'une perturbation violente.

CONCLUSIONS

Quels ont été les premiers fondateurs des habitations lacustres dans l'Europe centrale ? Je vais exposer quelle est l'opinion que je professe à cet égard. Pour moi, ils faisaient partie des immigrants néolithiques qui pénétrèrent en Europe par la mer Noire et le littoral de la Méditerranée, puis gagnèrent l'ouest en suivant le Danube et ses affluents et arrivèrent sur le bord des grands lacs du Centre. Une fois là, ils établirent ce système si remarquable de constructions lacustres, dont on a depuis exhumé les ruines et les industries qui nous semblent aujourd'hui les vestiges d'un autre monde. Ceux qui suivirent la Drave et la Save pénétrèrent en Styrie où ils fondèrent les établissements de Laibach, qui était à cette époque un immense lac. De là, ils passèrent les montagnes et débouchèrent dans la vallée du Pô, où ils fondèrent non seulement les villages sur pilotis mais aussi, plus tard, les terramares. Ceux qui remontèrent le Danube jusqu'à sa source traversèrent les montagnes, gagnèrent Schussenried et arrivèrent sur les bords du lac de Constance, d'où ils se répandirent dans les basses régions de la Suisse. Arrivés au lac de Neuchâtel, ils continuèrent leur route vers l'ouest, atteignirent la vallée du Rhône en passant par Morges, où ils fondèrent un de leurs plus importants établissements. Du lac de Genève, ils n'avaient plus alors qu'un pas à faire pour atteindre sans difficulté les lacs d'Annecy et du Bourget. Nous ferons remarquer que les seuls renseignements historiques que nous ayons relativement aux habitations lacustres ne signalent l'existence de ces constructions que sur l'itinéraire que nous venons d'esquisser.

Hérodote a décrit d'une façon saisissante un village lacustre qui florissait 500 av. J.-C., lequel était construit sur le lac Prasias, situé au sud de la Roumélie, non loin de l'embouchure du Strymon.

Hippocrate fait aussi allusion à un village lacustre, situé à l'est de la mer Noire.

Les récits des voyageurs modernes viennent confirmer l'opinion, déjà mise en avant par Keller, que des restes d'habitations lacustres ont été découverts en Asie Mineure, surtout dans le Caucase et dans la région comprise entre la mer Noire, et la mer Caspienne. Déjà en 1849, Bayern avait découvert des palafittes dans le lac Gok-chai et dans le lac Paleostrum, près de l'embouchure du Rion (Phasis). M. Chantre rapporte que par suite de l'abaissement du niveau des eaux du lac Toporovan, situé près du rivage de Choucha, à l'embouchure du Koura, et de plusieurs autres lacs voisins de la mer Noire, on put reconnaître des emplacements de villages lacustres. Mais aucun d'eux n'a été suffisamment exploré pour que l'on ait à cet égard des données archéologiques de quelque valeur.

Tandis que les Lacustres de la Suisse vivaient tranquillement dans leurs habitations si particulières, que les conditions hydrographiques du pays leur permirent de développer sur une si grande étendue, les populations néolithiques de l'Europe avaient subi des modifications progressives. Très probablement d'autres immigrants avaient aussi trouvé la route de l'ouest et en même temps qu'ils pénétraient dans ces contrées nouvelles, ils y introduisaient la connaissance du bronze. A mesure que le temps s'écoulait, des divergences considérables se faisaient sentir entre la nouvelle civilisation et l'ancienne, résultant d'une part de changements survenus dans le climat du pays, et d'autre part des innovations introduites dans les mœurs par suite de la facilité et de la fréquence plus grande des rapports qui s'étaient établis avec les peuples des bords de la Méditerranée. C'est alors que se posèrent peu à peu les bases qui servirent plus tard à séparer les peuples d'Europe en nationalités distinctes.

Nous sommes alors arrivés à l'aurore de l'époque historique et nous trouvons les Celtes non pas à leur apogée mais bien au déclin de leur puissance et de leur gloire, confinés dans une zone limitée de l'Europe.

Lorsque les grands villages lacustres eurent disparu, il est bien évident que le souvenir de ce système de constructions survécut dans l'esprit des populations du voisinage et que plus tard l'idée d'élever des habitations analogues a pu germer dans le cerveau de quelques tribus, qui la mirent de nouveau en pratique en construisant non seulement les crannogs d'Écosse et d'Irlande, mais aussi les palafittes de la Frise, du nord de l'Allemagne, de Paladru, etc.

Aussi doit-on considérer ces îlots artificiels ou crannogs et les autres habitations lacustres de l'âge du Fer uniquement comme les représentants déchus d'un système condamné à disparaître. C'est ainsi qu'une civilisation qui va mourir passe par une phase de décadence avant de s'éteindre pour jamais.

TABLE DES MATIÈRES

BIBLIOTHÈQUE NATIONALE
RF
IMPRIMÉS

ERRATA

Page	*Ligne*	*Au lieu de :*	*Lire :*
22	12	six vases en forme de	(supprimer ces mots).
30	26	fiubule	fibule.
37	21	vêtement	étoffe.
40	37	pl. 31.	pl. 35.
64	38	Piauta	la Pliantà.
73	29	vêtement	étoffe.
81	10	pierre	argile.
150	10	moyenne	majeure.
187	35	swastica	swastika.
234	11	une	un.
266	3	porte-aiguille	(ajouter :) fig. 74, nº 15.
269	33	trouvé	trouvés.

Nota. — On trouve mentionnée aux pages 149 et 168 la corne de « renne ». Or, à l'époque lacustre, le renne avait depuis longtemps émigré dans les régions septentrionales. Il est donc bien probable qu'il s'agit en réalité de « corne de cerf. ».

MACON, PROTAT FRÈRES, IMPRIMEURS.

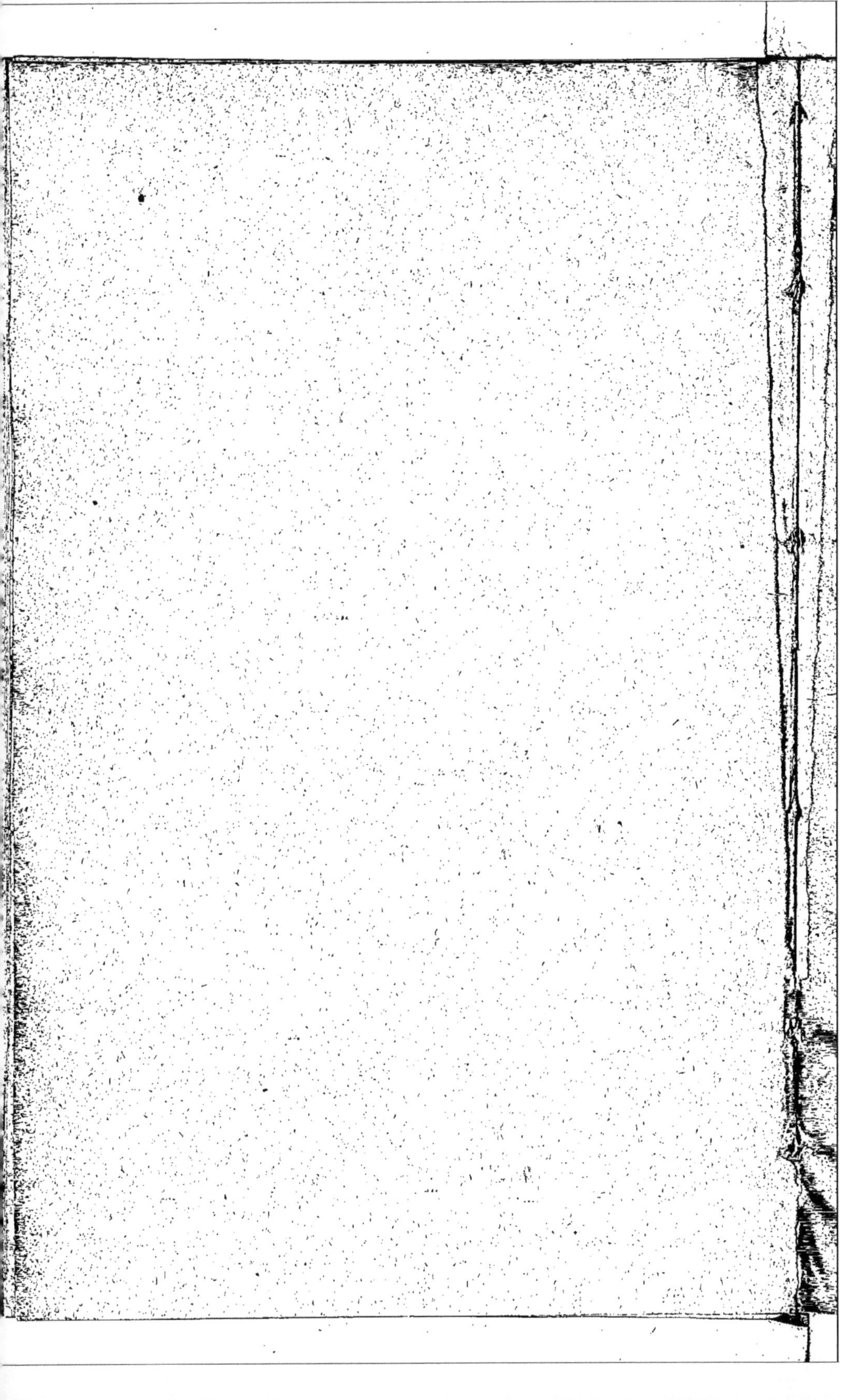

www.ingramcontent.com/pod-product-compliance
Ingram Content Group UK Ltd.
Pitfield, Milton Keynes, MK11 3LW, UK
UKHW022050260726
13993UKWH00001B/24

9 782019 966140